キーワード
コレクション

心理学
フロンティア

子安増生+二宮克美=編

麻生　武+浅田　稔+足立浩平+伊藤大輔+
小川景子+亀田達也+唐澤真弓+唐沢　穣+
川合伸幸+北岡明佳+熊谷高幸+齋木　潤+
島井哲志+鈴木伸一+中島定彦+中邑賢龍+
中谷素之+中谷内一也+芳賀　繁+開　一夫+
三浦佳世+三崎将也+宮内　哲+山口真美+
矢守克也+渡辺茂+子安増生+二宮克美=著

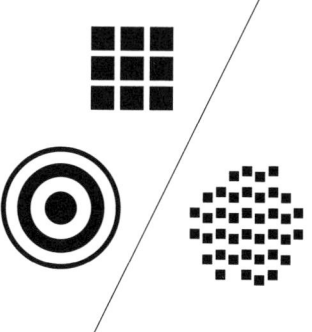

新曜社

まえがき

　本書は，心理学のフロンティア（最先端の分野）で起こっていることを知りたい初学者のために，コンパクトで読みやすく分かりやすい本を提供する目的で企画・編集されたものである．

　本書は，新曜社から2004年3月に刊行された子安・二宮（編）『キーワードコレクション　発達心理学　改訂版』（1992年3月に刊行された子安（編）『キーワードコレクション　発達心理学』の発展形），2006年10月に刊行された二宮・子安（編）『キーワードコレクション　パーソナリティ心理学』ならびに，これから刊行予定の二宮・子安（編）『キーワードコレクション　教育心理学』と4部作のシリーズを形作るものである．

　刊行済みの前著は，幸いにも読者からのご好評を得てきた．「好評」の秘密は，学問的に確立されたことだけを書いた，いわば無味乾燥な本になることを避け，スタンダードな事項を押さえた上で，著者の個性を存分に発揮して書いていただくという編集方針が広く世に受け入れられたのではないかと自負している．また，初学者向けの一般書でありながら，引用文献と註は学術書並みにきちんと整備するという方針も，本書が幅広く読者に支持された重要な点であったと考えている．

　4ページでひとつのキーワードを解説するという基本的な枠組みはこれまでの『キーワードコレクション』シリーズを踏襲した．キーワードは全体として心理学にとって重要な用語または概念を整理して構成したものであり，各項目は，それぞれ独立にそれ自身完結したものとして書かれている．したがって，読者は本書を最初からページの順番どおりに読むことも，関心のあるキーワードから拾い読みすることもできる．

　また，各キーワードの解説文の中で重要と思われる用語または概念は，ゴシック体（太字）で印刷されている．それは，各キーワードの「サブキーワード」とでもいうべきものであり，キーワードとサブキーワードは，巻末の「事項索引」のところに示され，索引を辞典代わりに利用することもできる．

　本書がシリーズの他書と編集上異なる点は，これまでの原則「一人5項目担当」でなく，「一人2項目担当」とした点である．フロンティア的研究分野の多くの項目を一人でカバーすることは難しく，また執筆者は日々最先端の研究を進めている多忙な先生方であるということを考慮してのものである．

本書が「読んで面白くて使うのに便利な本」という既刊の『キーワードコレクション』シリーズ同様の評価を受け，広く大勢の読者に愛され，心理学に関心を持つ人や，心理学への関心を深める人が増えることを切に願うものである．

　末筆であるが，本シリーズの生みの親にして育ての親，新曜社社長塩浦暲氏に今回もお世話になった．ここに記して心より感謝申し上げたい．

　　　2008年4月

編者　識

キーワードコレクション 心理学フロンティア
目　次

まえがき ··· i

I　認知・行動・方法

1. 錯視デザイン　　　　　　　　　　　　　　　　北岡明佳　　2
2. サッチャー錯視　　　　　　　　　　　　　　　北岡明佳　　6
3. 視覚性ワーキングメモリ　　　　　　　　　　　齋木　潤　　10
4. チェンジブラインドネス　　　　　　　　　　　齋木　潤　　14
5. 建築心理学　　　　　　　　　　　　　　　　　三浦佳世　　18
6. 感性認知　　　　　　　　　　　　　　　　　　三浦佳世　　22
7. 生物心理学　　　　　　　　　　　　　　　　　渡辺　茂　　26
8. 認知の起源　　　　　　　　　　　　　　　　　渡辺　茂　　30
9. 比較認知科学　　　　　　　　　　　　　　　　川合伸幸　　34
10. 言語進化　　　　　　　　　　　　　　　　　　川合伸幸　　38
11. 行動分析学　　　　　　　　　　　　　　　　　中島定彦　　42
12. アニマルラーニング　　　　　　　　　　　　　中島定彦　　46
13. 夢見　　　　　　　　　　　　　　宮内　哲・小川景子　　50
14. 非侵襲脳機能計測　　　　　　　　宮内　哲・三﨑将也　　54
15. 多次元尺度法　　　　　　　　　　　　　　　　足立浩平　　58
16. 構造方程式モデリング　　　　　　　　　　　　足立浩平　　62

II　発達・教育

17. 視覚発達　　　　　　　　　　　　　　　　　　山口真美　　68
18. 顔認知　　　　　　　　　　　　　　　　　　　山口真美　　72

19.	鏡像的自己	開 一夫	76
20.	適応的インタフェース	開 一夫	80
21.	メンタライジング	子安増生	84
22.	モジュール説	子安増生	88
23.	ロボットの知能	浅田 稔	92
24.	ロボットの心の理論	浅田 稔	96
25.	ロボットと子ども	麻生 武	100
26.	質的心理学	麻生 武	104
27.	学びの理論	中谷素之	108
28.	レジリエンス	中谷素之	112

III 文化・社会

29.	文化心理学	唐澤真弓	118
30.	相互協調的自己観	唐澤真弓	122
31.	社会的認知	唐沢 穣	126
32.	エスノセントリズム	唐沢 穣	130
33.	進化心理学	亀田達也	134
34.	集団意思決定	亀田達也	138
35.	キャラクター心理学	二宮克美	142
36.	社会的‐認知的領域理論	二宮克美	146

IV 安全・安心

37.	経済心理学	中谷内一也	152
38.	リスク心理学	中谷内一也	156
39.	防災心理学	矢守克也	160
40.	アクションリサーチ	矢守克也	164
41.	交通心理学	芳賀 繁	168
42.	ヒューマンエラー	芳賀 繁	172

V 健康・障害

- 43. 幸福感 　　　　　　　　　　　　　島井哲志　178
- 44. ポジティブ心理学 　　　　　　　　島井哲志　182
- 45. 認知行動療法 　　　　伊藤大輔・鈴木伸一　186
- 46. ストレス対処 　　　　伊藤大輔・鈴木伸一　190
- 47. 発達障害 　　　　　　　　　　　　熊谷高幸　194
- 48. 高機能自閉症 　　　　　　　　　　熊谷高幸　198
- 49. 介護ロボット 　　　　　　　　　　中邑賢龍　202
- 50. テクノ福祉社会 　　　　　　　　　中邑賢龍　206

人名索引　　　　　　　　　　　　　　　　　　211
事項索引　　　　　　　　　　　　　　　　　　219
編者・執筆者紹介　　　　　　　　　　　　　　227

I 認知・行動・方法

I-1 錯視デザイン

illusion design

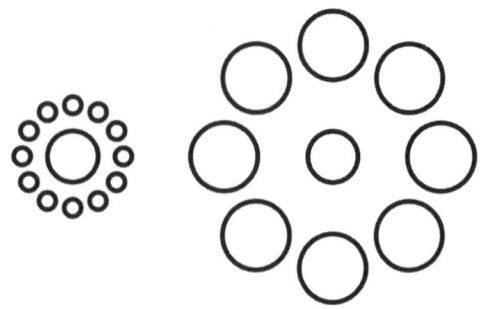

図1-1 エビングハウス錯視 (Ebbinghaus illusion)
エビングハウスの傾き錯視と区別する時は，エビングハウスの大きさ錯視と言う．ティチェナー錯視（Titchener illusion）あるいはティチェナー円（Titchener circles）とも呼ばれる[3,4,5]．左右のそれぞれの内側の円は同じ大きさであるが，より小さい円に囲まれた左の円は大きく見え，より大きい円に囲まれた右の円は小さく見える．

「錯視デザイン」に相当する芸術は以前からあったが，「錯視デザイン」は筆者の造語である[1,2]．錯視デザインは錯視のデザインであるから，普通の錯視図形も錯視デザインには違いないのであるが，普通の錯視図形すなわち錯視の基本図形は除外して，錯視を用いて創造された作品を**錯視デザイン**と呼んでいる．たとえば，図1-1はエビングハウス錯視の基本図形であるが，図1-2はエビングハウス錯視を用いた錯視デザインである．

錯視デザインは作品である．つまり，そのデザインに独創性があって，著作権が発生するような生産物である．図1-2

図1-2 「顔のエビングハウス錯視」
左右のそれぞれの内側にある顔は同じ大きさであるが，より小さい顔に囲まれた左の顔は大きく見え，より大きい顔に囲まれた右の顔は小さく見える．

1) 北岡明佳（2001）錯視のデザイン学 ① パソコン利用で変わる試し図の作成　日経サイエンス *31*（2），134-135.

2) 北岡明佳（2007a）だまされる視覚：錯視の楽しみ方　化学同人

3) Robinson, J.O.（1972/1998）*The psychology of visual illusion.* Mineola, NY: Dover.

4) 今井省吾（1984）錯視図形：見え方の心理学　サイエンス社

5) 北岡明佳（2005a）幾何学的錯視　後藤倬男・田中平八（編）錯視の科学ハンドブック（pp.56-77）東京大学出版会

について考えると，デザインの要素である顔のデザインそのものに筆者の独創があるから，この図が錯視デザインであるということは理解しやすい．しかし，図 1-3 はすべて円でできているので，部分的には著作権の発生するようなところはないのであるが，全体としてはエビングハウス図形を入れ子にしたデザインという独創性があるので，図 1-3 は作品すなわち錯視デザインということになる．

　ここで注意しなければならないのは，仮に図 1-3 に新しい錯視があって，その錯視は図 1-3 でなければ表現できないの

図 1-3　「入れ子風のエビングハウス錯視」
　左右のそれぞれの内側の「エビングハウス過大視錯視図形」は同じ大きさであるが，より小さい図形に囲まれた左の図形は大きく見え，より大きい図形に囲まれた右の図形は小さく見える．さらに，左の図形の線が太く見え，右の図形の線が細く見える錯視も認められる．

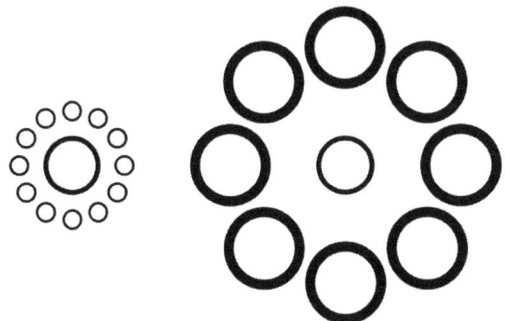

図 1-4　「エビングハウスの太さ錯視」
　左右のそれぞれの内側の円の輪郭は同じ太さであるが，より小さくて輪郭の細い円に囲まれた左の円の輪郭は太く見え，より大きく輪郭の太い円に囲まれた右の円の輪郭は細く見える．

であれば，図 1-3 は錯視デザインではなく基本図形ということになり，著作権はフリーとなる[6]．実は，図 1-3 には新しいと思われる錯視が含まれている．「左の図形の輪郭が太く見え，右の図形の輪郭が細く見える錯視」である．エビングハウス錯視の基本図形（図 1-1）では，左の円は右の円よりも大きく見えるが，輪郭が太く見えるわけではない（厳密に測定すれば，若干太く見えているかもしれないが）．もし図 1-3 がこの錯視を表現するための最小限で最適なデザインであったとすると，図 1-3 は基本図形扱いとなって，錯視デザインではなくなる．しかしながら，筆者の調べたところでは，その錯視を表現できる最小限のデザインは，エビングハウス錯視図形を変形した図 1-4 である．ということは，図 1-4 が「線の太さの錯視」の基本図形で，図 1-3 はその応用作品，すなわち錯視デザインということになる．

ところで，錯視デザインに似たものに**オプアート**（op art）がある．オプアートとは，オプ効果を使った芸術である．オプ効果とは，おもにぎらぎらしたどぎつい感じの視覚効果のことである．オプアートは芸術なので，キャンバスに表現されるものは，おもに作者の内面である．一方，錯視デザインでは，キャンバスに表現されるものは錯視あるいは視覚効果そのものである．

たとえば，図 1-5 は「音楽」という筆者の作品である[7]．ここで使われている錯視について何も説明せず，その代わりに「この作品はこころのなかのしらべを表現したものである」などと解説を加えれば，図 1-5 はオプアートということになる．その反対に，作品における作者の精神の説明をせず，「使われている錯視はきらめき格子錯視（scintillating grid illusion）と消失錯視（extinction illusion）で，それぞれ Schrauf, Lingelbach & Wist[8] と Ninio & Stevens[9] が報告した比較的新しい錯視を応用したものである」と解説すれば，錯視デザインである．つまり，錯視デザインはオプアートと同様で作品ではあるが，錯視の科学の薀蓄を傾けることが要請される理屈っぽいものである．

この意味で，錯視デザインは科学と芸術の融合した領域と

6)「著作権はフリー」と言っても，作者に商業的すなわち金銭的な権利がないということであって，学問上の名誉である先取権（priority）を尊重・保護するために，使用する際には適切な引用が必要である．

7) 北岡明佳 （2005b）トリック・アイズグラフィックス カンゼン

8) Schrauf, M., Lingelbach, B., & Wist, E.R. (1997) The scintillating grid illusion. Vision Research, 37, 1033-1038.

9) Ninio, J. & Stevens, K. A. (2000) Variations on the Hermann grid: An extinction illusion. Perception, 29, 1209-1217.

10) 北岡明佳（監修）(2007b) Newton 別冊 脳はなぜだまされるのか？ 錯視 完全図解 ニュートンプレス

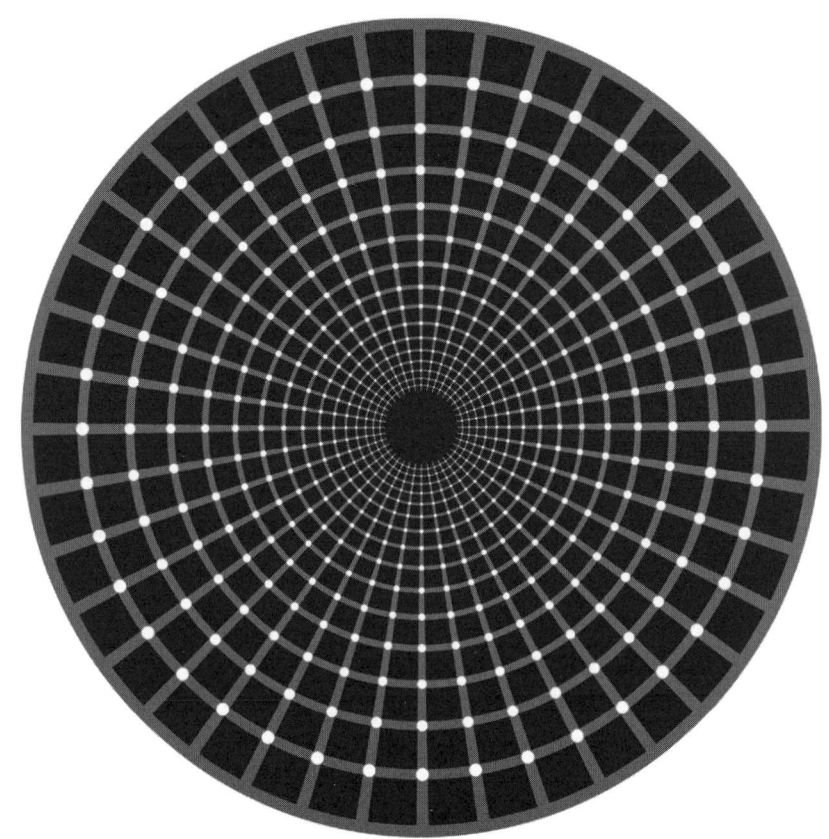

図 1-5 「音楽」
　自由に目を動かしていると，白い円の中に黒いドットが現れたり消えたりするように見える．これは，きらめき格子錯視と呼ばれる．一方，中心を見つめていると白い円が見えなくなる．これは，消失錯視と呼ばれる．

も言える．こう言うと敷居が高そうに聞こえるが，それぞれの錯視の性質に関する知識とパソコンで絵を描く技術があれば，錯視デザインは誰でも始めることができる．錯視デザインの書籍としては北岡[7,10,11]があり，錯視デザインの技術の指南書としては北岡[12]がある．　　　　〔北岡明佳〕

11) 北岡明佳（2007c）脳を刺激するサイエンスアートブック：トリック・アイズデザインカンゼン

12) 参考文献参照．

【参考文献】
北岡明佳（2007）　だまされる視覚：錯視の楽しみ方　化学同人

I-2
サッチャー錯視

Thatcher illusion

図2-1 サッチャー錯視. オリジナルの論文（Thompson, 1980）[10]では，サッチャー元英国首相の顔写真を使っている．左の図は笑顔の女性を描いたイラストをさかさまにしたもので，右の図は左の図の目と口をそれぞれ上下反転させたものである．右の図を見るとあまり奇妙な感じは受けないが，図をさかさまにして見ると，かなり奇妙な顔になっていることがわかる．

　地上の物体には重力がかかる関係で，左右対称のものは多いが，上下対称のものは少ない．ものを見る仕組みもそれらの事実に合うようにできていて，たとえば写真の左右は入れ替わっても気がつきにくいが，上下が入れ替わって気がつかないということはない．また，さかさまに示されたものは，正立したものと比較すると，認識が難しくなる．

　その代表的な例として，顔の知覚がある．顔写真をさかさまにして見ると，誰の顔であるか認識しにくくなる[1,2,3,4,5,6]．この現象は，**倒立の効果**（effect of inversion）あるいは**顔倒立効果**（face inversion effect）[7,8,9]と呼ばれる．倒立効果はさかさま顔（upside-down face）の知覚・認知が困難になる現象を全般的に指すが，表情の知覚が困難になる現象を**サッチャー錯視**と呼ぶ[10]．サッチャー錯視は，その名の通りマーガレット・サッチャー元英国首相（在任期間：1979年-1990年）の顔写真を使った顔の錯視である．

　サッチャー元首相の顔写真をさかさまにして，さらに目と口をさかさまにして出来上がりである．つまり，目と口だけは正立している．そのさかさま合成写真を見ても，元の写真とそれほど変わった印象は受けないのであるが，その写真をさらにさかさま，つまり顔は正立して目と口だけは倒立した写真を見ると，今までにこやかに微笑んでいた顔が「劇的に違って見える」[10]．

　サッチャー錯視の研究の大半は目と口をさかさまにする．

1) Arnheim, R. (1954) *Art and visual perception: A psychology of the eye.* Berkeley: University of California Press.

2) Ellis, H.D. (1975) *British Journal of Psychology,* 66, 409-426.

3) Goldstein, A.G. (1965) *Psychonomic Science,* 3, 447-448.

4) Rock, I. (1974) *Scientific American,* 230, 78-85.

5) Valentine, T. (1988) *British Journal of Psychology,* 79, 471-491.

6) Yin, R.K. (1969) *Journal of Experimental Psychology,* 81, 141-145.

この操作は「サッチャー化（thatcherization）」と呼ばれる[7,11,12]．目と口は，「顔の中でその人の気分の情報をもっともよく伝えるのは可動性の高い目と口」[2]という理由で選ばれた[10]．一方，「反転させるのは目だけで十分」とする研究もある[13]．

サッチャー錯視のオリジナルの図は，後続の論文や書籍にしばしば掲載されているが，彼女の肖像権の問題がある．そこで，サッチャー錯視の図はイラストで代用した（図2-1）．

サッチャー錯視の説明として，顔の輪郭が正立した像では顔の各部分を統合して全体的に認識できる（全体的配置の処理 holistic processing, configural processing）が，倒立した像では個々の部分の特徴ごとに知覚される（特徴ベースの処理 feature-based processing）ため，さかさま顔の表情の知覚が困難であるという考え方を採用する研究報告が多い[11,13,14,15]．

一方，目や口のマッチング課題を用いてサッチャー錯視を研究したブーツェン（Boutsen, L.）とハンフリーズ（Humphreys, G. W.）[7]は，顔をさかさまにすることで全体的配置の処理は妨害されるが特徴ベースの処理は影響を受けないことを支持しつつも，サッチャー化を施した顔画像では顔倒立効果が見られなかったことから，サッチャー化自体にも全体的処理を妨害する効果があることを推定した．同様に，両目の間隔を変化させた顔画像を弁別させる課題でも，サッチャー化した顔の倒立効果は見られなかった[16]．

他の説明としては，目と口は，顔全体から比較的独立に処理されるゲシュタルトだからである，というパークス（Parks, T.E.）ら[17]の仮説がある．彼らによれば，口の形の上辺が表情知覚にとって重要な手がかりであるから，ほほえみの口の画像をさかさまにすると，恐ろしげな「噛み付こうとする」口に本来は見える．しかし，普通のほほえみ顔をさかさまにした時は，顔全体の枠組みの方向性の知覚（顔にとってどちらが上であるかの知覚）によってその恐ろしげな口の知覚が弱められる．

ロック（Rock, I.）[18]も顔全体の枠組みの方向性の知覚の重要性を主張したが，顔倒立効果の考え方を取るとともに，

7) Boutsen, L. & Humphreys, G.W. (2003) *Quarterly Journal of Experimental Psychology A*, 56, 955-975.

8) Farah, M. J., Tanaka, J.W., & Drain, H.M. (1995) *Journal of Experimental Psychology: Human Perception and Performance*, 21, 628-634.

9) Rakover, S.S. & Teucher, B. (1997) *Perception & Psychophysics*, 59, 752-761.

10) Thompson, P. (1980) *Perception*, 9, 483-484.

11) Stürzel, F. & Spillmann, L. (2000) *Perception*, 29, 937-942.

12) Murray, J.E., Yong, E., & Rhodes, G. (2000) *Psychological Science*, 11, 492-496.

13) Lewis, M.B. & Johnston, R.A. (1997) *Perception*, 26, 225-227.

14) Bartlett, J.C. & Searcy, J. (1993) *Cognitive Psychology*, 25, 281-316.

15) Tanaka, J.W. & Farah, M.J. (1993) *Quarterly Journal of Experimental Psychology*, 46A, 225-245.

16) Leder, H., Candrian,

口よりも目の要因を重視した．顔の方向性に関しては，ヴァレンタイン（Valentine, T.）とブルース（Bruce, V.）[19]は顔の輪郭だけでなく，目と口の配置も重要であることを指摘した．このような顔の部分同士の緊密な関係すなわち二次的関係特性（second-order relational properties）[20]がサッチャー錯視に大きく影響することは，ローズ（Rhodes, G.）ら[21]によって実験的に支持された．

　特徴ベースの処理を調べた場合，顔全体の方向性に影響を受けることはあっても，目や口が元の人の顔に配置されているか別人の顔に配置されているかによる影響はあまりなさそうに思える．しかし，目や口のマッチング課題を用いてこの点を調べたブーツェンとハンフリーズ[7]によると，目や口が元の人の顔に配置されているとサッチャー錯視に顔倒立効果は見られなかったが，別人の顔に配置されると顔倒立効果が見られた（厳密に言えば，別人の顔に目と口を配置すると，サッチャー錯視とは言えないが）．この結果を，後続のエドモンズ（Edmonds, A.J.）とルイス（Lewis, M.B.）の研究[22]は支持しなかった．彼らの研究では，元の顔でも別人の顔でもサッチャー化した顔画像に顔倒立効果が見られた．

　さかさまというと画像を180度回転することであるが，途中の回転角度ではどうかという研究がある[11]．それによると，正立像から回転させても倒立像から回転させても，平均で94〜100度回転させたところで反転が生じた．要するに，顔の見えには履歴効果があって，どちらから始めるかで15度程度のオーバーラップ領域（どちらの見え方も可能な領域）があった．しかし，見えは劇的に変化したことから，顔に応答するニューロンの選択性は連続的ではなく，非連続的・ステップ的であることを，シュティツェル（Stürzel, F.）とシュピルマン（Spillmann, L.）[11]は示唆した．同様の他の研究では，「普通の顔」から「グロテスク顔」に切り替わるのは，平均で72度であった[23]．しかし，反応時間を指標に，画像がサッチャー化されたものかどうかを被験者に答えさせるテストをすると，90度あたりで急激に変化するということはなく，回転角度に比例して反応時間が長くなっていっ

G., Huber, O., & Bruce, V. (2001) *Perception*, 30, 73-83.

17) Parks, T.E., Coss, R.G., & Coss, C.S. (1985) *Perception*, 14, 747-754.

18) Rock, I. (1988) *Perception*, 17, 815-817.

19) Valentine, T. & Bruce, V. (1985) *Perception*, 14, 515-516.

20) Diamond, R. & Carey, S. (1986) *Journal of Experimental Psychology: General*, 115, 107-117.

21) Rhodes, G., Brake, S., & Atkinson, A.P. (1993) *Cognition*, 47, 25-57.

22) Edmonds, A.J. & Lewis, M.B. (2007) *Perception*, 36, 446-460.

23) Lewis, M.B. (2003) *Perception*, 32, 1415-1421.

24) Sjoberg, W. & Windes, J. (1992) *Perceptual and Motor Skills*, 75, 1176-1178.

25) Lewis, M.B. (2001) *Perception*, 30, 769-774.

26) Lobmaier, J.S. &

た[24,25]．

　サッチャー錯視図を観察者の方もさかさまになって眺めたらどうなるか，という研究がある[26]．その結果，体位にある程度影響されるものの，サッチャー錯視はおもに網膜座標を参照枠としていることがわかった．この結果はロック[18]が予想した通りであった．ただし，135度傾けた条件ではサッチャー錯視がやや不安定となり，重力の影響も示唆された．

　顔倒立効果については，顔特有の現象であるという主張[6]と，顔特有とは言えないとする考え方[2,5,20]との間にギャップがある．顔倒立効果の一種であるサッチャー錯視については，サッチャー錯視と同様のやり方（一部だけさかさまにして，さらに全体をさかさまにすること）で，文字でも同様なことが起こることが示されており[18,28]，これは後者の説に有利な知見である．

　発達の過程で，サッチャー錯視が成立するのはいつごろか，ということも興味深い．6歳から75歳の被験者を調べた研究では，年齢の効果は見られず，子どもも大人と同じようにサッチャー錯視を報告した[23]．この結果は，10歳が顔倒立効果の臨界期と報告した先行研究[28]とは一致しなかった．一方，3歳より年齢が低いとサッチャー錯視画像を見ても驚かないが，3歳より上ではぎょっとした，という予備的報告[11]がある．しかし，その後，6ヶ月児にはサッチャー錯視が認められたという報告[29]が出た．

　そのほか，**自閉症**児にサッチャー錯視が見えるかどうかを調べた研究があり，健常児や知的障害児と同じ程度に錯視が起こると報告された[30]．相貌失認の人については，顔の全体的処理が障害されていたのはもちろんのこと，サッチャー錯視も観察されなかった[31]．サッチャー錯視の知覚に対応する脳活動については，事象関連電位（ERP）を指標にその信号を捉える研究が行なわれている[11,32,33]．〔北岡明佳〕

Mast, F.W. (2007) *Perception*, 36, 537-546.

27) Parks, T.E. (1983) *Perception*, 12, 88.

28) Carey, S. & Diamond, R. (1977) *Science*, 195 (4275), 312-314.

29) Bertin, E. & Bhatt, R.S. (2004) *Developmental Science*, 7, 431-436.

30) Rouse, H., Donnelly, N., Hadwin, J.A., & Brown, T. (2004) *Journal of Child Psychology and Psychiatry*, 45, 1246-1257.

31) Boutsen, L. & Humphreys, G.W. (2002) *Neuropsychologia*, 40, 2305-2313.

32) Boutsen, L., Humphreys, G. W., Praamstra, P., & Warbrick, T. (2006) *Neuroimage*, 32, 352-367.

33) Carbon, C.C., Schweinberger, S.R., Kaufmann, J.M., & Leder, H. (2005) *Cognitive Brain Research*, 24, 544-555.

【参考文献】
北岡明佳（2008）錯視の認知心理学　認知心理学研究5 (2)，177-185．

I-3 視覚性ワーキングメモリ

visual working memory

ワーキングメモリ（working memory）という概念は，すでに認知心理学研究の中ですっかり定着した感がある．心理学ではバッデレー（Baddeley, A.D.）が従来の情報の短期的貯蔵庫としての色彩が強い短期記憶という概念に代わって，言語理解，思考，推論，問題解決など，日常的な認知活動の中でより能動的に利用される記憶という意味でワーキングメモリの概念を提案した[1]．バッデレーがもともと言語の記憶研究者であったこともあり，ワーキングメモリの研究は言語材料を用いた研究を中心に進められてきた．

一方，神経科学の分野においては，これとは別の文脈でワーキングメモリという概念が用いられ研究が進んできた．ゴールドマン＝ラキーチ（Goldman-Rakic, P.S.）やフースター（Fuster, J.）に代表される研究者らが**遅延見本合わせ課題**[2]（delayed matching-to-sample task）を用いて，刺激が呈示されていない期間に活動を示すサルのニューロンの特性を研究した[3]．心理学におけるワーキングメモリの概念に照らすと，遅延見本あわせ課題における神経活動はワーキングメモリとは呼べないようにも思える．しかし，この神経活動が遅延見本あわせという課題に関連した能動的な情報の保持を反映していると考えると，これらの研究の流れもワーキングメモリの本質を捉えているということができる．

近年，これら2つの研究の流れを統合する動きとして，ヒトを研究対象とした**視覚性ワーキングメモリ**の研究がさかんに行なわれるようになってきた．ヒトを対象にした視覚性ワーキングメモリ研究は，従来の研究と比較していくつかの利点がある．まず，言語材料を用いたワーキングメモリ研究に

1) バッデレーによるワーキングメモリに関する研究については，たとえば以下の文献を参照．
Baddley, A.D.（1986）*Working memory*. Oxford: Oxford University Press.

2) 遅延見本合わせ課題：見本刺激（A）の呈示後，数秒〜数十秒の遅延時間の後に呈示される二刺激A, Bから見本刺激Aを選択する課題．

3) 視覚性ワーキングメモリに関する神経生理学的な研究については，以下の文献を参照．
Goldman-Rakic, P.S.（1995）Cellular basis of working memory. *Neuron*, 14, 477-485.
Fuster, J.（1995）*Memory in the cerebral cortex*. Cambridge: MIT Press.

比べると，視覚刺激を用いているためにサルの神経活動の研究の成果も参照しつつ議論を進めることができる．言語を持たないマカクサルでは言語性のワーキングメモリの詳細な神経機構を検討することは不可能である．これに対して，ヒトとサルでは視覚機能に関してはかなり共通性があることがわかっているので，サルでの知見から単一ニューロンの働きに関する情報が得られる．一方，ヒトの視覚性ワーキングメモリ研究は，サルでの研究と比べると，遅延見本合わせ課題よりも複雑なさまざまな課題を作製して検討できる利点がある．またfMRIや脳波測定を用いることにより単一ニューロンや小集団のニューロンの活動のみならず脳活動の大局的な相互作用パターンを観測できる．まとめると，視覚性ワーキングメモリ研究はワーキングメモリの神経基盤を単一ニューロンレベルから局所的ニューラルネットワーク，脳全体の相互作用というさまざまなレベルで解明するのに適している．

　最近の視覚性ワーキングメモリ研究の火付け役となったのは，1997年のラック（Luck, S.J.）とヴォーゲル（Vogel, E.K.）の研究であろう[4]．彼らは，**変化検出課題**（change detection task）と呼ばれる実験課題を用いてヒトの視覚性ワーキングメモリの容量，およびワーキングメモリの容量の基礎となる単位を検討した．変化検出課題はその課題構造においてサルで用いられた遅延見本合わせに近い単純なものである．初めに，複数の物体からなる画像が短時間（通常100ms）呈示され，その後1秒程度のブランクの後，第2画面が呈示される．観察者の課題は単に，第1画面と第2画面が同じであったか否かを答えることである．この課題を大きさも形も同一で色のみ異なる刺激で行なうと，大体3〜4個程度までは正確にできるが，刺激個数がそれより多くなると成績が単調に減少する．この結果から，彼らは視覚性ワーキングメモリの容量が3〜5個であると結論した．また，この容量が色，形，大きさといった物体を構成する特徴の数なのか，物体自体の数なのかを調べるために，色，形，大きさなど多くの特徴で定義された刺激を用いたところ，成績は含まれる特徴の数ではなく，物体の数で決まることがわかった．

4) Luck, S.J., & Vogel, E.K. (1997) The capacity of visual working memory for features and conjunctions. *Nature*, 390, 279-281.

この結果から，彼らは視覚性ワーキングメモリの機能単位が特徴の統合された物体の表象であると主張した．

この研究は，その方法の単純さ，結果の明確さからその後の多くの研究を触発した．ひとつの研究の流れは，容量制限を持つ視覚性ワーキングメモリが脳のどの部位の活動に対応するのかという問題である．視覚性ワーキングメモリ課題を用いた**機能的脳イメージング**研究の多くは，ワーキングメモリに関連した脳活動が主として前頭前野で観測されることを示してきた．この結果は，サルのニューロン活動計測の知見と一致するものである．サルの場合も，物体の認知に重要な下側頭葉のニューロンは刺激が消失すると活動が消失するのに対し，前頭前野ニューロンは刺激消失中も活動が継続することを示している．しかしながら，近年，ワーキングメモリの容量に対応した活動を示すのは前頭前野ではなく，頭頂葉，特に**頭頂間溝**（intra-parietal sulcus）周辺の領域であるというデータが報告されている．たとえばトッド（Todd, J.J.）とマロワ（Marois, R.）は，ラックらの変化検出課題を用いた fMRI による機能的脳イメージング実験を行ない，頭頂間溝周辺領域の脳活動が観察者の記憶容量と対応していることを発見した．すなわち，刺激の個数が容量に達するまでは個数の増加に比例して脳活動が増加し，容量に達すると脳活動の増加が見られなくなった．類似の知見がいくつか報告されている[5]．これらの知見は，視覚性ワーキングメモリにおいて物体の情報を保持する貯蔵庫に当たるのは頭頂間溝であり，前頭前野は課題に関連した制御を行なっているという可能性を示唆するのかもしれない．

もうひとつの研究の流れは，ラックらの「視覚性ワーキングメモリの機能単位は特徴が統合された物体である」という主張の妥当性をめぐるものである．この主張は視覚性ワーキングメモリの容量は物体の複雑性にかかわらず不変であるということを含意するが，この点に関して，アルバレス（Alvarez, G.A.）とカバナ（Cavanagh, P.）は記憶すべき物体の複雑性に応じて記憶容量が体系的に変動することを示すデータを報告した[6]．たとえば，色のパッチと，複雑な漢字

5) 視覚性ワーキングメモリの容量と相関した脳活動に関する研究については，以下の文献を参照．
Todd, J.J., & Marois, R. (2004) Capacity limit of visual short-term memory in human posterior parietal cortex. *Nature,* 428, 751-754.
Xu, Y., & Chun, M.M. (2006) Dissociable neural mechanisms supporting visual short-term memory for objects. *Nature,* 440, 91-95.

6) アルバレスとカバナの研究，およびそれと対立する結果を示した研究については，以下の文献を参照．
Alvarez, G.A., & Cavanagh, P. (2004) The capacity of visual short-term memory is set both by visual information load and by number of objects. *Psychological science,*

（協力者はアメリカ人）では，推定される記憶容量が大きく異なった．しかしながら，この点については現在多くの議論があり，はっきりとした結論は得られていない．

一方，「特徴の統合」という側面に注目した研究もある．記憶される物体の特徴が本当に統合されているかどうかを検討するには，単純な変化検出課題は不十分である．単純にある特徴のリストだけを記憶していても正答できるからである．この問題を回避するために，呈示される特徴は2枚の画像で同一だがそれらの組合せが変化する課題を用いた研究では，推定された記憶容量は従来主張される3～5個よりもさらに少なく，多くても2個程度という結果が得られている[7]．ただし，この結果が記憶の保持の限界を意味するのか，記憶情報を検索，比較対照する際のコストを反映するのかは議論の余地がある．

以上，視覚性ワーキングメモリをめぐる最近の研究をいくつか概観したが，他にもいくつも重要な研究トピックがある．たとえば，物体のワーキングメモリと空間位置のワーキングメモリは前頭前野の下部，上部というそれぞれ異なる部位と強く関連するという知見や，視覚情報の単なる保持ではなく，その変換を含むような課題を行なうと，従来よく活動が報告された前頭前野背外側部よりもさらに前の部分である前頭前野前部（ブロードマンの10野）が強く活動するというデータもある[8]．現在の視覚性ワーキングメモリの研究は，認知神経科学的手法を駆使して，記憶過程の根本的な特性（容量，機能単位，特徴の統合など）の解明を目指している．このため，単純な行動実験課題を用いた研究が多いが，今後，視覚情報の保持だけでなく，その操作や変換の過程を観測できる課題や観測手法の開発により，従来の心理学研究で視空間スケッチパッドとして抽象的に概念化されてきた機能の神経基盤の解明にさらに進んでいくことが期待される．〔齋木　潤〕

15, 106-111. Awh, E. Barton, B., & Vogel, E.K. (2007) Visual working memory represents a fixed number of items regardless of complexity. *Psychological Science*, 18, 622-628.

7) 特徴統合の記憶に関する研究については，以下の文献を参照．Saiki, J. (2003) Feature binding in object-file representations of multiple moving items. *Journal of Vision*, 3, 6-21. Wheeler, M.E., & Treisman, A. (2002) Binding in short-term visual memory. *Journal of Experimental Psychology: General*, 131, 48-64.

8) 変換を伴う視覚性ワーキングメモリ課題で前頭前野前部の活動を報告している研究については，たとえば以下の文献を参照．Imaruoka, T., Saiki, J., & Miyauchi, S. (2005) Maintaining coherence of dynamic objects requires coordination of neural systems extended from anterior frontal to posterior parietal brain cortices. *NeuroImage*, 26, 277-284.

【参考文献】
苧阪直行（編著）(2000) 脳とワーキングメモリ　京都大学学術出版会

I-4 チェンジブラインドネス

change blindness

チェンジブラインドネスとは，外界に生じるさまざまな変化に対して人間が驚くほど鈍感であることを示す諸現象を総称した言葉である．1990年代中盤にレンシンク（Rensink, R.A.）が，現在では**フリッカーパラダイム**として知られている方法を用いたチェンジブラインドネスのデモンストレーションを学会などで行い，文字通り一世を風靡した[1]．フリッカーパラダイムとは以下のような方法である．2枚の自然画像をおよそ300ms程度のブランク画面を挟んで交互に呈示する．その際，この2枚はある1箇所を除いては同一のものである．たとえば，画面中央に移った軍用機のエンジンが付いている画像と付いていない画像が交互に呈示される．実験協力者は，2つの画面の間にはどこか1箇所大きく違うところがあるので，それをなるべく早く見つけるように教示される．この一見簡単そうな課題は，実際に行なうときわめて難しいことがわかる．1分以上画面中の変化を懸命に探しても見つけられないこともしばしばである．協力者にとって驚くべきことは，変化している部分がそもそも見つけにくいような微妙なものではなく，一旦気づいてしまえば，それを無視するのも困難なほど明瞭なものであるという点である．

フリッカーパラダイムを用いたチェンジブラインドネスは，ブランク画面を挟む必要がある．もし，ブランクをいれずに2つの画面を交互に呈示すると，変化は瞬時に検出できる．これは，変化している部分が**仮現運動**として知覚されるからである．レンシンクがフリッカーパラダイムを考案した背景には，眼球運動におけるサッカード間記憶の研究がある．人間は1秒間に3回程度の**サッカード**（saccade）と呼ばれ

1) レンシンクらによるフリッカーパラダイムを用いた研究については，以下の文献を参照．
Rensink, R.A., O'Regan, J.K., & Clark, J.J. (1997) To see or not to see: The need for attention to perceive changes in scenes. *Psychological Science*, 8, 368-373.

る急速な眼球運動を行なっているが，サッカードの前後で保持されている視覚情報は極めて限られていることが諸研究から明らかにされている．特に，グライムス（Grimes, J.）はサッカード中に画像を大きく変化させても（たとえば，人物の顔を入れ替える），多くの場合この変化に気づかないことを示した[2]．レンシンクは，この研究にヒントを得て，変化に対する驚くべき鈍感さが眼球運動に特異的なものなのか，あるいはより一般的な認知的現象なのかを明確にする方法として，フリッカーパラダイムを考案したと述べている．レンシンクらの研究は，チェンジブラインドネスがより一般的な視覚認知の特性を反映していることを明らかにした．

その後，チェンジブラインドネスの一般性を示すさまざまな知見が得られた．たとえば，当初は，ブランクを画面間に挿入するという手続きに特異的な現象ではないかという議論もあったが，その後，ブランク以外にも，変化と同時に画面に泥をかけたようなノイズを加える（マッドスプラッシュ mudsplash と呼ばれる）ことでも同じようにチェンジブラインドネスが生じることがわかった．さらに，サイモンズ（Simons, D.J.）とレヴィン（Levin, D.T.）はより日常的な場面でもチェンジブラインドネスが起こることを明らかにした[3]．たとえば，ビデオクリップを作成し，そのカット割の間にさまざまな変化（登場人物の衣服，場面内の事物，さらには登場人物そのものが別人に代わるなど）を加えても，多くの場合それに気が付かないことを示した．また，編集されたビデオクリップではなく，本当の日常場面でもチェンジブラインドネスが生じることを見出した．たとえば，大学のキャンパスで道行く人に実験者が地図を持って道を尋ねる．すると，協力者（その時は実験であることは知らないが）は地図を指し示しながら道を教える．その最中に建設労働者の扮装をした2人組がドアの戸板を持って2人の間に割って入る．実験者と協力者がドアの戸板で視界を遮られている隙に，実験者は労働者のひとりと入れ替わり，戸板を持っていたひとりが今度は協力者にそ知らぬ顔で道を尋ね続ける．すると，驚くべきことに，多くの実験協力者は人が入れ替わったこと

2) Grimes, J. (1996) On the failure to detect changes in scenes across saccades. In K. Akins (Ed.) *Vancouver Studies in Cognitive Science: Vol.5. Perception* (pp.89-109). New York: Oxford University Press.

3) サイモンズとレヴィンが行なったビデオクリップ，日常場面を用いた研究については，以下のそれぞれの文献を参照．
Levin, D.T., & Simons, D.J. (1997) Failure to detect changes to attended objects in motion pictures. *Psychonomic Bulletin and Review*, 4, 501-506.
Simons, D.J., & Levin, D.T. (1998) Failure to detect changes to people in a real-world interaction. *Psychonomic Bulletin and Review*, 5, 644-649.

に全く気づかずに道を教え続けた．この「ドアスタディ」として知られる実験は，チェンジブラインドネスが実験室内の特殊な刺激事態で起こるだけではなく，日常生活のあらゆる場面で起こりうることを示している．

　ここまでの話をまとめると，チェンジブラインドネスは非常に広範な場面で生起するが，**視覚的な分裂**（visual disruption）」が必要条件であるように見える．ブランク，マッドスプラッシュ，カット割り，戸板はすべて，視覚的に情報を分裂させている．しかし，サイモンズは，視覚的分裂を含まないチェンジブラインドネスを発見し，これが必要条件ではないことを示した[4]．彼は，写真の一部を非常にゆっくりと少しずつ変化させていくと，ほとんどどこが変化したかわからないことを見出した．あらかじめ変化する場所を知っていれば，場面の変化は明確に知覚することができ，この結果は変化が検出閾値よりも小さいことによるのではない．

　チェンジブラインドネスをめぐる研究でもうひとつ重要な知見は，変化に対する敏感さに関する自分自身の認識（これをメタ認知という）が極めて不正確であることである．具体的には，人間は自分が実際よりもずっとよく変化を検出できると考えており，これを**チェンジブラインドネス・ブラインドネス**（change blindness blindness）と呼ぶことがある[5]．この自身の変化検出能力に対する過大評価はきわめて頑健で，多くの状況で見出される．ある意味では，チェンジブラインドネスが驚きをもって迎えられた理由は，まさにこのチェンジブラインドネス・ブラインドネスにあるのだといえる．

　サイモンズは，チェンジブラインドネスの原因の可能性として5つを挙げている[6]．(1) 後続刺激による先行刺激の上書き，(2) 後続刺激のコード化の失敗，(3) 先行刺激，後続刺激とも記憶されていない，(4) 2つの視覚刺激の比較の失敗，(5) 2つの視覚刺激の融合．注意すべきことは，サイモンズはこの議論でチェンジブラインドネス自体の原因を特定しようとはしていないことである．上述したさまざまな現象はおそらく異なる原因を持ち，それを列挙しても意味がない．重要なのは，チェンジブラインドネスが提起した視覚記憶や

4) 視覚的分裂のない状況で生じるチェンジブラインドネスに関する研究については，以下の文献を参照．論文から実際の刺激例を見ることのできるURLを見つけることができる．
Simons, D.J., Franconeri, S.L., & Reimer, R.L. (2000) Change blindness in the absence of a visual disruption. *Perception,* 29, 1143-1154.

5) チェンジブラインドネス・ブラインドネスという概念は，以下の論文で初めて明示的に議論された．
Levin, D.T., Momen, N., Drivdahl, S.B., & Simons, D.J. (2000) Change blindness blindness: The metacognitive error of overestimating change-detection ability. *Visual Cognition,* 7, 397-412.

6) サイモンズのチェンジブラインドネスの原因を巡る論文は以下の文献を参照．ちなみに，この論文，および注5)に挙げたレヴィンらの論文が掲載された *Visual Cognition* 誌の7巻1-3号はチェンジブラインドネスと視覚記憶の特集号であり，チェンジブラインドネスに関する比較的初期の研究をまとめて読むことができる．
Simons, D.J. (2000)

注意の特性に関するさまざまな理論的問題を，より厳密に条件を統制した実験事態を考案して解明することである．その意味では，チェンジブラインドネスという現象は確かに研究のフロンティアを開拓したといえるが，現在ではこの現象が包蔵するさまざまな理論的問題を新たな実験パラダイム，研究手法を用いて展開するという段階に入っているといえる．チェンジブラインドネスに触発されたより厳密な実験を用いて，視覚的短期記憶，視覚的注意の心理学研究，機能的脳イメージング法を用いた脳活動の測定などの研究が現在進められている．

しかしながら，チェンジブラインドネスに関する最も重要な問題はまだ解明からは程遠い状況である．それは，チェンジブラインドネス・ブラインドネスで示された主観と実際の視覚認知能力の大きな乖離である．なぜわれわれは実際に認識できている視覚情報よりはるかに多くの物体からなる複雑な状況を瞬時に認知できているような主観を持つのであろうか．チェンジブラインドネスはわれわれに乖離の存在を気づかせ，その後，われわれの視覚認知（視覚記憶や視覚的注意）の実態の解明は進んできた．しかし，この実態と乖離した主観をなぜわれわれが持つに至るのかは，まったくといっていいほど未解明である．この点に関してよく用いられる説明は，われわれの視覚記憶能力のきわめて強い限界にもかかわらず，必要なときに必要な物体や事象に注意を向ける能力が高いために，日常生活で記憶の限界による問題に直面することが少ないためだ，というものである．だが，これだけでは，われわれが同時にたくさんのものをはっきりと見ているという主観の説明には不十分であるように思える．もちろん，この問題は，主観，意識，といったきわめて厄介な問題を数多く含んでおり，客観的な実験科学による厳密なアプローチには，さらに多くの工夫が必要であろう．チェンジブラインドネスに関して残された最後のフロンティアといえるかもしれない． 〔齋木　潤〕

Current approaches to change blindness. *Visual Cognition*, 7, 1-15.

【参考文献】

三浦利章・横澤一彦（編）(2003)　特集：視覚的注意　心理学評論　第46巻3号

I-5 建築心理学

architectural psychology

建築心理学という名称を目にすることは比較的少ない．それはさらに広領域である**環境心理学**に包含されることが多いからだろう．環境心理学の対象範囲は極めて広い．建築に関するすべての心理学を建築心理学と総称するなら，事情は同様のはずである．しかし，建築心理学という場合，建築のデザイン的側面に関して言及する分野だという印象が強い．それはなぜだろう．まずは，この問いをめぐって建築心理学の過去を振り返ることから始めよう．

建築心理学という名称が最初に使われたのは心理学ではなく，美学・美術史の領域においてであった．著名な美学者ヴェルフリン（Wölfflin, H.）は『建築心理学序説』[1]を著し，実用的な建築が絵画や彫刻と同様，純粋芸術として美学の対象になることを指摘した．彼が心理学という名称を用いたのは，従来の美学や美術史とは異なり，歴史的な観点からではなく，生きている人間の感じ方や判断，すなわち，今見えている形態に基づき，今感じている印象や評価を考察するという姿勢を示す意図があったのだろう．あるいは，彼の著作に先立って書かれた，精神物理学の祖**フェヒナー**（Fechner, G.T.）[2]による『実験美学入門』の影響を受けた可能性も考えられる．フェヒナーは矩形の美しさを，黄金比を含む縦横比の観点から検討したことで知られているが，ヴェルフリンもまた著作の中で，建築を比率の観点から分析することに頁を費やしている．もっとも，建築の美を比率の観点から考える伝統は，ローマ時代の建築家，ヴィトルヴィウス（Vitruvius）以来とも言える．そうした発想は，建物に限らず，街並みを評価する際の指標として建物の高さ（H）と道幅

1) Wölfflin, H. (1886) *Prolegomena zu einer Psychologie der Architektur.*

2) グスタフ・テオドール・フェヒナー（1801-1887）．ドイツの物理学者，哲学者．精神物理学を創始し，実験心理学の成立に大きな影響を与えた．ウエーバー・フェヒナーの法則（感覚の大きさは刺激の強さの対数に比例する）は有名．

（D）の比，D/H を示した芦原義信にも引き継がれている[3]．

こうした比率からの考察が今日の建築心理学あるいは感性心理学にとって今なお価値があるとすれば，物理値と感性印象との対応関係はもとより，比率という目に見えず，したがって直接には意識されない秩序が，無自覚的な形で評価判断に影響を及ぼしていると考える点であろう．類した発想に，近年，フラクタル係数などの**自己相関**の考え方が加わった．たとえば，日本庭園の静謐感や安らぎの印象を，中心軸変換によって考察したトンダー（Tonder, G.J. van）ら[4]の分析もそれに当たる．こうした建築家や情報科学者からの指摘に対し，人は実際にどのような印象を持つのかを実証的に確認し，人間の知覚や感性評価における普遍的な特性を明らかにしていくことも建築心理学の一つの方向だと言える．

建物の外観に関しては，近年再び，印象評価研究が求められている．2003年，国土交通省は国の綱領として「美しい国作り」をかかげ，景観法を制定した．法律の運用に当たっては，建物や景観に対する美的・感性的側面での評価基準を定めることが必要となる．しかし，建物の写真を用い，**SD法**（Semantic Differential Method）の結果を多変量解析する手法で検討を行った三浦によると，建築を評価する際の観点は指摘できても，評価における個人差や状況差，建物の形状と色彩ならびに材質間の交互作用，周囲との関係や経年変化などの要因により，建物単体の印象評価を事前予測することは困難であるという[5]．一方で，評価の際の提示メディアの影響については，与えられた刺激セットの中で相対判断が行われるため，比較的低いことも示している[6]．こうした研究は建築に対する評価結果にとどまらず，評価判断における人間の一般的な特徴を示したものだと言えるだろう．

最初の問いに戻ろう．建築心理学が環境心理学に含まれながらもベクトルを多少とも異にし，外観などのデザイン的側面に重きを置いている印象を与えるのはなぜだろう？　建築心理学の古典，小林重順の『建築心理入門』[7]に目を向けてみよう．『環境心理学』[8]の著者ギフォード（Gifford, R.）は彼の著書の日本語版の序で，この本は現代における世界で最

3) 芦原義信（1979）街並みの美学　岩波書店．
なお，D/H に関する御堂筋での話題については，三浦佳世（2007）知覚と感性の心理学（岩波書店）のコラム参照．

4) Tonder, G.J. Van, Lyons, M.J. & Ejima, Y. (2002) Perception psychology: Visual structure of a Japanese Zen garden. *Nature*, 419, 359-360.
なお，その心理学的研究の例に以下がある．
Miura, K. & Sukemiya, H. (2007) Visual impression of Japanese rock garden (Kare-sansui): From the point of view of spatial structure and perspective cues. *Proceedings of International Symposium on EcoTopia Science 2007*

5) 三浦佳世（2008）感性からの環境評価　循環建築・都市デザイン　7-32, 技報堂

6) Miura, K., Inoue, H. & Tominaga, M. (2002) Are there any difference of the impression between real object and their reproductions viewed through CRTs and video projections? *Japanese Psychological Research*, 44, 162-172.

初の建築心理学の教科書であると紹介している．実際，建築を巡るさまざまなテーマが取り上げられている．しかし，小林が造形心理学者であり，画家であったことから，基本的には建築のデザインあるいはフォームを通して人間の行動や心理を考える本となっている．建築評論家，川添登はこの本の序で「建築の創造とは，機能分析にあるのではなく，フォームの発見にかかっている」と述べ，さらに，形態はすでに機能を内包しているとも指摘して，このアプローチを支持している．建築はそのフォームに特徴が集約されていると考えるのであれば，フォームに対する考察がまずは行われるべきである．これが最初の問いに対するひとつの答えだと言えるだろう．

川添は建築における心理学の役割は，色彩調整や適正照度といった仕上げの段階での機能的考察にとどまるべきではなく，フォームを生成する際のイメージ喚起力の根底にある「秩序の感覚」を考察すべきだとも指摘している．建築心理学において比率や自己相関値の研究が行われてきたのもこれと呼応する．とはいえ，基礎心理学における「よさ」研究ほどには掘り下げて検討されてはきていない．今後も引き続き課題として残されていると言うべきかもしれない．

一方，重要なことは，人が建築を作るだけでなく，建築が人を作り，人と人との関係を作ることである．環境心理学という名称の中で建築を対象に行われてきた心理学的研究の大半は密度，プライバシー，社会的距離，パーソナルスペース，テリトリーなどの，空間が生み出す社会的行動のあり方を調べるものであり，人と人との関係性，つまりは**社会心理学**の問題を扱うものであった．こうした研究には，動物の行動観察に基づく**比較行動学**（エソロジー）の概念や理論が転用されており，比較という点では，文化差に注目した議論も早くから行われている[9]．また，産業心理学，学校心理学，臨床心理学，健康心理学，発達心理学など多様な分野において，これらの応用的研究が展開されている．そのことを思うと，建築をめぐる心理学の主流はフォームの美的評価ではなく，フォームの行動に与える影響であり，**感性評価**であったとも

7) 小林重順（1961）建築心理入門　彰国社

8) Gifford, R.（2002）*Environmental Psychology.* Optimal Books.〔羽生和紀・槙究・村松睦雄監訳（2005-2007）環境心理学　上・下　北大路書房〕

9) Hall, E.T.（1966）*The Hidden Dimension.* N.Y.: Doubleday.〔日高敏隆・佐藤信行（訳）（1970）かくれた次元　みすず書房〕
文化人類学者ホール（Hall, E.T.）によって提唱されたプロクセミクス（proxemics）の概念は，文化による対人距離の違いを問題にし，建築や環境デザインに影響を与えた．

言える.

　こうした観点から建築に関する心理学のテーマを顧みると，それは時代を映す鏡であったことが分かる．高度成長時代には照明と生産性あるいは疲労感の研究が行われた。その後も高層マンションにおける感覚遮断状況と疲労感あるいは子供の遊び場，オフィスビルの多目的利用と入りやすさ，災害時の群衆行動と避難経路のシミュレーション，犯罪とコミュニティ，高齢者や障害者に対するユニバーサルデザイン，そして近年の注意障害児童と教室設計，と時代の要請に応じて，さまざまな課題に取り組んできたと言える.

　また，建築心理学ではテーマに限らず，方法論も多彩である．環境の物理的要因と人間の行動や心理の関係（interaction）を知ろうとする実験心理学系建築心理学と異なり，環境と人とが相互浸透的に影響しあう関係（transaction）を知ろうとする**質的心理学系建築心理学**では，対象の中に入って現実場面での行動の生起や変容を見るという方法論を採っている[10]．場所への愛着（attachment）といった問題には，こうした手法も有効であろう．方法論は課題に応じて選ばれるべきである.

　昨今の環境心理学では，地球規模での環境問題を視野に入れた「持続可能な（sustainable）」あり方に注目が集まっている．そこでは技術力による目標値達成だけではなく，心理学的な観点からの問題解決が要求されている．室内温度の調整を同調行動の観点から見た唐沢らの研究[11]もそうした一例であろう．また，施工から居住までの安全環境の確保と注意特性，構造偽装などにおける建築倫理，ヴァーチャル環境との共生なども，建築心理学の今日的課題となっている．こうした問題の解決には，建築系との共同研究はもとより，異なる心理学分野間での共同研究も有効だと思われる.

〔三浦佳世〕

10) トランザクションの考え方に基づく環境心理学研究に関しては，次に詳しい.
南博文（編著）(2006) 環境心理学の新しいかたち　誠信書房

11) Karasawa, K. Motoyoshi, T., Tanaka, H., & Koga, K. (2007) How to promote the behavior for energy saving: The effect of personal feedback concerning energy consumption of others. Proceedings of Inter-national Symposium on EcoTopia Science.

【参考文献】
槙　究 (2004) 環境心理学：環境デザインへのパースペクティブ　春風社
中島義明・大野隆造（編）(1996) すまう：住行動の心理学　朝倉書店

I-6
感性認知

kansei cognition

感性が印象評価を伴う知覚判断だとすれば，おのずと記憶や文化も関わり，したがって認知が関わるものとなる．

感性に関する定義は定義する者の数だけあるとも言われる．歴史的には江戸時代に感情とほぼ同義で使われていた感性がsensibilityの訳語として用いられた一方，感覚・知覚の意味も内包するSinlichkeitの訳語としても用いられたように，感性は元来，感覚から感情までを含む幅広い心的反応を指す言葉であった[1]．

感性を感覚・知覚と分かつのは，印象もしくは評価が付随する点であろう．ただし，「よさ」が図の形成に関わるように，知覚それ自体も価値判断と無縁ではなく，透明視や錯視のような現象では美的な印象を伴うこともある[2]．

一方，感情（affect）も印象や評価を伴う心的反応である．ただし，感性よりも刺激に対する直接的な反応として，大脳辺縁系で決定される度合いが大きいように思われる．感性と感情の違いは，いわば，評価対象に対する距離感（間接性あるいは客観性）の違いにあると言えるかもしれない．感性は時に高度な学習の成果として現われ，他方，喜怒哀楽やその表出形のひとつである表情は一般に感情認知として扱われる．もっとも，感性評価には感情を抑えたところで行われる美的評価やよさ判断に限らず，快不快や好き嫌いのような感情に近いところで行われるものも含まれる．

感性はまた，芸術作品の制作や，科学における創造的思考とも関係している．斬新な表現や革新的な発見には感性的なひらめきの関与がしばしば指摘される．一方，暗黙知や潜在知など，日常における行動や判断もその多くが感性的な判断

1) 三浦佳世（2006）感性心理学　海保博之・楠見孝（監修）心理学総合事典　朝倉書店　606-612.
多様性に関しては，原田昭による研究をネットで見ることができる．
http://www.kansei-design.com/image/defini_kansei.pdf

2) 実験現象美学を提唱した野口は，錯視量の大きさと図形の美しさが相関することを示し（野口薫（編）2007 美と感性の心理学——ゲシュタルト知覚の新しい地平　冨山房インターナショナル），北岡は美しい図形には錯視が含まれていると指摘している（北岡明佳 2007 心理学から芸術へのアプローチ　基礎心理学研究　26, 97-102）．

に基づいている．したがって，感性印象といった受動的な活動のみならず，多様なレベルでの能動的な活動にも関わっており，人間を総合的に理解するに当たって欠かすことのできない視点を与えることになる．また，不十分な初期情報から瞬時に的確な回答を導き出すことから，高度な情報処理システムを構築するに当たっても有用な示唆を与えるものと思われる．ここでは，絵画を用いた感性認知研究の一端を紹介することにしよう．

ヤーバス（Yarbus, A.L.）は絵画を見る際の眼球運動を記録し，絵から何を読み取ろうとするかによって，注視箇所が変わることを指摘した[3]．見方が変われば，印象も変わることが予想される．他方，三浦は絵画を見る際の眼球運動の注視点が類似していても，見方が変わり，印象の変わる例を報告している[4]．注視点の周りに仮定される有効視野内の情報統合によって知覚が変わり，状況に適した評価判断が瞬時に行われたと考えられ，無自覚的な気づきによる鋭敏な感性評価のあり方が示唆される．この実験では浮世絵の母子像が用いられた．評定者の属性によって結果の一部に違いが見られたことから，文化や社会的役割の関与についても言及することができるだろう．感性はつまるところ**個人差**だという人もいる．感性研究では一般化できる普遍性と，個人や特定集団に特徴的な個別性の双方から問題を検討することが時には必要である．

ヤーバスの研究では絵の見方が教示によって変えられた．しかし，絵に対する構えや関心はもともと鑑賞者によって異なるものである．したがって，彼の研究は鑑賞者による見方の違いを指摘したものだとも言える．個人による見方の違いは習熟の度合いとも関係する．ノーダイン（Nordine, C.F.）らはスーラやモンドリアンらの画家の作品を用い，絵の一部を取り除いてバランスを崩すと，専門家は大きな眼球運動を行ってそれを確かめるが，素人は部分にこだわって小さな眼球運動を繰り返すことを報告している[5]．一方，三浦は盆栽の鑑賞やピアノ演奏時の楽譜の読み取りにおいて，評価者や演奏者の習熟度が注視点の位置や有効視野の範囲を変えるこ

3) Yarbus, A.L. (1967) *Eye movement and vision*. Translated by L.A. Riggs, New York: Plenum Press.

4) 三浦佳世（2006）視線の構造 北山修編 共視論：母子像の心理学 講談社 129-158.

5) Nordine, C.F., Locher, P.J. & Krupinski, E.A. 1993 The role of formal art training on perception and aesthetic judgment of art compositions. *Leonardo*, 26, 219-227.

とを指摘し[6]．専門家は迅速に適切な注視点へと眼を運び，広い有効視野で効果的に情報を拾い上げることを報告している．ノーダインらの結果は，絵のバランスにかかわらず熟達度に応じて示される特徴として捉えることができるのかもしれない．時津は眼球運動と習熟度との関係を考古学における土器の判定の事例に適用し，科学的「鑑識眼」とは何かへと議論を展開している[7]．また，安藤は調査的手法により，演技の見方を熟達化の観点から検討している[8]．このようにエキスパートが無自覚的に採用している視点や，スーパー技能者が五感を用いて行っている判断を分析的に考察するのも，感性認知研究の一端と言えるだろう．

　経験による見方の変容は，**プロトタイプ**（Prototype）の形成や，**一般的視点**（generic view）あるいは**典型的景観**（canonical view）とよばれる見方の枠組みにも関係する．たとえば，対象を描く際にはなじみ深い視点や情報量の多い視点から描かれることが多いが[9]，注意が個々の対象に物体ベース（object based attention）で注がれ，それぞれの対象における典型的景観が表現時に再現されるなら，それらの集積は世界を一点から見た線遠近法的な構図にはならず，様々な方向から捉えた多視点的な表現になるはずである．そうした絵画表現を通して，私たちの世界に対する認識のあり方を知ることが出来るかもしれない．一方，構図それ自体にも典型的景観，「良い眺め」があると考えられる．線遠近法における視点の選び方はこれと無縁ではなく，ファインダーで切り取られた写真にはそうした世界が再現されている[10]．

　一方，一般的視点やプロトタイプの形成には，接触頻度も関係する．接触頻度が好意度に影響することは，**単純接触効果**（mere exposure effect）として知られている．このとき，なじみ深い対象かどうか，接したことがあるかどうかに自覚的である必要はない[11]．松田は刺激への接触頻度がプロトタイプの形成を促し，形成されたプロトタイプ的対象が好ましい評価と結びつくことを，広告効果に適用して論じている[12]．もっともプロトタイプへの好意的な受容のみでは，新しいものは生まれてこない．そこで，すでに「枠組み」と

6）三浦利章（2005）見ることと注意：視覚的注意と行動，安全性　仲真紀子（編著）認知心理学の新しいかたち　誠信書房　73-103．

7）時津裕子（2007）鑑識眼の科学：認知心理学的アプローチによる考古学者の技能研究　青木書店

8）安藤花恵（2005）演劇の心理学：演劇の熟達者とは　子安増生（編著）芸術心理学の新しいかたち　誠信書房　199-224．

9）Solso R.L.（1994）*Cognition and the visual arts*. MIT Press.〔翻訳は参考文献参照〕には，大学生の描いた紅茶茶碗の例がある．

10）三浦佳世　2007　知覚と感性の心理学　岩波書店．

11）閾上もしくは閾下で反復提示された対象に対し，その対象を覚えていなくても好きになる現象．最初の指摘は，Zajonc, R.B.（1968）Attitudinal effects of mere exposure. *Journal of Personality and Social Psychology Monograph*, 9, 1-27.

12）たとえば，松田憲・平岡斉士・杉森絵里子・楠見孝（2007）

なったものに注意は向かないという**視覚探索**（visual search）の知見や、いったん注意を引いたものに再度、注意は向かわないという**復帰抑制**（inhibition of return）の考え方が役立つかもしれない．流行に関する従来の説明やバーライン（Berlyne, D. E.）の快感に関する覚醒ポテンシャルモデル[13]も、注意や意識の観点から新たな議論を行うことができるだろう．

　ところで、対象に接した際に生じるさまざまな感性印象はいつ形成されるのだろう？　ワン（Wan, X.）らはバー（Bar, M.）たちが表情研究で用いた手法を適用し、絵画を見る際の多様な印象の生起時間を検討した[14]．その結果、静けさや単純さなどの印象は30msec以内の短時間で形成されるのに対し、美しさや好ましさの判断は1秒を越えないと安定しないこと、同じ評価性尺度でも快さはそれらより早く決まることを指摘している．単純な知覚特性によってすぐに決まる印象と、情報を統合しあるいは記憶と照合して決まる印象のあることが示唆される．

　感性認知研究は、知覚や認知研究の手法を用いて、感性や感性情報処理のあり方を考えるものである．また、絵画や建築、音楽や映像などの感性表現を通して、知覚・認知の一般的な特性を考察するものでもある．本稿では主に絵画を刺激とする研究を紹介したが、音楽における感性認知研究は感情研究も含めて活発に行われており、一方、触覚や嗅覚、味覚等に及ぶ感覚間の情報統合（**マルチモーダル**）あるいは感覚内統合（**マルチモジュール**）を扱った研究も急増している．意識処理を分析的に検討した従来の認知科学に加え、無意識処理を統合的に検討する感性科学の進展により、さらに深い人間理解やより高度な情報処理システムの構築が可能になるものと思われる．

〔三浦佳世〕

バナー広告への単純接触が商品評価と購買意図に及ぼす効果　認知科学 14, 133-154．

13）たとえば、Berlyne, D.E.（1970）Novelty, complexity, and hedonic value. *Perception & Psychophysics,* 8, 279-286．

14）Wan, X. & Miura, K.（2008）Time course of impression formation in painting. Proceedings of The Second International Workshop on Kansei, 75-77．

【参考文献】
子安増生（編著）（2005）　芸術心理学の新しいかたち　誠信書房
三浦佳世（2007）　知覚と感性の心理学　岩波書店
ソルソ, R. L.（1994）鈴木光太郎・小林哲生（訳）（1997）　脳は絵をどのように理解するか：絵画の認知科学　新曜社

I-7
生物心理学

biopsychology / biological psychology

生物心理学は教科書の名称としても，また分野や大学のコースの名称としても用いられている．ただ，なにか鮮明な主張や理論をもった学派や体系とは考えにくい．英語圏の大学では実験心理学と動物学，実験心理学と生理学は親和性が高く，しばしば同じ建物に入っている場合がある．これは実験設備として共通のものを使う場合が多いからで，大学内のいわば政治的な理由で一緒になっていることも多い．

一方，ドイツ語圏では自然科学（Naturwissenschaft）と精神科学（Geisteswissenschaft）は峻別されており，心理学は実験心理学であっても，精神科学として哲学や神学と一緒になっている場合が多い．日本の場合は，歴史的にはほぼドイツ語圏に近く，哲学専攻に属していたものから独立して心理学専攻が形成されたところが多い．したがって，動物を使った実験心理学であっても，しばしば文学部に属している．ただし，近年の大学，大学院の組織改革はこのような区分をなくしつつあるが，反面なんの研究をしているのか，説明を聞かないとわからないものもある．

生物心理学と内容が重複するものに**生理心理学**（physiological psychology）がある．これは基本的には生理指標による心の解明であり，どちらかといえば，動物研究よりもヒトのGSR（皮膚電気反射）や脳波の研究を主体とするものであった．生理心理学の源流は**ワトソン**（Watson, J.）[1]の行動主義心理学である．ワトソンはすべての「心」の活動は外在的行動によって研究できると考えていた．思考のようなものも微細な筋肉活動が測定できれば，行動として研究できるとした．そのため彼の心理学は「筋肉ぴくぴく心理学

1) ワトソン, J.（1878-1958）アメリカのサウスカロライナ州生まれ．シカゴ大学で心理学の博士学位取得，1908年からジョンズ・ホプキンズ大学で実験および比較心理学の教授をつとめた．1920年に大学を辞し，広告業界に転身した．

（muscle-twitch psychology）」と呼ばれた．行動主義宣言[2]を著した時点ではワトソンは**パヴロフ**（Pavlov, I.P.）[3]の条件反射学のことは知らなかったわけだが，その後，行動主義の理論的体系として条件反射を積極的に取り入れた．しかし，パブロフが大脳皮質の研究法として条件反射を考えて，そのメカニズムとして大脳皮質での興奮と制止の波としての拡散を想定していたのに対し，ワトソンは脳内機構としての条件反射はほとんど考えていない．そのため，生理心理学は一時期，かなり末梢主義が濃厚であった．行動主義はやがてスキナー（Skinner, B.F.）の「皮膚の下のことは考えない」「生理学から独立した行動科学」になっていたため，生理心理学とはあまり関係がなくなったし，動物実験は侵襲的に直接脳に操作をくわえる研究ができるため，末梢反応の測定を中心とする生理心理学とはやはり関係が薄くなったといえる．また，スキナーは個体の学習の基礎になる個体発生的随伴性（ontogenetic contingency）と行動の進化の基礎になる系統発生的随伴性（phylogenetic contingency）を分けたが，行動分析では個体内での行動変化の研究がほとんどで，系統発生的随伴生の研究は少ない．

米国心理学会の雑誌，『比較および生理心理学雑誌（*Journal of Comparative and Physiological Psychology*）』はやがて『行動神経科学雑誌（*Behavioral Neuroscience*）』と『比較心理学雑誌（*Journal of Comparative Psychology*）』に分かれ，後者で脳研究が扱われることはまれである．

やはり，脳研究として生物心理学と内容が重複するものに**神経心理学**（neuropsychology）がある．これは，そもそもはヒトの脳損傷による心的障害の研究であった．ヒトの脳損傷はもちろん実験的に行うわけではない．治療として脳を損傷する場合でも，病巣を取り除くのが目的になる．したがって，時間をかけて症例を集めることになる．さらに，脳を実際に検索できるのは死後ということになり，特定の症状が出ていた時の脳の状態はわかりにくかった．画期的な技術革新はCTスキャンで，これにより生きている脳の形態が鮮明にわかるようになった．さらなる進歩は**機能脳画像技術**で，

[2] Watson, J.B. (1913) Psychology as the behaviorist views it. *Psychological Review*, 20, 158-177.

[3] パブロフ, I.P. (1849-1936) ロシアの生理学者．食物消化の神経機構の研究で，1904年にノーベル生理学医学賞を受賞した．

PET，fMRI，NIRSなど[4]により，特定の心的活動に対応して活動する部位の特定が行われるようになった．最近ではヒト脳を頭蓋上から刺激する**経頭蓋磁気刺激 TMS**：(transcranial magnetic stimulation) も可能になった．神経心理学はより幅広い脳研究を行うようになり，認知神経心理学（cognitive neuroscience）という用語も使われるようになったが，対象がほぼヒトに限定されていることが生物心理学とは異なる．しかし，動物での高次認知機能の比較研究の進展にともなって，比較認知神経科学（comparative cognitive neurosciecne）というべき研究領域も形成されている．

　生物心理学は生物科学としての心理学という立場であり，したがって心を神経系の機能として，また，進化の産物としてとらえる．同じように心を進化の結果として考える立場に**進化心理学**（evolutionary psychology）がある．これは生物心理学より旗幟鮮明な学問であるが，基本的にはヒト科になってからの進化に現在のヒトの行動の原因を求める．ヒトがホモサピエンスサピエンスになってから脳がどのように進化したかはなお議論の対象になっているが，巨視的には大きな変化は見られない．一方，文明化したヒトの歴史は時間的には極めて短い．このことは，現代のヒトの行動の多くが石器時代の選択圧の結果を反映していることを意味する．糖の過剰摂取のような問題はかつて適応的であった嗜好がもはや適応的でない例として解釈される．

　社会生物学（sociobiology）は進化生物学の起源の大きな部分を占めるが，これは生物の行動が**包括適応度**（inclusive fitness）[5]の最大化を行うためのものだと考える．包括適応度を大きくするためには直接子孫を増やすばかりでなく，血縁関係のある個体の生存を助ける行動も出てくる．**血縁選択**（kin selection）といわれるもので，この行動をヒトに適応する場合に人種差別などの社会的な問題と関わりができ，1970年代の終わりから1980年代にかけて大きな議論が行われた．

　幅広い動物種での比較を行うという意味では，生物心理学は**動物心理学**（animal psychology），**比較心理学**（comparative psychology），**比較認知科学**（comparative cognition），

4) 1-14, 54ページ参照．

5) 包括適応度は次世代に伝えられる遺伝子共有率（血縁度）の総計．直接の子供の場合は（子供の数×0.5），自分の子供ではないが兄弟の子供は（甥姪の数×0.25）となり，包括適応度はその合計である．

あるいは**比較行動学**（ethology）とも重複する部分が多い．動物心理学は研究対象による領域の規定であるが，ドイツ語圏で権威のあった『動物心理学雑誌（*Zeitschrift für Tierpsychologie*）』も *Ethology* にタイトルを変え，日本動物心理学会の雑誌である『動物心理学研究』は動物心理学を標榜している希有な例となっている．比較心理学は実験心理学の手法と進化理論がむすびついたものと考えられるが，比較認知科学との相違は少なくなっている．比較心理学にはシネーラ（Schneirla, T.C.）らに始まる，いわば異なる動物に共通知能テストを課して，成績を比較するような立場もある．ただ，このような種間比較では種の違いによってテストの変数（刺激，強化，反応など）を体系的に変化させる必要がある．このような問題をある程度解決する課題として，連続逆転学習，学習セットなどが比較研究によく用いられる．連合学習理論にもとづく比較心理学はこのような流れであると考えられる．認知科学は本来，ヒトでも機械でも動物でも，同じように認知過程を扱えると考えるので，多様性を重要視する比較認知科学はやや異端と考えられないこともない．比較行動学の中でヒトの行動を研究対象とする**人間比較行動学**（human ethology）はほぼ進化心理学に吸収されたと思われる．これらの進化をあつかう学問と生物心理学の違いは，脳研究に対する力点の違いであろう．

冒頭に述べたように生物心理学は特定の主張や理論があるわけではないが，心を（1）神経系の機能としてとらえる，（2）進化の結果として考える，ということがいわば最大公約数的な特徴といえよう．この2点は，生物心理学が心理学を生物科学として考えることを示しているといえよう．

〔渡辺　茂〕

【参考文献】
渡辺茂・小嶋祥三（2007）　脳科学と心の進化　岩波書店
パピーニ, M.R.　比較心理学研究会（訳）（2005）　パピーニの比較心理学　北大路書房
カラット, J.W.　中溝幸夫他（訳）（1987）　バイオサイコロジー：心理学の新しい流れ　サイエンス社

I-8
認知の起源

origin of cognition

高度に発達したヒトの認知も進化の結果，われわれが獲得したものである．本章ではヒト以外の動物の認知研究からヒトの認知の起源を考える．

外界の認知

外界の**認知の起源**は感覚器を介しての外の世界の生体内部での再構成にある．例を視覚にとってみよう．カンブリア紀（およそ5億4300万年前）以前にも光感覚を持つ生き物はいたが，光感覚と**視覚認知**は違う．視覚認知では離れた物体を生体内部で像として認知する．視覚が出現するまでは補食は受動的補食，つまりたまたま触った餌を食べるだけである．視覚が生じると離れた餌をさがすことができるようになり，食べられる側も補食者に触らないだけでは生き残れず，早く捕食者を発見するといった戦略が必要になる．実際，カンブリア紀の爆発的な種分化（多くの**門**[1]もこの時に分かれている）の原因は視覚の発生によるものだと考えられる．他の遠隔知覚である聴覚や電磁場による対象の探知[2]などは，ずっとあとになってでてきた外界認知である．

視覚認知が特に有効なのは昼行性の動物で，しかも樹間を跳び回るような3次元に移動する動物である．哺乳類は夜行性の動物として出現したので，一般的には視覚の発達はよくない．哺乳類のなかで霊長類特にヒトは視覚が発達しているが，これは昼行性の樹間生活を始めて，二次的に発達したと考えられる．一方，鳥類は昼行性で樹間生活から出発したと考えられ，一般に視覚はよく発達している．実際，いくつかの実験で鳥類のヒト類似の高次視覚認知が報告されている[3]．

1) 門は動物の分類の単位（たとえば節足動物門）．全部で38あるが，カンブリア紀に爆発的にその数が増えて，ほぼすべてが出揃う．

2) たとえば電気魚は電磁場の変化によって補食したり，コミュニケーションを行う．

3) Herrnstein, R.J., & Loveland, D.H. (1964) Complex visual concept in the pigeon. *Science*, 146, 549-551.

たとえば，ハトに人間が写っている写真とそうでない写真を弁別するように訓練することができる．さらに，モネの絵画とピカソの絵画の弁別を学習したハトは，初めて見る絵画でもモネのものかピカソのものかを弁別することができる[4]．これらは特定の視覚刺激の弁別ではなく，その刺激による弁別訓練を通じて刺激の「カテゴリー」あるいは「概念」を学習したからだと考えられる．

このような能力は視覚認知に限ったことではなく，鳴禽は古典音楽（バッハなど）と現代音楽（シェーンベルグなど）を弁別することもできるし，訓練に使わなかった刺激でも正しく弁別できるので，聴覚的カテゴリーないし概念が形成されたと考えられる．

社会的認知

次に認知の起源として重要なのは**社会的認知**である．子孫を残すためには繁殖のために自種の認知が必要である．遺伝子の伝達には直接自分の繁殖によるものと遺伝子を共有している血縁によるものとがある．したがって，効率的な遺伝子の伝達のためには**血縁認知**（kin recognition）も必要になる．

子の認知，親の認知，さらに兄弟姉妹の認知はその多くを学習によっている．産院での子どもの取り違えがおきるのは，子どもの認知が経験によっているからに他ならない．動物を用いた里子，養子の実験でも，親子，兄弟の認知は経験によることがわかっている[5]．

しかし，自分の子どもと他者の子どもの区別をしない場合も知られている．鳥の場合は，ヒナが巣から動かないような種では，特別な親子認知の機構がない．一方，広いコロニーで繁殖をし，ヒナが移動するような種では，親子認知の機構が発達している．

私たちが，初見の親戚でも，なんとなく親戚らしいなと分かるのは**表現型マッチング**（phenotype matching）によるものと考えられる．表現型マッチングでは，ある個体が経験によって血縁であることを学習した参照個体と初見の個体の類似度によって血縁度を判定することが知られている[6]．これは，実験心理学的には刺激般化（stimulus generalization）[7]

4) Watanabe, S., Wakita, M., & Sakamoto, J. (1995) Pigeons' discrimination of paintings by Monet and Picasso. *Journal of the Experimental Analysis of Behavior*, 63, 165-174.

5) Watanabe, S., Inada, S., & Borlongan, C. (1995) Factor of familiarity in sibling recognition in golden hamsters. *Journal of Ethology*, 13, 17-22.

6) Hepper, P.G. (1987) The discrimination of different degrees of relatedness in the rat: Evidence for a genetic identifier. *Animal Behavior*, 35, 549-554.

7) 刺激般化：ある刺激に対して反応することを学習すると，それに類似した刺激にも反応するようになること．反応は元の刺激から離れるにしたがって弱くなる．これを般化勾配（generalization gradient）という．

血縁のない個体の認知も知られている．いわゆる社会行動では社会を構成する血縁のない個体間の認知が重要になる．特に順位の認知では，他個体間の順位から，推論によって，自分との順位関係を認知することがカケス[8]においても知られている．また，動物の利他行動では**相互利他行動**（reciprocal altruism）が知られており，これにも個体認知は欠かせない．

社会的認知では，個体認知のみならず，個体の状態や行動，意図などの認知が重要になる．ハトやウズラに興奮薬あるいは抑制薬を投与し，その映像を正常な状態の映像と弁別させることができる．また，サルでは実験者との物物交換の事態で他のサルがより好ましい餌を与えられると，自分が与えられた餌を拒否することも知られており[9]，ある種の社会的公正の認知の起源と考えられている．

自己認知

生体は外部環境と同じように，**内部環境の認知**も行う．空腹や渇きばかりでなく，中枢作用薬（たとえばアルコール）投与によって誘導された中枢状態を認知することができる．このことは実験的に薬物弁別（drug discrimination）[10]によって調べることができるが，これら内部環境の認知は**自己認知**の基礎的なものと考えることができる．

さらに，動物に自分の判断の確信度を弁別刺激とした行動をとらせることや，「忘れた」という状態の弁別も可能である．これらの実験は，薬物によって誘導される中枢状態ではなく，自然に起きている自分の認知状態も弁別刺激として機能すること，つまり**メタ認知**が可能であることを示唆する．

自己認知の実験としてもっとも良く知られているのはギャラップ（Gallup, G.G. Jr.）[11]が開発した**マークテスト**といわれるもので，麻酔下のチンパンジーの顔に印をつけ，覚醒後に鏡を見せるというものである．大型類人猿がこのテストをパスすることが確認されているが，ゴリラは例外的にテストをパスしない．系統分岐分析[12]から考えれば，ゴリラは本来類人猿がもっていたこの能力を二次的に失ったことになる．

8）スズメ目の鳥．日本では九州以北で繁殖．

9）Bronson, S.F., & de Waal, F.B.M.（2003）Monkeys reject unequal pay. *Nature* 425, 297-299.

10）薬物弁別：ある薬物（中枢神経作用薬）投与後には2つのレバーのうち一方を押せば餌が得られるが，生理食塩水投与後には他方のレバー押しで餌が得られるようにする．被験体が薬物で起こされた自分の中枢状態を弁別できれば，薬物投与か生理食塩水投与かによって適切なレバー選択ができるようになる．

11）Gallup, G.G.Jr.（1970）Chimpanzees self-recognition. *Science*, 167, 86-87.

12）系統分岐分析：ある形質の系統発生を考える時にもっとも少ない分岐のものが適切だとする考え方で，大型類人猿がそもそも鏡像自己認知の能力がなく，チンパンジー，オランウータン，ヒトなどがそれぞれその能力を獲得したと考えるより，大型類人猿はその能力を持っており，ゴリラだけが二次的にその能力を失ったと考える方が適切になる．

類人猿以外の霊長類ではマークテストはまず成功せず，鏡に対する反応は他個体に対する社会行動である．霊長類以外で鏡像自己認知の存在が認められているのは，イルカとゾウである．ゾウで**自己指示行動**が知られている[13]．

ある種の動物は鏡像自己認知ができ，別のものではできない，ということは系統発生の問題である．エプスタイン（Epstein, R.）たち[14]は順序を踏んで訓練すれば，系統発生的にできないと考えられていた鏡像自己認知がハトでも可能になることを示したが，この実験は他の研究者による追試に成功していない．なお，鏡像に対する行動には，同種他個体として鏡像を認知する社会的行動，鏡の裏を見るなどの探索行動，鏡に対して社会行動を示さなくなる順応，最後が鏡像を自己像として認知する段階がある．

自分の運動は関節と筋肉の自己受容器からの内部感覚で把握できる．目をつぶっていても，自分の体や手足の位置がわかるのはこの感覚のおかげである．一方，モニター画面や鏡の像は視覚刺激である．自己鏡像認知とは，このふたつの**異種感覚間マッチング**（cross-modality matching）に他ならない．マークテストはつまり，自己受容系と視覚系でマッチングをテストしているのである．マークテストは自己指向行動である身繕い行動が出現することを前提としており，マークテストに成功しないことがそのまま自己認知の欠如を示すものではない．

これまで述べてきたように，ヒトの高次認知もその原初的な形態をヒト以外の動物にも見ることができる．ヒトとの生物学的類縁性が高くない種（たとえばハトなど）でヒト類似の認知機能が見られる場合には両者の進化の過程で類似した系統発生的随伴性が働いた結果と考えられ，ヒトの認知の起源をさぐる重要な手がかりとなる． 〔渡辺　茂〕

13) Plotnik, J.M., de, Waal, F.B.M., & Reiss, D. (2006) Self-recognition in an Asian elephant. *The Proceedings of the National Academy of Sciences of the United States of America*, 103, 17053-17057.

14) Epstein, R., Lanza, R.P., & Skinner, B.F. (1981) Self-awareness in the pigeon. *Science*, 212, 695-696.

【参考文献】
藤田和生（1998）　比較認知科学への招待　ナカニシヤ出版
渡辺茂（編）（2000）　心の比較認知科学　ミネルヴァ書房
渡辺茂・小嶋祥三（2007）　脳科学と心の進化　岩波書店

I-9
比較認知科学

comparative cognitive science

認知科学という学際的な研究領域がある．研究対象は人間の認知活動であるが，言語や思考，哲学といった比較的高次な心的過程を対象にしているところに特徴がある．また認知科学では，計算機上で稼動するモデルも重要な研究対象である．人間のある認知過程を模したモデルが，どれだけヒトと似た振る舞いをするかを調べることで，ヒトの認知過程を推定・説明しようとする．このような工学的なアプローチの研究も多く見られる．

「比較認知科学」という研究領域

しかし，それらとは異なるアプローチで，ヒトという生物種の認知機能に迫ろうとしている研究領域がある．その1つが**比較認知科学**である．藤田によれば，比較認知科学とは「ヒトを含めた種々の動物の認知機能を分析し比較することにより，認知機能の系統発生を明らかにしようとする行動科学」である[1]．

ただし，よりヒトに焦点をあてた立場もある．すなわち，比較を行うのは，あるものを異なる角度から眺めることで，これまでに見えなかった姿を浮かび上がらせるためであり，ヒトを他の動物と比較することによって，われわれヒトを含めた動物種間に共通する行動と心的過程や，ヒトという種の動物固有の点を明らかにしようとするものである[2]．

渡辺によれば，国内の比較認知科学は大きく分けて3つの潮流がある[3]．それは，① 比較認知科学を認知科学の一分野と位置づけるもの，② 心の進化の研究，③ 動物の主観的な経験の理解，である．

たとえば室伏靖子が提唱し，松沢哲郎らによって30年以

1) 藤田和生 (1998) 比較認知科学への招待：「こころ」の進化学 ナカニシヤ出版

2) 川合伸幸・平石界 (2005) 動物の認知：比較からみる心の進化と発生 認知科学 12, 137-141.

3) Watanabe, S. (2004) Comparative cognitive science in Japan. *Japanese Psychological Research*, 46, 137-140.

上継続されてきた京都大学霊長類研究所のチンパンジー・アイを対象とした「アイ・プロジェクト」は，当初の目標がチンパンジーの認識世界を調べることであったという意味では，③の立場から始まった研究といえる[4]．

「比較認知科学」の研究方法

比較認知科学の研究では，ある種間の比較を行い，類似した結果が得られたときに，それらの背景にあるメカニズムが**相同**（homology）であるか，**相似**（analogy）であるかの区別が重要である．相同とは，同じ機能や形態が共通の祖先に由来することをいう．それに対して相似とは，種が異なる生物間で，機能的・形態的に同じ役割をはたす構造が，それぞれ別の系統の進化に由来して発達してきたことをいう．たとえば，昆虫の翅と鳥類の翼のように，空を飛ぶという共通した機能の由来が異なるものをいう．

別の例をあげれば，ヒトとチンパンジーはともに道具を使用し製作する．チンパンジーも地域によって道具使用の形態が異なるので，これを萌芽的な文化とみなす考えもある[5]．ヒトから見てチンパンジーがもっとも近縁種であることや，霊長類のなかでは例外的に器用に手指で操作することを考えれば，ヒトとチンパンジーの道具使用・製作は相同のメカニズムを反映していると考えられる．ところが，ニューカレドニアのカラスも道具を製作し使用する．まっすぐな針金を釣り針状に曲げ，竪管の下に置かれた食物入りの容器を釣り上げることを学習するのである[6]．しかし，カラスと類人猿の系統の遠さや，共通の祖先である爬虫類どころか，他の鳥類や類人猿以外の霊長類さえもいまだに道具製作の証拠がないことと，クチバシによる対象操作ということを合わせて考えれば，何らかの理由で，カラスの脳は身体に対して特異的に大きくなり，その余剰な脳が道具製作に必要な行動の計画を許容したのであって，それはヒトや類人猿の器用な手指での対象の操作と関連した道具製作・使用とは別の進化を遂げたと考えられる．

このような系統の距離による推測だけでなく，課題遂行中の反応時間やエラーのパターンから直接，背景にあるメカニ

4) 松沢哲郎（1991）チンパンジーから見た世界 東京大学出版会

5) Whiten, A., Goodall, J., McGrew, W. C., Nishida, T., Reynolds, V., Sugiyama, Y., Tutin, C. E. G., Wrangham, R.W., & Boesch, C. (1999) Cultures in chimpanzees. *Nature*, 399, 682-685.

6) Weir, A.A.S., Chappell, J., & Kacelnik, A. (2002) Shaping of hooks in new caledonian crows. *Science*, 297, 981.

ズムが相同であるか相似であるかを推測することもある[7]．

いずれにしても，なるべく同じ場面や方法で，複数の種の認知を比較することが重要である．ただし，異なる種を同一の装置や刺激で実験しなければならないわけではない．たとえば，ネズミとゾウが，それぞれレバーを押せば1gの餌で強化されるとしよう．ネズミはすばやく学習するが，ゾウはまったく学習しないと予想される．このことは，ネズミとゾウで学習能力に違いがあることを意味しているのではない．単に1gの餌はゾウにとって学習に不十分なだけである．そこで，一般的に強化子の量が多いほど学習の遂行水準が優れるので，報酬の量を変化させたときに，両種の学習の成績がともに変化するかなどが調べられる（たとえば，ネズミは1gと3gの餌で，ゾウでは1kgと3kgの餌での学習水準を比較するなど）．これを**系統的変化法による統制**という．

このような比較によって系統間の差がはっきりあらわれるものに，次のような現象がある．魚類，両生類，爬虫類，鳥類，ほ乳類のいずれも，報酬量が多いほど直線走路の走行速度が早くなる．その後，報酬の量を減じれば（たとえば32粒から4粒），ほ乳類では，もともと少ない報酬（4粒）が与えられていた統制群に比べ，報酬が減らされた群の走行速度が著しく低下する[8]．これをガッカリ効果や，**負の継時的対比効果**（successive negative contrast effect）というが，ほ乳類で容易に観察されるこの現象が，いまだに他の脊椎動物で検出されたことがない．他の脊椎動物も報酬量にあわせて走行速度を変化させるので，報酬量の違いが知覚できないわけではない．ほ乳類だけが，過去に得ていた報酬量と現在得た報酬量の具体的な表象を持ち，それらを比較することが可能で，その差異によって生じた情動が行動に反映されるのだと考えられている．

「比較認知科学」の歴史的背景とその対象

比較認知科学は比較的新しい研究領域である．「比較認知」という言い方がされるようになったのは1990年頃のことで[9]，それ以前は，「動物認知」などと表現されていた．

しかし，ヒトを含めたさまざまな動物種の心的過程を比

7) Kawai, N. & Matsuzawa, T. (2000) A conventional approach to chimpanzee cognition, *Trends in Cognitive Science*, 4 (4), 128-129.

8) 川合伸幸（2006）心の輪郭：比較認知科学から見た知性の進化 北大路書房

9) Roitblat, H. (1987) *Introduction to comparative cognition*. New York: Freeman.

較・分析する**比較心理学**（comparative psychology）の歴史は古く，実験心理学の歴史とほぼ重なる[10]．

そのような心理学の黎明期にヒト以外の動物の知的な行動に着目し，心理学実験を行ったのが，**ソーンダイク**（Thorndike, E.L.）である[11]．彼のさまざまな動物を対象とした研究から，**試行錯誤学習**（trial and error learning）という学習の一般法則が導き出され，後の心理学全体に大きな影響を与えた．

比較心理学のもうひとつの流れは，動物の記憶に関する研究である．20世紀初頭に**ハンター**（Hunter, W.S.）によって考案された餌の隠された位置を記憶しておく課題は，いまだに比較心理学[12]や神経科学の多くの研究で用いられている．

では，比較心理学と比較認知科学はどのように違うのだろうか．これまでに特に明確な定義が述べられたことはないが，次のように考えられる．認知科学は，哲学，言語学，心理学，神経科学，人工知能，などを含むように，比較認知科学も，動物心理学，動物行動学，比較生理学，生理学，進化心理学など，さまざまな領域を含んだ学際領域である．また認知科学では，情報を処理するアルゴリズムや過程が重要であり，それを処理する実行系がヒトであるか機械や動物であるかは問題としない．したがって現代の比較認知科学が対象とするテーマは，学習や記憶の他に[13]，概念，洞察，類推，計数，言語，道具使用，エピソード記憶，メタ認知，といった高次な心的過程と密接に関連した機能が含まれる．それに対して，比較心理学は，心理学の一分野と位置づけられ，学習心理学や動物行動学の影響が強く，生物としての適応上の種差などが重要なテーマであった．現在では，対象がより広汎な比較認知科学の研究数が増加しており，専門誌も発行されるようになった．今後ますます研究が進展すると考えられる．

〔川合伸幸〕

10) たとえば，米国心理学会が2008年時点で出版している約50の心理学系雑誌のなかで，1921年に創刊された比較心理学の専門誌である Journal of Comparative Psychology 誌は6番目に古い歴史をもつ．

11) Thorndike, E.L. (1911) *Animal intelligence*. New York: MacMillan.

12) Kubo-Kawai, N. & Kawai, N. (2007) Interference effects by spatial proximity and age-related declines in spatial memory by Japanese monkeys (*Macaca fuscata*): Deficits in the combined use of multiple spatial cues. *Journal of Comparative Psychology*, 121, 189-197.

13) Kawai, N. & Matsuzawa, T. (2000) Numerical memory span in a chimpanzee. *Nature*, 403, 39-40.

【参考文献】
川合伸幸（2006）心の輪郭：比較認知科学から見た知性の進化　北大路書房

I-10 言語進化

the evolution of language

「言語進化」に関する対立する考え

身体の器官と同様，ヒトの心の働きも進化の過程で培われたものであることに異論を唱える人はいない．とくに，知覚や学習・記憶といった比較的単純な心的過程が，ヒトと他の動物である程度共有されていると主張しても，大きな違和感は抱かれないだろう．

しかし，言語を特別視する研究者も少なくない．生物としてのヒト科ヒト（*Homo sapiens*）の定義は「直立二足歩行する哺乳類」であるが，「言葉を話す動物」と考えている人さえいる．これまで，言語はヒトにだけ与えられた認知機能であるとの仮説と，言語は何ら特別ではないという考えの間で長く激しい論争が行われてきた．とくに，行動主義心理学の泰斗である**スキナー**（Skinner, B.F.）と言語学者の**チョムスキー**（Chomsky, A.N.）の論争は有名で，スキナーが言語行動は他の行動と同様に随伴性によって制御されていると主張し，言語を行動分析の枠組みで捉えようとしたのに対し[1]，チョムスキーは，人間のあらゆる言語には普遍的な文法規則（生成文法）が存在し，人間は生得的に言語規則を獲得する能力を有しているとの言語生得説を主張した[2]．チョムスキーの考えは，後に多くの言語学者に受け入れられた．

動物の言語能力に関する比較心理学的研究

いっぽうで，生後まったく言語に接する機会がなければ，その人は言語を使えないので，言語には学習が必要であることに疑いはない．そのため心理学者は，20世紀の初頭から，類人猿に言葉を学習させようと試みてきた．しかし，長期間にわたる訓練の結果，2，3の単語を話すことしかできなか

---

1) バラス・フレデリック・スキナー（1904-1990）．アメリカの行動主義心理学者．
Skinner, B.F. (1957) *Verbal behavior*. New York: Appleton-Century-Crofts.

2) エイヴラム・ノーム・チョムスキー（1928-）．言語学者，思想家．マサチューセッツ工科大学教授．
Chomsky, N. (1972) *Language and the mind*. New York: Harcourt Brace Jovanovich.〔川本茂雄（訳）(1974) 言語と精神 河出書房新社〕

った[3]．類人猿の発声器官の構造ではヒトの話し言葉の音韻を作れないことがわかったのは，ずっと後のことであった．

20世紀の後半になり，音の生成とは関係のない行動を用いることによって，動物に言語を教える研究が再開された．1960年代に**ガードナー夫妻**（Gardner, A. & Gardner, B.）がアメリカ手話言語をチンパンジーに教えて以降[4]，これまでに，特定の対象（たとえばリンゴ，ボール）や行動（たとえば，くすぐる，与える）を意味する多くの手話を，ゴリラやオランウータンのみならずイルカやアシカまでもが学習できることが示されてきた．あるチンパンジーは，約130もの手話をおぼえ，アレックスという名のオウムは約50の英単語を話し，それらを使って適切な要求をし，質問に答えた．

しかし，類人猿の手話を使った言語の産出は，実験者の真似をしているに過ぎない，あるいは，統語法をまったく理解していないと批判された[5]．

この批判により，類人猿に言語を教える機運がいったん下火になった．しかし，その後**プレマック**（Premack, D.）は，チンパンジーが文法や単語の順序についての規則を学習できるという証拠を示した[6]．たとえば，サラという名のチンパンジーは，それぞれが単語を意味するプラスティック片を使って，複雑な文「デビーは，与える，リンゴを，サラに」（Debbie give apple Sarah）という要請文を正しく構成し，実験者からリンゴを貰うことを学習した．サラは4つのプラスティック片で構成された文も理解し正しく反応した．「サラはバナナをバケツに，リンゴを皿に入れる」という文は，語順を理解していなければ，何を何に入れれば良いのか分からないはずであった．

サラは単に単語の順序が重要であるということを学習しただけでなく，同じ順序を他の単語にも適用できるということも学習した．つまり，**文法規則** —— すべての単語に適用できる文の構造についての抽象的な規則 —— を理解したといえる．今では，多くの異なる種（ボノボ[7]，オウムなど）が，少なくとも前置詞や指示詞といった文法の基本的な原則のいくつかを学習できることが示されている[8]．

3) Yerkes, R.M. (1916) *The mental life of monkeys and apes.* New York: Holt.

4) Gardner, R.A., & Gardner, B.T. (1969) Teaching sign language to a chimpanzee. *Science,* **165**, 664-672.

5) Terrace, H.S., Petitto, L.A., Sanders, R.J., & Bever, T.G. (1979) Can an ape create a sentence? *Science,* **206**, 891-902.

6) Premack, D. (1983) The codes of man and beasts. *Behavioral and Brain Sciences,* **6**, 125-167.

7) チンパンジーと同じ属に属する類人猿．別名ピグミーチンパンジー．

8) Papini, M.R. (2002) *Comparative psychology: Evolution and development of behavior.* New Jersey: Prentice Hall.〔比較心理学研究会（訳）石田雅人・川合伸幸・児玉典子・山下博志（編集）（2004）パピーニの比較心理学：行動の進化と発達　北大路書房〕

「言語進化」を捉える3つの視点

 ヒトの言語はどのように進化したか，ということに人々は魅了されてきた．今なお，言語の起源と進化に関する仮説や著書は数多く出されているが，1866年のパリで行われた言語学会で，**言語進化**に関する議論が禁止されたことがある．これは宗教界に遠慮したためではなく，まったく科学的でない主張や議論を含んだ数多くの仮説を制限するためであった．

 最近，ハウザー（Hauser, M. D.），チョムスキー，フィッチ（Fitch, W. T.）がサイエンス誌に発表した論文[9]は，これまでの言語進化の仮説を整理する枠組みを与えるとともに，5年間で700回も引用されるほど大きな影響を与えた．彼らによれば，従来の言語進化に対する考えには，次の3つの対立軸があった．それは，(1) 共有 vs. 固有；ヒトの言語能力はヒトに固有か，他の動物に共有されているか，(2) 漸進的 vs. 跳躍的；ヒトの言語能力は漸進的に進化したか，あるいは跳躍的に進化したか，(3) 適応 vs. 前適応；言語はコミュニケーションのために進化したか，他の心理学的な問題解決（最適採餌方略，計数，道具使用，社会的知性）のために進化したかである．研究者の立場は，ちょうどこれらの軸が三角錐を構成するように張られる空間のどこかに位置する．また，それぞれ2つの軸によって張られる3つの面が，以下の3つのシステムに対応することになる．たとえば，「ヒトは話すがチンパンジーは話せない」というのは，大きくは喉頭の構造による**感覚-運動システム**の問題で，これは「共有 vs. 固有」と「適応 vs. 前適応」の軸で張られた空間のどこかに位置する．

 彼らは，これまで言語の起源と考えられてきたものの多くは，実は言語の中核的なメカニズムでなく，それを取り巻くインタフェースに相当するシステムに言及しているのであると主張した．たとえば，音声模倣（トリ，イルカ），音声のパターンの知覚や弁別（サルやトリ）などは，いずれも他の動物に共有されていることが確かめられている感覚-運動システムの事例である．言語に重要だと考えられる模倣は，チ

9) Hauser, M.D., Chomsky, N., & Fitch, W.T. (2002) The faculty of language: What is it, who has it, and how did it evolved? *Science*, 298, 1569-1579.

ンパンジーでは限定的で，サルではまったく見られない．また，音声模倣を行う霊長類はいないことから，これらの能力がヒトの言語の直接の起源ではなく，言語を入出力するためのインタフェースと解釈される．

ヒト以外の動物が，非言語的な概念を習得し，参照的な音声信号を発する（捕食者の種類ごとに，異なる警告音声を発する）能力も同様で，それは**概念‐意図システム**の事例に相当する．参照的な音声信号は多くの種で見られるが，ヒトの言語と決定的な違いがある．たとえば，参照的な警戒音声は他者の存在や信念を意図せずに発される．またコミュニケーションを意図して，自発的に音声を制御することはできない．さらにヒトの言語は，任意の対象と音声を連合させることができるが，動物の参照的音声は，定型的で特定の対象にしか結びつかない（「ヘビ！」という警戒音声はヘビという対象しか意味できない）．そのため，これらも言語の中核メカニズムではないと考えられる．

ハウザーらによれば**再帰性**こそが中核的な言語メカニズムである．それは，有限の要素から無限の表現を可能とする再帰的な計算を含んだ認知メカニズムをさす．たとえば，**心の理論**も他者がどのような心の状態を持つか，ということを別の個人が推測するという意味では，再帰的な計算をしていると考えられる[10,11]．このような認知機能は，ヒトの言語能力は動物のコミュニケーションシステムが選択圧を受け続けた結果として形成されたのではなく，おそらく他の計算に関わる能力（数の表象，社会的関係，道具使用など）の進化によってもたらされたもので，他の動物たちに共有されていない，と推測している．

このように，これまでの統語法や再帰性のように，動物にヒト言語の起源を求めるという考えは，姿を変えては否定され，またさらにそれを覆す発見によって，少しずつ言語の起源と進化に関する知見が確かなものになりつつある．

〔川合伸幸〕

10）川合伸幸（2006）言語進化に関する最近の研究の紹介　認知科学 **13**, 523-526．

11）Premack, D. (2004) Is language the key to human intelligence? *Science,* **303**, 318-320.

【参考文献】
バーリング, R. 松浦俊輔（訳）(2007)　言葉を使うサル：言語の起源と進化　青土社

I-11 行動分析学

behavior analysis

行動分析学とは，米国の心理学者**スキナー**（Skinner, B.F.）[1]によって創始された行動の原因を科学的に研究する学問体系である．行動分析学が対象とするのは，ヒトを含む動物の行動である．個人（動物の場合は，「個体」）としての行動を扱うことが多いが，集団としての行動を研究対象にすることもある．また，後述するように，種の進化や文化についても理論的に考察されている．

行動分析学に携わる研究者，実践家は**行動分析家**（behavior analyst）と呼ばれ，現在，国際行動分析学会[2]には世界42ヵ国から約5000名が加入している．支部団体にのみ加入している者も含めると，その2～3倍の数の行動分析家がいる．なお，わが国では，日本行動分析学会に800名余りの会員が登録されている．

行動分析学における行動の説明

行動分析学では行動の原因を，その行動の主体である個人（有機体，organism）と環境との相互作用に求める．つまり，個人の遺伝的特性，過去経験，現在おかれた状況などによって行動を説明する．行動に影響を与える原因（制御変数）を明らかにすることは**関数分析**（**機能分析**, functional analysis）と呼ばれる．これは，制御変数だと思われる環境条件を変化させて，それによって行動が変化するかどうか確かめることで達成される．行動の原因がわかれば，その行動の予測や制御が可能となる．

行動分析学が対象とする行動には，観察可能な生活体の活動すべてが含まれる．手足の動きや表情，発話のように他者が外部から観察可能な**顕現的行動**（overt behavior）だけで

---

[1] フレデリック・スキナー（1904-1990）は米国の心理学者．ハーバード大学名誉教授．多数の著作の何点かは日本でも翻訳されているが，下記書がもっともわかりやすいだろう．
Skinner, B. F. (1953) *Science and human behavior.* New York: Macmillan.〔河合伊六他（訳）(2003) 科学と人間行動 二瓶社〕

[2] Association for Behavior Analysis International.

なく，思考や感情，動機づけといった本人だけが観察可能な**非顕現的行動**（covert behavior）も行動として，その原因を環境の側に求める**徹底的行動主義**（radical behaviorism）の立場をとる（つまり，行動分析学は「意識も扱う行動主義」である）．行動分析学以外の心理学体系や一般常識では，たとえば「空腹時にハンバーガーを食べる」という行為を「空腹という動機づけがハンバーガーを食べる行動を引き起こす」と説明するが，行動分析学では「空腹もハンバーガーを食べる行為も，数時間食事していない（あるいは，体をたくさん動かした）という外的条件を原因として生じる行動である」とする．

研究方法の特徴

行動分析学では，行動に影響する環境要因（制御変数）を明らかにしようとする際，個人データを重視する．このため，被験者をグループに分けて環境条件の効果をグループ間で比較するような実験計画（群間実験）よりも，個人に複数の条件を順次与えてその効果を検討する**単一事例法**（single-case design，**単一被験者法** single-subject design）が用いられることが多い[3]．単一事例法にはさまざまな技法があるが，もっとも基本的な技法は**反転法**（reversal design）で，ベースライン条件（統制条件）と介入条件（実験条件）を数セッション交替で繰り返し行う．反転法は，ベースライン条件（A）と介入条件（B）の繰り返しの数により，ABA法，ABAB法などのように表記されることがある．また，別の介入（C）を組み合わせたABACA法などのバリエーションがある．

行動の原理

行動は，環境にある特定の刺激によって受動的に**誘発**（elicit）される**レスポンデント行動**（respondent behavior）と，個人が環境に能動的に**自発**（emit）する**オペラント行動**（operant behavior）に大別される．レスポンデント行動は無条件反射のような生得的行動と条件反射（レスポンデント条件づけ，respondent conditioning）のように経験によって習得された行動が含まれる．オペラント行動は特定の誘発刺激をもたないが，その行動に後続する出来事によって増加また

3) 単一事例法の各技法とその特徴（長所・短所など）は下記書に詳しい．なお，介入の対象者は必ずしも1名とは限らないことから，少数事例法（small-n design）とも呼ばれる．
Barlow, D.H., & Hersen, M. (1984) *Single case experimental designs: Strategies for studying behavior change* (2nd ed.). New York: Pergamon. 〔高木俊一郎・佐久間徹（監訳）(1993) 1事例の実験デザイン：ケーススタディの基本と応用［新装版］二瓶社〕

は減少する（**オペラント条件づけ**, operant conditioning）．こうしたオペラント行動の増減現象を**強化**（reinforcement）・**罰**（**弱化**, punishment）という．また，そのときに存在する刺激が手がかり（**弁別刺激**, discriminative stimulus）として，後のオペラント行動の頻度を制御するようになる（**刺激性制御**, stimulus control）．たとえば，子どもが絵を描いたときに「上手だね」と親がほめれば，その子どもはますます絵を描くようになるだろうが（強化），「下手だね」と親がけなせば，絵を描かなくなるだろう（罰）．また，その絵を母親はほめ，父親はけなせば（あるいは無視すれば），子どもは母親のいるところでのみ絵を描くようになるだろう（刺激性制御）．オペラント行動は，環境に存在する手がかりと行動の結果によって影響されることになるのである．弁別刺激 - オペラント行動 - 結果の関係を**三項随伴性**（three-term contingency）と呼ぶが，これはあくまで3つの出来事の間に事実として成り立つ関係の記述にすぎず，3つの出来事が心の中で連合していることを想定したものではない（この意味で，行動分析学は連合理論ではない）．

　スキナーは，他の心理学者や生理学者が行った諸研究と自らの膨大な実験結果から，レスポンデント行動とオペラント行動に関する諸原理をまとめあげたが，彼の弟子たちはさらに実験研究を続けて，発見した諸事実を行動分析学の体系に組み込んでいった．スキナー自身も，ヒトの言語行動を理論的に検討して，**マンド**（mand）と**タクト**（tact）など数種類に分類し，ヒトの問題解決行動の理論的考察から，個人が直接的に随伴性にさらされたことで作り上げられた**随伴性形成行動**（contingency-shaped behavior）と，随伴性を記述した規則にしたがう**ルール支配行動**（rule-governed behavior）の区別を行った[4]．また，**シドマン**（Sidman, M.）[5]は，物理的に異なる複数の刺激が同一の意味を持つ（たとえば，"cat"という文字とその音声は物理的に異なるが，同じ対象を意味する）ことを**刺激等価性**（stimulus equivalence）という言葉で表した．こうした基礎研究の進展とともに，行動分析学は，単なる条件づけ心理学の枠を超え，社会のさまざ

4）**マンド**とは，味付けの薄い物を食べて「塩」というような要求言語行動であり，指し示すもの（この場合，食卓塩）が与えられることによって強化される．**タクト**とは白い粉を見て「塩」というような報告言語行動であり，周囲の承認によって強化される．また，たまたま入った店のラーメンがおいしくて再びそのラーメン店に行くようになるのが随伴性形成行動であり，「あの店のラーメンはうまい」という評判を耳にしてそのラーメン店に行くのがルール支配行動である．下記の本に詳しく解説されている．
日本行動分析学会編(2001)ことばと行動：言語の基礎から臨床まで　ブレーン出版

5）マレー・シドマン(1923-)は，回避行動の分析などでも有名な行動分析家．ノースイースタン大学名誉教授．刺激等価性の考え方は自閉症児などへの言語訓練技法の改善をもたらした．
Sidman, M. (1994) *Equivalence relations and behavior: A research story*. Boston, MA: Authors Cooperative.

まな分野に広がっていくことになる．

行動分析学の広がり

佐藤方哉[6]によれば，行動分析学は，行動の原理を明らかにする**実験的行動分析**（experimental analysis of behavior），行動原理をさまざまな場面で実践する**応用行動分析**（applied behavior analysis），その基本哲学である徹底的行動主義を理論的に吟味する**理論行動分析**（theoretical behavior analysis）の3つからなる．

行動分析学の実践分野は，動物のしつけから学校・家庭・病院・職場・地域社会などでの個人や集団の成績改善まで多岐にわたる．発達障害児の治療教育や特別支援教育への貢献はきわめて大きいが[7]，そのほかにも，たとえば，誘拐から身を守る方法を幼児に教える，シートベルト着用・携帯電話不使用をドライバーに徹底する，拳法の突きや蹴りの技を鍛える，インターネット作家の生産性を挙げるなどさまざまな分野への応用が試みられ，成功している．なお，行動分析学の方法を用いて，個人の行動を変容させることを**行動修正**（behavior modification）といい，組織としての業務成績（工場の生産性，店舗の売り上げ，銀行や役所の窓口サービスなど）の向上をめざす取り組みを**組織行動マネジメント**（organizational behavior management）という．

また，理論行動分析としては，たとえば，進化や文化を行動分析学の枠組みで検討することなどが行われている．行動分析学の主要概念であるオペラント条件づけの原理は，**結果による選択**（selection by consequences）であるが，これは自然淘汰による種の進化や絶滅，文明の発展や崩壊，流行の盛衰などにも通ずる原理だからである．

なお，行動分析学をベースに発展した学問領域あるいは行動分析学と密接に関連する学問領域として，行動薬理学や行動経済学，行動生態学，行動医学，行動老年学，教育工学などがあげられる． 〔中島定彦〕

6) 佐藤方哉（1932-）は，日本行動分析学会会長，国際行動分析学会会長などを歴任した行動分析家．慶應義塾大学名誉教授．下記の本は，わが国の行動分析家の間で「黄色い本」の通称で親しまれるバイブルになっている．
佐藤方哉（1976）行動理論への招待 大修館書店

7) この分野はマンガ形式の入門書から専門家向けの堅い本まで幅広く出版されており，その多くが良書であるが，ここでは最近出版されたものを1点だけ紹介しておく．
山本淳一・池田聡子（2007）できる！をのばす行動と学習の支援：応用行動分析によるポジティブ思考の特別支援教育 日本標準

【参考文献】
杉山尚子（2005） 行動分析学入門：ヒトの行動の思いがけない理由 集英社新書
大河内浩人・武藤崇（編）（2007） 行動分析 ミネルヴァ書房

I-12 アニマルラーニング

animal learning

図12-1 訓練されたインコの芸（写真提供：青木愛弓氏）

動物の学習

ヒトを含む動物の行動は，遺伝により決まる**生得的行動**（innate behavior）と経験に基づいて獲得された**習得的行動**（acquired behavior）に分けることができる．習得的行動の形成，すなわち**アニマルラーニング**（動物の学習）には，いくつかの種類がある．

(1) **刻印づけ**（**刷り込み**, imprinting）：動物種によっては，生後の一定期間に経験した刺激に対して，追従・接近のような愛着行動が形成される．この学習は，アヒルやニワトリのように離巣性の鳥類で顕著だが，イヌやネコなどが社会行動を身につける上でも重要である．

(2) **刺激馴化**（**馴れ**, habituation）：同じ刺激に繰り返しさらされると，その刺激に対する生得的行動が弱まっていく．たとえば，初めて鞍や手綱をつけられたウマは暴れるが，そうした経験を何度もすることでだんだんおとなしくなる．

(3) **知覚学習**（perceptual learning）：同じ刺激に繰り返しさらされると，その刺激と他の刺激との区別がはっきりとしてくることがある．たとえば，味のよく似た2種類の食物は初めあまり区別がつかないが，毎日食べ比べていると違いがわかるようになってくる．

(4) **レスポンデント条件づけ**（respondent conditioning）：2つの刺激AとBを，A→Bの順で与える訓練を繰り返すと，刺激Aは刺激Bと類似の働きをするようになる．**条件反射**はこの学習の結果生じたものである．たとえば，イヌに缶詰のドッグフードを与えていると

1)「ペリカン計画」は下記論文で紹介されている．
Skinner, B.F.（1960）Pigeons in a pelican. *American Psychologist*, 15, 28-37.

2) Cumming, W.W.

（缶詰の外見→ドッグフード），そのうち缶詰を見ただけでよだれを流すようになる．新しい刺激に喜びや恐怖の感情が植えつけられるのはこの学習による．**古典的条件づけ**（classical conditioning）ともいう．

(5) **オペラント条件づけ**（operant conditioning）：動物が自発する行動がある結果をもたらすと，その後，その行動が増えたり，減ったりする．**道具的条件づけ**（instrumental conditioning）ともいう．行動を増やす結果を**強化子**（reinforcer），減らす結果を**罰子**（**弱化子**，punisher）と呼ぶ．たとえば，イヌにとっておいしい餌や飼い主とのスキンシップは強化子であり，大きな音や飼い主に無視されることは罰子であることが多い．

(6) **観察学習**（observational learning）：他個体の行動を観察することで行動が変わることがある．**模倣学習**（imitation learning）も観察学習の一種であるが，真の模倣は動物ではあまりみられないとされている．

応用動物心理学

スキナー（Skinner, B.F.）は，第2次世界大戦時に，軍の求めに応じて，ハトに爆撃ミサイルを操縦させる研究に関わった．ハトを搭載したミサイルの弾頭の形がペリカンのくちばしに似ていたため「ペリカン計画」[1]と呼ばれたこの研究は順調に進んでいたが，実用化されなかった．その後，心理学者の主導により，米国の工場ではハトに電子部品を検査させる試みが行われ，イスラエルでは砂漠で岩などの自然物に偽装した敵要塞を発見するために，ハトに人工物と非人工物を識別させる訓練を行う研究が進められた[2]．また，米国航空宇宙局（NASA）はオペラント条件づけの訓練を施したアカゲザルやチンパンジーを宇宙に送り出し，帰還させて，宇宙船搭乗による心身への影響を調査した[3]．

スキナーの助手として「ペリカン計画」に協力した**ブレランド夫妻**（Breland, K. & Breland, M.）[4]は，1943年に「動物行動興業（Animal Behavior Enterprises）」という会社を立ち上げて，各種イベントやテレビで，ニワトリの綱渡り，アライグマのバスケットボール，ブタのピアノ演奏といった動物

(1966) A bird's eye glimpse of men and machines. In R. Ulrich, T. Stachnik, & J. Mabry (Eds.) *Control of human behavior* (pp.246-256). Glenview, IL: Scott, Foresman.

Lubow, R.E. (1974) High-order concept formation in the pigeon. *Journal of the Experimental Analysis of Behavior*, 21, 475-483.

3) Rohles, H.H., Jr. (1966) Operant methods in space technology. In W.K. Honig (Ed.) *Operant behavior: Areas of research and application* (pp.677-717). New York: Appleton.

4) ブレランド夫妻は応用動物心理学者を名乗った最初の人々である（下記論文を参照）．なお，妻のマリアン・ブレランド（1920-2001）は，夫のケラー・ブレランド（1915-1965）の死後，米国海軍でイルカ訓練に携わっていたロバート・ベイリー（Bailey, R.E., 1936-）と再婚し，2人で1990年まで動物行動興業社を経営した．同社では140種以上の哺乳類や鳥類を訓練したという．

Breland, K., & Breland, M. (1951) A field of applied animal psychology. *American Psychologist*, 6, 202-204.

芸を披露するビジネスを始めた．サーカスや映画，動物園での動物訓練にも協力し，イルカトレーナーのためのマニュアルを世界で初めて作成した．

ブレランド夫妻が動物訓練で使用した道具のひとつに，「カチン」と鳴る小箱（クリッカーと呼ばれる）がある．まず予備訓練として，クリッカーを鳴らして餌を与える操作を繰り返し行う．レスポンデント条件づけによって，クリッカー音が餌と同じ強化子の働きを持つようになる．このような習得性の強化子を**条件性強化子**（conditioned reinforcer）というが，動物が反応した瞬間にクリッカーを鳴らすと，反応が即時強化できる．また，反応を目立たせ，餌が呈示されるまでの遅延をつなぐ．イルカトレーナーの吹くホイッスルも同じ機能を持つ．イルカの行動研究者であったプライアー（Pryor, K.）[5]は，こうした訓練を**クリッカートレーニング**（clicker training）と名づけ，家庭犬のしつけや競技犬の育成などに普及させた．クリッカーはネコやウマ，鳥などにも有効である．

動物訓練でよく用いられるオペラント条件づけ技法には，既存の行動を少しずつ新しい行動に変えていく**シェイピング**（**形成化**, shaping）や，複数の反応をつなげて一連の行動にする**チェイニング**（**連鎖化**, chaining）がある．また，反応の手がかりとなる刺激の強度を徐々に弱めたり（手がかり刺激なしでも反応できるようにする），強めたり（手がかり刺激があるときだけ反応するようにする），あるいは新しい刺激に徐々に置き換えていく**フェイディング**（**溶化**, fading）もよく使われる．

現在では，盲導犬や警察犬，災害救助犬，競技犬，家庭犬などさまざまなイヌの訓練に，オペラント条件づけを中心とした行動技法が採用されている．サーカスや水族館の動物ショー，動物園での動物管理（健康管理のための血液採取をする際にじっとさせておくなど），家庭で飼われているイヌやネコの問題行動（吠え癖やかみつき，糞尿の撒き散らしなど）に対する治療法にも活かされている[6]．

5）カレン・プライアー（1932-）は多くの書籍や講習会でオペラント条件づけの原理にもとづく動物訓練法を広めた．
Pryor, K. (1984) *Don't shoot the dog!: The new art of teaching and training.* New York: Bantum.〔河嶋孝・杉山尚子（訳）(1998) うまくやるための強化の原理：飼いネコから配偶者まで　二瓶社〕

6）McGreevy, P., & Boakes, R.A. (2007) *Carrots and sticks: Principles of animal training.* Cambridge: Cambridge University Press.
Overall, K.L. (1997) *Clinical behavioral medicine for small animals.* St. Louis, MI: Mosby.〔森裕司（監修）(2003) 動物行動医学：イヌとネコの問題行動治療指針　チクサン出版社〕

7）Breland, K., & Breland, M. (1961) The misbehavior of organisms. *American Psychologist*, 16, 681-684.

8）マーティン・セリグマン（1942-）とウィリアム・ティンバーレイク（1942-）の主張については次の論文を参

生物的制約

ブレランド夫妻は動物を訓練する際,しばしば困難に直面した.たとえば,転がるボールをバットで打って一塁に走る「ニワトリの野球」という芸を仕込んでいたときには,ニワトリは打ったボールを追いかけ回してしまい,一塁に走るよう訓練することは困難だった.ブレランド夫妻は,こうした誤行動は習得的行動が生得的行動と干渉するために生じたと考えた[7].セリグマン(Seligman, M.E.P.)は,学習には**生物的制約**(biological constraints)があり,簡単に学習できる行動(遺伝的に準備されている行動),長期の学習が必要な行動(準備されていない行動),学習困難な行動(逆方向に準備されている行動)があるという**準備性**(preparedness)の概念を提出し,ティンバーレイク(Timberlake, W.)も,動物が生得的に持つ**行動システム**(behavior system)と合致する行動は学習されるが,そうでない行動は学習困難であると主張した[8].

過度の擬人化の戒め

動物の訓練にあたっては,過度の擬人化は禁物である.約百年前のドイツで,計算ができると話題になったウマ,**賢馬ハンス**[9]の事例にみられるように,動物の能力を過大に評価してしまうことがある.賢馬ハンスは心理学者の調査により,実際に計算しているのではなく,調教師が無意識に行う微細な頭の動きを手がかりに反応していたことが判明した.

モーガン(Morgan, L.)は百年以上前に「ある行為が,低次の心理的能力の結果として解釈できる場合は,高次の心理的能力の結果として解釈してはならない」という**モーガンの公準**(Morgan's Canon)を唱えた[10].動物の学習能力の正しい評価や適切な訓練には,愛情とともに科学的な目も必要である.

〔中島定彦〕

照.
Seligman, M.E.P. (1970) On the generality of the law of learning. *Psychological Review*, 77, 406-418.
Timberlake, W. (1993) Behavior systems and reinforcement: An integrative approach. *Journal of the Experimental Analysis of Behavior*, 60, 105-128.

9) Pfungst, O. (1907) *Das Pferd des Herrn von Osten* (Der Kluge Hans). Lipzig: Barth. 〔秦和子(訳)(2007)ウマはなぜ「計算」できたのか:「りこうなハンス効果」の発見 現代人文社〕

10) ロイド・モーガン(1852-1936)は英国の動物心理学者.彼を含め,19世紀後半から20世紀初めまでの初期の動物心理学たちの研究は下記書に詳しい.
Boakes, R.A. (1984) *From Darwin to behaviorism: Psychology and the minds of animals.* Cambridge: Cambridge University Press. 〔宇津木保・宇津木成介(訳)(1990)動物心理学史:ダーウィンから行動主義まで 誠信書房〕

【参考文献】
中島定彦(2002) アニマルラーニング:動物のしつけと訓練の科学 ナカニシヤ出版

I-13
夢見
dreaming

なぜわれわれは**夢**を見るのか？　夢を見ることに生物学的意義はあるのか？　さまざまな仮説はあるが，決定的な答えはまだ無い．現時点で最も妥当と思われる夢の定義は，夢とは「ヒトが睡眠中に受容する，感覚・イメージ・感情そして思考の連続体」であり，以下の6つの要素を有する．(1) 幻覚様のイメージ体験，(2) 物語風の構造，(3) 断続的で不調和，不安定な奇異的知覚特性，(4) 強烈な情動性，(5) 体験していることをあたかも現実のもののように受け入れている，(6) 忘れやすい[1]．

夢に関する記述は古代から数多く見られるが，研究の対象として広く扱われるようになったのはフロイト (Freud, S.) を筆頭とする**精神分析学**からであろう．少なくとも夢という現象を単なる現象記述から覚醒時を含む総合的な精神体系の中に位置づけた点は，精神分析学の功績である．ただし精神分析学においても逸話的な報告と恣意的な解釈にとどまり，結果的に夢の研究を脳研究から切り離してしまった．夢の科学的研究は，**レム睡眠** (rapid eye movement sleep: REM sleep) が発見され[2]，さらにレム睡眠中に被験者を起こすと高い確率で夢見の報告が得られる事が報告されてからである[3]．覚醒から睡眠に移行するにつれて皮質脳波は徐波化し，覚醒開眼時のような速い眼球運動は出現しない（**ノンレム睡**

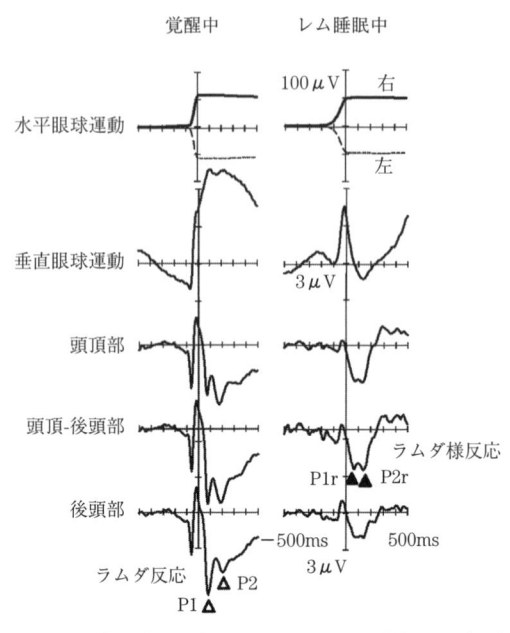

図13-1　覚醒時・照明下でのサッカードに伴うラムダ反応とレム睡眠中のラムダ様反応(Ogawa et al., 2005[7]) より改変）

1) Hobson, J.A., Stickgold, R. (1994) Dreaming: A neurocognitive approach. *Consciousness and Cognition*, 3, 1-15.

2) Aserinsky, E. & Kleitman, N. (1953) Regularly occurring periods of eye motility, and concomitant phenomena, during sleep. *Science*, 118, 273-274.

3) Dement, W. & Kleitman, N. (1957) The relation of eye movements during sleep to dream activity: An objective method for the study of dreaming. *Journal of Experimetal*

眠, non-rapid eye movement sleep: NREM sleep）．ノンレム睡眠後に出現するレム睡眠では，脳波は覚醒～入眠期と類似したパターンを示し，全身の筋緊張が低下した状態で覚醒開眼時のサッカード[4]に類似した眼球運動（**急速眼球運動**）が頻繁に出現する．レム睡眠はノンレム睡眠と交互に周期的（ヒトでは約90分）に出現し，若年健康成人の全睡眠時間の20%程度を占める．レム睡眠だけでなくノンレム睡眠中にも夢見体験があることが知られているが，鮮明な知覚および情動体験を伴う夢のほとんどはレム睡眠中に生じる．

レム睡眠中の急速眼球運動と夢

夢見との関連で最も多く検討されてきた生理現象は，レム睡眠中の急速眼球運動である．両者の関連を示した古典的な研究では，レム睡眠中に1～2秒間隔で規則的な水平方向の急速眼球運動を示した被験者を起こして夢内容を聴取したところ，夢の内容（卓球の試合を観戦していた）と眼球運動パターン（左右の動き）が一致していた．この結果から，レム睡眠中の急速眼球運動は覚醒時のサッカードと同様に夢の視覚心像を走査するために生じる，とする走査仮説が提唱された．覚醒開眼時・照明下でのサッカード後には，網膜を経由して視覚野に入力された視覚情報の処理を反映した脳電位（**ラムダ反応**）が出現する．これに対して，レム睡眠中の急速眼球運動に伴ってラムダ反応と同様の脳電位が生じることが確認されている（図13-1）[5,6,7]．この結果は，レム睡眠時には網膜からの視覚情報が無いにもかかわらず，急速眼球運動に伴って覚醒開眼時のサッカード時に類似した視覚活動が生じることを示している．しかし視覚心像をもたないはずの先天性盲人や新生児にも急速眼球運動が出現すること等から，レム睡眠時の急速眼球運動と夢見の関連を否定する研究者も多い．この対立に関してドリッチ（Doricchi, F.）ら[8]は，左半側無視患者のレム睡眠中の急速眼球運動を形態によって分類し，覚醒中と同様に特定の眼球運動のみがレム睡眠中でも欠落していたことから，レム睡眠中の眼球運動には異なる神経基盤をもつ複数の種類の眼球運動が混在している可能性を示唆している．

Psychology, 53, 339-346.

4) サッカード：覚醒・開眼時に注視点を移動させる際に生じる急速な眼球運動．

5) Miyauchi, S. et al., (1987) Electrophysiological evidence for dreaming: Human crebral potentials associated with rapid eye movement during REM sleep. *Electroencephalography and Clinical Neurophysiology, 66,* 383-390.

6) Miyauchi, S., Takino, R., & Azakami, M. (1990) Evoked potentials during REM sleep reflect dreaming. *Electroencephalography and Clinical Neurophysiology, 76,* 19-28.

7) Ogawa, K., Nittono, H., & Hori, T. (2005) Brain potentials before and after rapid eye movements: an electrophysiological approach to dreaming in REM sleep. *Sleep, 28,* 1077-1082.

8) Doricchi, F. et al., (2007) The "ways" we look at dreams: Evidence from unilateral spatial neglect (with an evolutionalry account of dream bizarreness). *Experimental Brain Research, 178,* 450-461.

夢の発生メカニズム

ホブソン（Hobson, J. A.）[9]らは，レム睡眠の神経機構に基づいた夢の発生モデルを提案している．レム睡眠中には，脳幹（中脳・橋）の神経核群の活動により，運動出力の抑制が生じると共に，自発性の**上行性神経信号**（ponto-geniculo-occipital wave: PGO-wave）が大脳皮質へ投射され，皮質が活性化される．皮質では，脳内に散在する様々な記憶情報がランダムに取り出され，それらが統合・合成され特有の知覚感覚（夢）が形成される．すなわち夢とは，外界と隔絶された状態にある脳が，PGO-wave という内因性の情報をもとにランダムな情報処理活動を行った結果として生じるものと考えている（**夢の活性化 – 合成仮説**）．

ヒトのレム睡眠中の脳活動に関しては，これまで脳波による膨大な知見が集積されているが，近年の**非侵襲脳機能イメージング**技術の進歩により，ヒトの睡眠中の脳活動部位が詳細に検討できるようになった．PET [10]を用いて睡眠時の局所脳血流を調べた結果，レム睡眠中は覚醒時に比べて**前頭連合野**など高次連合野の活動が低下するが，レム睡眠の発現に関与すると考えられる**橋被蓋領域**の活動は亢進し，情動との関連が深い**扁桃体・大脳辺縁系**や**視覚野**の活性化が報告されている．これは，レム睡眠中の夢が印象的で視覚的要素も鮮明であるが，非現実的で情動性の高いものが多いという特徴と対応していると考えられる．

レム睡眠の生物学的意義と再学習説

ある生命現象の生物学的意義を検討する際に有効なのが系統発生および個体発生的研究である．レム睡眠は鳥類及び哺乳類においてのみ出現し，出現量はその動物が出生時にどの程度未熟な状態で生まれてきたかに依存する．すなわちイルカなどの水棲哺乳類や草食動物は出生直後からほぼ自立可能であり，レム睡眠は少ない．一方，カモノハシやフクロネズミは胎児の状態で出産され，レム睡眠の出現量は非常に多い．個体発生においても，レム睡眠は胎児期および幼少期に最大の出現量を示し，成長と共に漸減していく．これらの知見から，レム睡眠はそれぞれの種に特有の行動パターンの獲得に

[9] Hobson, J.A., Pace-Schot, E.F., & Stickgold, R. (2000) Dreaming and the brain: Toward a cognitive neuroscience of conscious states. *Behavioral and Brain Sciences*, 23, 793-842.

[10] positron emission tomography, 陽電子放射断層撮影法.

必要な中枢神経系ネットワークの構築に関与している事が示唆されている[11]．しかし，これだけでは成体になってからもレム睡眠が出現することを説明できない．ラットの海馬には特定の場所をコードする神経細胞（場所細胞 place cell）があり，迷路学習時の場所細胞の発火パターンがレム睡眠中にも出現することから[12,13]，レム睡眠は睡眠前の覚醒時に学習・経験したことを脳内で再処理し，長期記憶として定着させるプロセス（**記憶固定** memory consolidation）と関連している可能性がある．ヒトでも睡眠前の学習時に活動した脳領域がレム睡眠中にも活性化することが報告されている[14]．これらの知見を総合すると，レム睡眠は睡眠中に脳自体が入力（知覚）も出力（運動）も抑制した状態で自らを活性化させ，覚醒時に獲得した情報や負の情動を引き起こす経験と，長期記憶や種に特有の行動パターンとの統合・再構築を行っている状態と考えることができる．

レム睡眠と夢見

ただしレム睡眠の機能と夢見，さらにわれわれが毎夜の睡眠の 20% 前後を費やして夢を見ていることと夢を見たと自覚することは分けて考えるべきである．上述の再処理とわれわれが見る夢内容との間に直接的な関連があるかどうかもまだ不明である．夢を見ること自体はレム睡眠の付随現象かもしれない．しかし，われわれの意識・精神活動は脳の神経細胞の電気的活動に基づくものであるが，覚醒時の行動の多くが意識には上らない脳活動の影響を受けている．「無我夢中」という言葉があるように，レム睡眠中の夢では，いわゆる自己意識は無い（夢を見ながら，自分は夢を見ていると気がつくことは稀である）．レム睡眠中におけるヒトの夢見という現象を，覚醒ともノンレム睡眠とも異なる，覚醒に近いが自己意識が無い状態における自発性の精神活動として捉えれば，夢の科学的研究は睡眠にとどまらず，ヒトの意識や自発性の脳活動と精神活動の関連を研究するための重要な研究手段となりうる． 〔宮内　哲・小川景子〕

11) Siegel, J.M. (2003) Why we sleep. *Scientific American*, 282, 92-97.

12) Wilson, M.A., & McNaughton, B.L. (1994) Reactivation of hippocampal ensemble memories during sleep. *Science*, 265, 676-678.

13) Louie, K., & Wilson, M.A. (2001) Temporally structured replay of awake hippocampal ensemble activity during rapid eye movement sleep. *Neuron*, 29, 145-156.

14) Maquet, P. et al., (2000) Experience-dependent changes in cerebral activation during human REM sleep. *Nature Neuroscience*, 3, 831-836.

【参考文献】
堀忠雄（編著）(2008)　睡眠心理学　北大路書房

I-14
非侵襲脳機能計測

noninvasive functional brain imaging

非侵襲脳機能計測とは

　一般的には，計測のために外科的手術を必要とせず，かつ脳に不可逆的な変化を起こさずに中枢神経系の活動を計測し，特定の脳機能に関連する脳部位の同定や脳の情報処理過程を明らかにするための計測を指す．図 14-1 の上段に，種々の脳活動計測法の時間分解能，空間分解能，侵襲性を，下段に空間分解能に対応する脳の構造を模式的に示した．白色および灰色で示された計測法が**非侵襲脳機能計測法**と呼ばれている．1980 年代までは，これらの中で非侵襲計測法といえば，**脳波**[1] と **PET**[2]（陽電子断層装置）しかなかった．1990 年代に入り，**fMRI**[3]（機能的磁気共鳴画像），**MEG**[4]（脳磁図），**TMS**[5]（経頭蓋磁気刺激），**NIRS**[6]（近赤外分光法）等の新たな計測法が登場・普及し，飛躍的に発展した．特に小川ら[7]によって原理が発見された fMRI は，非侵襲脳機能計測法としては最も高い空間分解能をもち，臨床用の MRI 装置をそのまま使用できることから，急速に普及し，代表的な計測法となっている．

　私見ではあるが，広義には中枢神経系の活動を直接計測しなくても，特定の脳活動・脳機能との関連を示すことができれば，非侵襲脳機能計測と言っても差し支えない．たとえば TMS は局所的に脳を刺激する方法であって，脳活動を計測しているわけではないが，心理実験と組み合わせて特定の部位の脳機能を調べることが可能であるし，眼電図や筋電図の計測，心拍・脈波・皮膚電気活動などの末梢の自律神経系の計測も含まれる．さらに最初に述べた定義を拡大すれば，知覚学習が第一次視覚野において生じることを心理物理学的実

1) electroencephalography: EEG

2) positron emission tomography

3) functional magnetic resonance imaging

4) magnetoencephalography

5) transcranial magnetic stimulation

6) near infrared spectroscopy

7) Ogawa, S., Lee, T.M., Kay, A.R., & Tank, D.W. (1990) Brain magnetic resonance imaging with contrast dependent on blood oxygenation. *The Proceedings of the National Academy of Sciences of the United States of America*, 87, 9868-9872.

8) Karni, A. & Sagi, S. (1991) Where practice makes perfect in texture discrimination: Evidence for primary visual cortex. *The*

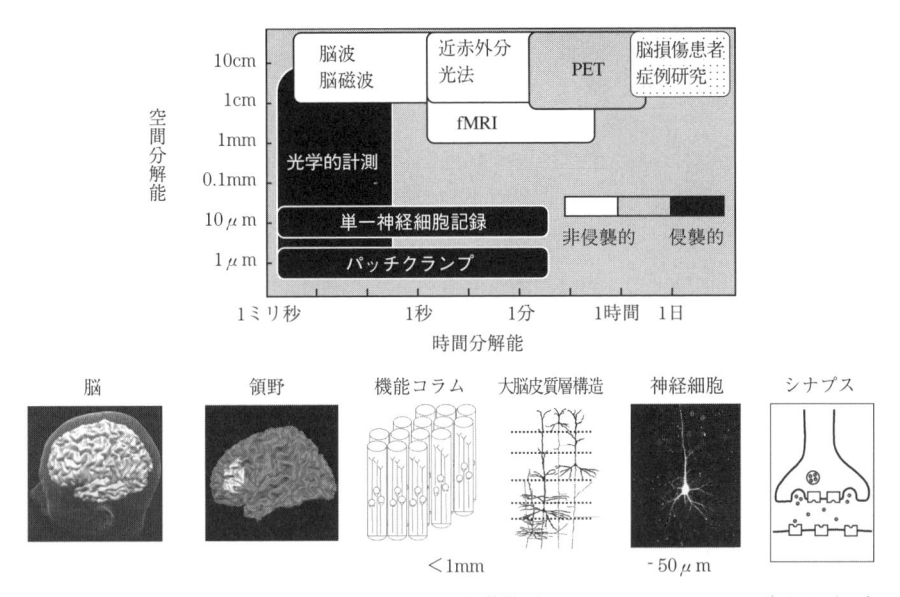

図14-1 脳活動計測法の空間分解能・時間分解能・侵襲性 (Churchland & Sejnowski [9] および, 宮内 [10] より改訂)

験のみによって示した研究[8]まで含めてもよいと思うが，ここでは狭義の非侵襲脳機能計測について述べる．

非侵襲脳機能計測法の空間分解能と時間分解能

非侵襲脳機能計測では，よく各計測法の**空間分解能**と**時間分解能**が比較されるが，これらの用語が往々にして誤用されているので，ここで空間分解能と時間分解能を定義しておく．非侵襲脳機能計測における空間分解能とは，脳の異なる部位が同時に2カ所以上活動した場合に，それぞれを独立した部位の活動として識別しうる最小の距離である．同様に時間分解能とは，脳の同一の場所が短時間に2度以上活動した場合に，それぞれを時間的に異なる活動として識別しうる最短の時間間隔を意味する．各計測法の空間分解能と時間分解能は，それぞれの計測法が脳内のどのような神経生理学的・生化学的過程を反映し，その過程がどの程度局所に生じ，どの程度速く変化する現象であるかということと，計測・解析の際に生じる誤差の大きさに依存しており，信号センサーの数，

Proceedings of the National Academy of Sciences of the United States of America, 88, 4966-4970.

9) Churchland, P. & Sejnowski, T. (1988) Perspectives on cognitive neuroscience. *Science*, 242, 741-745.

10) 宮内哲（1997）ヒトの脳機能の非侵襲的測定：これからの生理心理学はどうあるべきか　生理心理学と精神生理学 15 (1), 11-29.

画素サイズやデータのサンプリングレートは二次的な要素にすぎない．

　最終的に知りたいのは脳の神経細胞の活動であるが，神経細胞の電気的活動に伴ってさまざまな生理学的・生化学的過程が生じる．どの過程を計測するかによって非侵襲脳機能計測法は2つに大別される．EEGとMEGは脳の神経細胞の集団としての活動を電位あるいは磁場の変化として計測しているので，脳活動の**一次信号**を計測している．これに対し，fMRI，PET，NIRSは神経細胞の活動に伴う酸素消費率や糖代謝などの代謝の変化（**二次信号**）によって生じる脳の局所血流の変化を計測しているため，脳活動の**三次信号**を計測している．一般的な傾向として，一次信号を計測する方法は時間分解能に優れるが空間分解能が低く，三次信号を計測する方法は空間分解能に優れるが，秒の単位で変化する血流を計測しているため時間分解能は低い．

非侵襲脳機能計測における信号とノイズ

　どの計測法も，たとえば脳に微小電極を刺入して個々の神経細胞の電気的活動を記録する単一神経細胞記録と比べて，空間分解能も時間分解能も遠く及ばない．さらに**信号対ノイズ比**（signal to noise ratio: S/N比）も低い．非侵襲脳機能計測における**ノイズ**とは，外来の電磁気ノイズだけではない．何がノイズになるかは，用いる計測法と実験目的によって異なる．たとえば前額部に電極を装着し，その電位変化を記録した場合，脳波計測では眼球運動に伴う眼電図の混入がノイズになるが，眼電図の計測が目的の場合は脳波がノイズになる．また，脳波や脳磁波では計測後に眼球運動に伴うノイズを同定して除去することも可能であるが，fMRI等の血流計測では，眼球運動を同時に計測しない限りノイズとしての眼球運動の同定は困難であり，眼球運動関連部位も賦活されて，誤った解析結果を得ることになる．さらに頭部の動き，眠気など，さまざまな現象がノイズになるし，脳活動そのものがノイズになる場合もある．加算平均によって事象関連電位や脳磁場を計測する場合は，α波などの自発性脳波・脳磁波はノイズである．すなわち非侵襲的脳機能計測とは，S/N比

の非常に低い条件でいかにノイズを低減して計測し，解析によって脳活動に起因する信号だけを取り出すか，というノイズとの果てしない戦いである．使用する計測法の原理や特長を理解した上で，脳活動(信号)とノイズを識別する鑑識眼，ノイズを除去するための信号処理技術，関連する神経生理学および解剖学的知識の習得が不可欠である[11]．

心理学と脳機能計測

今後の心理学は，侵襲・非侵襲を問わず，脳機能計測との関連が問われることになる．心理学で計測される行動と脳機能計測で計測される脳活動は，不可分の関係にあり，どちらも複雑で一義的に捕らえることが困難な対象である．行動レベルでわからなかったことが，脳機能計測で簡単に解明されるわけではない．心理学は行動の側から帰納的に導き出される**脳機能のモデル**を仮説として提供し，脳機能計測は，提供された仮説から演繹される事象を脳活動として検証し，さらに新たな知見を付け加えることで脳機能のモデルを修正・提出する．心理学は，再びこのモデルから演繹される行動的事実を検証・反証した後に，帰納的にモデルを修正する．結局はこのパターンの繰り返しとなる．

上述のように，非侵襲脳機能計測は，侵襲的計測と比べて空間分解能・時間分解能が低く，S/N比も低い．しかし侵襲的計測が基本的にヒト以外の脳の1カ所の神経細胞や領域の活動しか記録できないのに対し，非侵襲脳機能計測では，一度の計測でヒトの全脳あるいは広範囲の脳活動が計測できる．すなわち，非侵襲脳機能計測は，実験心理学における刺激 → 認知的情報処理 → 運動（行動）という一連の過程を，システムとしての脳の情報処理過程として検討していく上できわめて有効である．ただし心理学における，いわゆるボックス・モデルの1つひとつのプロセスが，それぞれ独立した脳領域の活動に対応しているという保証は無い，という点には留意する必要がある． 〔宮内 哲・三﨑将也〕

11) 宮内哲・三﨑将也 (2007) 第I部 総論 7. 非侵襲脳機能計測と感覚・知覚研究 p.151-170, 新編 感覚・知覚心理学ハンドブック Part 2 大山正・今井省吾・和氣典二・菊地正編 誠信書房.

【参考文献】

宮内哲・三﨑将也 (2007) 非侵襲的脳機能計測と感覚知覚研究 新編 感覚・知覚心理学ハンドブック pp.151-170 誠信書房

I-15
多次元尺度法

multidimensional scaling

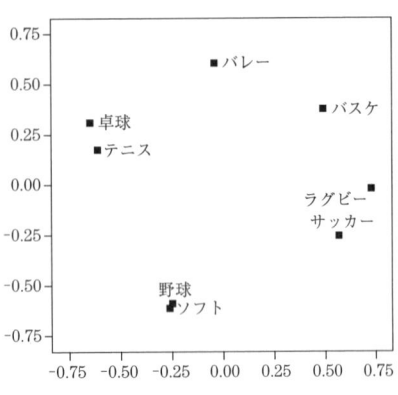

図15-1 スポーツ種目間の平均非類似性（表15-1）に対するMDSの解

多次元尺度法（multidimensional scaling），略して，**MDS** の分析対象となる項目間の非類似性データを，表15-1に示す．これは，回答者が「サッカーと野球はどのくらい似ていますか」といった問いに，「極度に似ているなら1，全く似ていないなら10，それらの中間に感じるならば2から9の整数」で，回答した結果の平均値である．これらの数値は「値が大きいほど項目どうしが隔たる」ことをあらわすという意味で，「距離的なデータ」である．こうした距離的データから，項目の分布を示す「地図」を求める統計手法がMDSである．

表15-1のデータをMDSで分析すると，野球は $[-0.24, -0.59]$，サッカーは $[0.57, -0.25]$ というように，計8種目の座標値が解として得られ，これらの座標値によって，各種目をプロットしたのが図15-1の布置である．地図と同様に「近くの種目どうしは類似し，離れた種目どうしは異なる」と見ればよい．

MDSの原理

野球は $[a, b]$，サッカーは $[c, d]$ というように，分析前は未知である座標値を記号で表して，図示したのが図15-2である．ここで，野球とサッカーの距離は，①，②，③を頂点とする直角三角形の斜辺①-②の長さとなる．したがって，**ピタゴラスの定理**（Pythagorean theorem; 三平方の定理）を使えば，底辺①-③の長さ $|a-c|$ の2乗と，②-③の高さ $|b-d|$ の2乗の和の平

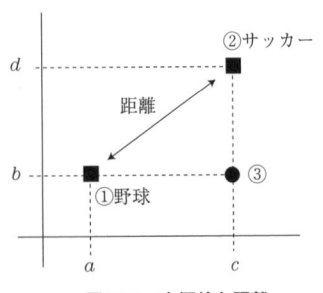

図15-2 座標値と距離

表15-1　スポーツ種目間の非類似性（36名の評定値の平均）

	野球	バレー*1	サッカー	テニス	卓球	バスケ*2	ラグビー	ソフト*3
野球	—	5.81	5.64	5.08	5.72	5.97	5.83	1.50
バレー		—	5.69	4.86	4.97	4.44	5.86	5.83
サッカー			—	5.94	6.39	4.39	3.47	5.89
テニス				—	2.08	6.19	6.39	5.42
卓球					—	6.08	6.42	5.75
バスケ						—	4.03	5.94
ラグビー							—	6.11
ソフト								—

*1バレーボール　*2バスケットボール　*3ソフトボール

方根，つまり，$\sqrt{|a-c|^2+|b-d|^2}$ が距離の式となる．一方，表15-1をみると，野球とサッカーの距離的データは5.64であるが，データは，距離に誤差が加わったもの，つまり

$$\text{データ} 5.64 = \sqrt{|a-c|^2+|b-d|^2} + 誤差 \quad (1)$$

と考える．この (1) 式の誤差ができるだけ小さくなるような座標値 a, b, c, d の値を求める．以上がMDSの原理の概略である．

MDSの解法

(1) 式右辺に平方根があらわれるため，a, b などの解を一筋縄で求めることはできないが，計量心理学者によって種々の解法が考案されてきた．その中でも汎用的な統計ソフトウェアで実行できるMDSのプログラム ALSCAL と PROXSCAL の解法に触れておこう．前者は，**高根芳雄**[1]を中心に1970年代後半に開発された．この解法は，(1) 式を変形して，距離的データの2乗と距離の2乗をフィットさせる式，つまり，「$5.64 = |a-c|^2 + |b-d|^2 + 誤差$」という式に基づき，平方根がもたらす難点を回避する工夫をとっている．一方，後者は，今やMDS研究の中心国となったオランダの**ハイザー**（Heiser, W.J.）門下の**ブシング**（Busing, F.M.T.A.）[2]を中心に，1990年代より開発され，(1) 式そのものに基づく．両プログラムとも，次節の個人差MDSもカバーしている．

個人差多次元尺度法

たとえば，野球とサッカーの非類似性を「山田さんは5，吉田さんは9と評定する」といった個人差は，しばしば見ら

1) 高根芳雄は東京大学から北米へ渡り，現在，カナダのマッギル大学教授．文学博士（東京大学），Ph.D（ノースカロライナ大学）．柳井晴夫（聖路加看護大学教授）とともに，数学的基礎になる線形代数の分野の研究も展開している．高根にはMDSの理論を記した次の著書がある．
高根芳雄（1980）多次元尺度法　東京大学出版会

2) ヴィレム・ハイザーは，オランダのライデン大学で博士号を取得し，現在同大学教授．その研究室のスタッフとしてMDSなどの研究をすすめるフランク・ブシングがPROXSCAL作成の中心人物であることは，本人およびハイザーから著者が聞いた．

れる．しかし，表15-1のデータは36名の評定値を平均した結果であり，個人差が相殺されている．できれば36名それぞれの種目間の非類似性評定値を分析して，個人差の様子も見たいものである．こうしたニーズに応える手法が，前半に記したMDSの拡張版であり，1970年当時にアメリカのベル研究所にいた**キャロル**（Carroll, J.D.）[3]が理論的基盤を完成させた**個人差多次元尺度法**（individual differences multidimensional scaling），略して，個人差MDSである．

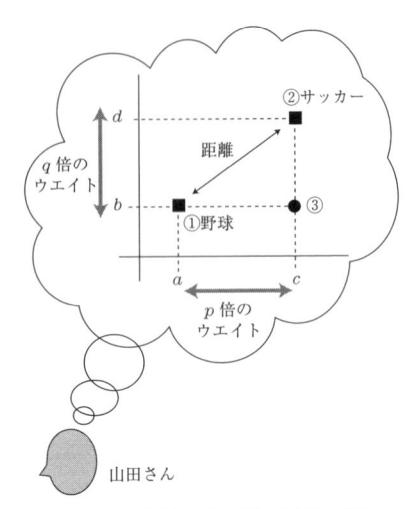

図15-3 個人による軸への重みづけ

個人差MDSの基本モデルは，「個人差は，項目の座標ではなく，個人が軸に与える**ウェイト**（weight）にあらわれる」という仮定に基づき，図15-3にそれを模式的に描いた．ここに，「山田さんが横軸と縦軸にそれぞれp倍とq倍のウェイトを与える」，言い換えれば，「横・縦軸をp倍，q倍だけ重視する」様子を描いている．これを式の上では，山田さんにとって，底辺①－③の長さの2乗はp倍されて$p|a-c|^2$，高さ（①－②）の2乗はq倍されて$q|a-c|^2$になると表すと，山田さんにとっての野球とサッカーの距離は $\sqrt{p|a-c|^2+q|b-d|^2}$ と書ける．一方，吉田さんが横・縦軸に与えるウェイトをs, tと表せば，吉田さんにとっての距離は$\sqrt{s|a-c|^2+t|b-d|^2}$ となる．これらに誤差が加わったものが，吉田さんの評定値5，山田さんの評定値9，つまり，

$$5 = \sqrt{p|a-c|^2+q|b-d|^2} + 誤差,$$

$$9 = \sqrt{s|a-c|^2+t|b-d|^2} + 誤差$$

と考え，誤差が小さくなるような座標値（a, b, c, d）と個人が軸に与えるウェイト（p, q, s, t）を求める．以上が個人差MDSの原理である．

[3] キャロルの前に，ウェスタンオーストラリア大学の大学院生ホラン（Horan, C.B.）が博士論文執筆中に個人差MDSの原型を着想していたが，学位取得前に事故死した．その後，指導教授ロス（Ross, J.）が上記論文を完成させ，ホランの名で*Psychometrika*誌掲載にこぎつけたのは，キャロル他の論文が同誌に掲載される1970年の前年であった．

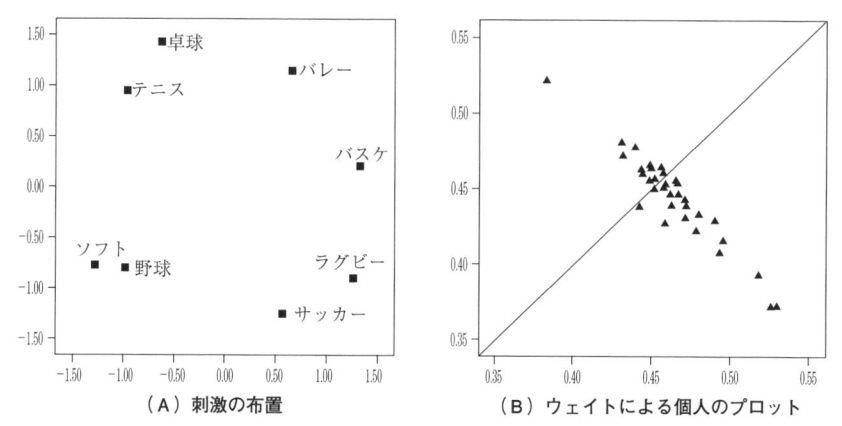

図15-4　36名のスポーツ種目間非類似性評定値（表1の平均を与えた素データ）に対する個人差MDSの解

個人差 MDS の適用例

　表 15-1 のもとになった 36 名の 8 種目間の非類似性評定値に，個人差 MDS を適用し，その結果を図 15-4 (A)，(B) に示した．まず (A) の座標をみよう．布置の左にラケットやバットを使う種目が位置するのに対して，右には，そうした「棒」を使わない種目が位置することから，左右に伸びる横軸は，棒の有無に対応すると解釈できる．一方，図の上には，比較的小さな競技場で行われる種目が位置するのに対して，下には，大きなグラウンドで行われる種目が位置することから，上下に伸びる縦軸は，競技場の大小をあらわすと解釈できる．以上の解釈によれば，棒の有無と競技場の大小に与えるウェイトの相違によって，評定の個人差があらわれるといえる．図 15-4 (A) の横軸・縦軸に与えるウェイトを，横・縦軸の座標値として，36 名をプロットしたのが図 15-4 (B) である．たとえば，最も左上の点であらわされる回答者は，横軸に 0.38，縦軸に 0.52 のウェイト，つまり，棒の有無より競技場の大小を重視していることがわかる．　〔足立浩平〕

【参考文献】
足立浩平（2006）多変量データ解析法：心理・教育・社会系のための入門　ナカニシヤ出版
岡太彬訓・今泉忠（1994）パソコン多次元尺度構成法　共立出版
齋藤堯幸・宿久洋（2006）関連性データの解析法：多次元尺度構成法とクラスター分析法　共立出版

I-16
構造方程式モデリング
structural equation modeling

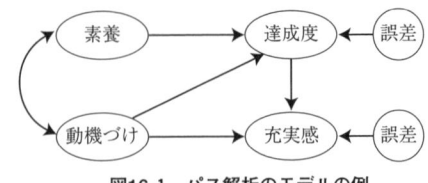

図16-1 パス解析のモデルの例

　構造方程式モデリング（structural equation modeling；略してSEM）を語る上で，① 因果，② 構成概念，③ 相関データの3つがキーワードとなる．ここで，② の**構成概念**とは，見たり聞いたりできないが，それを仮定すれば（構成すれば）うまく現象を説明できるもの（概念）である．構成概念の例に「エネルギー」が挙げられる．幽霊と同様に「エネルギーを見た」と言う人は少ないと思うが，エネルギーは種々の公式であらわせる優れた概念である．SEMとは「② 構成概念どうしの ① 因果のモデルを，変数間の ③ 相関データから検証する手法である」と要約できる．① 因果の同定をめざす実証科学の中でも，心理学は ② 構成概念を多用する学問であり，心理学諸分野の中でも，「原因を操作して結果の変化をみる実験」ができず，③ 相関データの観測だけが許される領域で，SEMは多大な歓迎を受けている．
　こうしたSEMの研究開発は，スウェーデンの統計学者ヨレスコーグ（Jöreskog, K.G.）による1960年代後半〜70年代初頭の研究に始まり，わが国では，特に，数理統計学者の**狩野裕**[1]や計量心理学者の**豊田秀樹**[2]の研究および啓蒙活動により，1990年初頭から飛躍的な普及を示している．

パス解析と因子分析
　この節では，SEMの基礎となるパス解析と因子分析を解説する．たとえば，図16-1のパス図に示すように，「仕事の〈素養〉と仕事への〈動機づけ〉が〈達成度〉に影響し，〈達成度〉と〈動機づけ〉が仕事に伴う〈充実感〉に影響する」という因果関係のモデルを考えよう．図16-1は，パス（単方向の矢印）の源が原因，その先が結果であることを表し，

1) 現在，大阪大学基礎工学研究科教授．工学博士（大阪大学）．*Annals of Statistics*や*Biometrika*をはじめとした数理統計学のトップ・ジャーナルに多くの論文を記している．著書のひとつを参考文献に掲げた．

2) 現在，早稲田大学文学学術院教授．教育学博士（東京大学）．豊田が進めた研究のひとつに，各種の統計手法をSEMの特殊ケースとして包含するアプローチがある．多数の著書の中から入門者でも読める2つを選んで，参考文献欄と次に記す．
豊田秀樹・前田忠彦・柳井晴夫（1992）原因をさぐる統計学：共分散構造分析入門　講談社ブルーバックス

双方向の矢印は変数間に何らかの相関があることだけを表す．なお，達成度や充実感のように他の変数からパスが届く変数は，必ず誤差からもパスを受ける．その理由は，それらの変数の値がパス図上の原因変数だけに規定されるわけではないからである．たとえば，素養と動機づけだけで達成度が決まることはなく，達成度につく誤差は，素養・動機づけ以外で達成度に影響する諸要因を表す．図 16-1 のような因果モデルの妥当性やパスの結びつきの強さなどを求める分析法が，**パス解析**（path analysis）である．

さて，素養・動機づけ・達成度・充実感を，直接見たり，測定したりできるだろうか．「できる」という人もいるようだが，直接の測定が難しい構成概念である．しかし，直接に観測できる複数個の指標を使えば，誤差つきで構成概念を測定できると考えられる．たとえば，素養を，入社時の〈筆記〉，〈論文〉，〈面接〉，〈適性〉テストの成績という指標で測定できるという仮定を表したのが図 16-2 である．図の素養から筆記に伸びるパスは，後者に素養が反映されることを表し，筆記につく誤差は，筆記試験の成績に含まれる素養以外の諸要因を表す．図 16-2 は，**因子分析**の 1 因子モデルに他ならない．1904 年にイギリスの計量心理学者**スピアマン**（Spearman, C.）が，図 16-2 のようにあらわせる知能のモデルを草案したのが因子分析の始まりであり，その基礎数理は，現在まで，計量心理学者や数理統計学者を魅了し続けてきた．

パス解析と因子分析が SEM に結実

素養だけでなく，たとえば，〈努力〉の観測指標を自主的〈勉強〉時間・〈残業〉時間とし，達成度の指標を〈ノルマ〉達成率・〈給料〉，〈充実感〉の指標を〈満足〉の程度・〈希望〉の大きさ・現状への〈後悔〉の程度の評定値とすれば，各概念について図 16-2 と同様のパス図が描けるが，これらを図 16-1 と合体すれば，図 16-3 の SEM のパス図が描ける（図に付した分析結果の数値は後述する）．

SEM の醍醐味は，分析者自身が因果モデルを考えることにある．図 16-3 の基礎になるモデルは

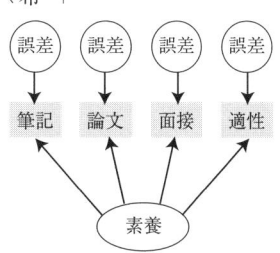

図16-2　因子分析モデルの例

筆記　＝ a×素養 ＋ 誤差
給料　＝ b×達成度 ＋ 誤差　　　　(1)
達成度＝ c×素養 ＋ d×動機づけ ＋ 誤差
　　　　⋮

のような「数式の集まり」であるが，これがパス図と1対1に対応するので，SEMの幾つかのソフトウェアでは，(1)のような式を理解できなくても，パス図を描くだけで分析を実行してくれる．

　図16-3に長方形で示した計11種の変数のデータを，計300名の会社員から収集したとしよう．こうしたデータは，「ある原因変数の操作に伴う結果変数の変化をみる」といった実験の結果とは異なり，原因の指標と結果の指標が横一列に並び，変数どうしの相互関係だけを表す点で，相関データと呼べる．表16-1には，相関関係の包括的な指標である11変数間の共分散を示した．実は，もとの300名×11変数のデータがなくても，11×11変数の共分散の表があれば，SEMは実行できる．それは，SEMの計算原理が，「因果モデルから導出される共分散の理論式を，実際の共分散にフィットさせる」という手順で記せるからである．たとえば，筆記と給料の共分散の理論式は，(1)のモデルから a×b×c と表せ（読者はこの導出過程は知らなくてよい），これが表16-1の実際の共分散4.19にできるだけ合致するような a,b,c の値が求められる．こうした計算原理より，SEMとほぼ同義語の**共分散構造分析**という名称の方が，以前はポピュラーであった．

モデル比較と結果の解釈

　SEMの結果の中で，最初にみるべき指標は，パス図に付く数値より，データへのモデルの

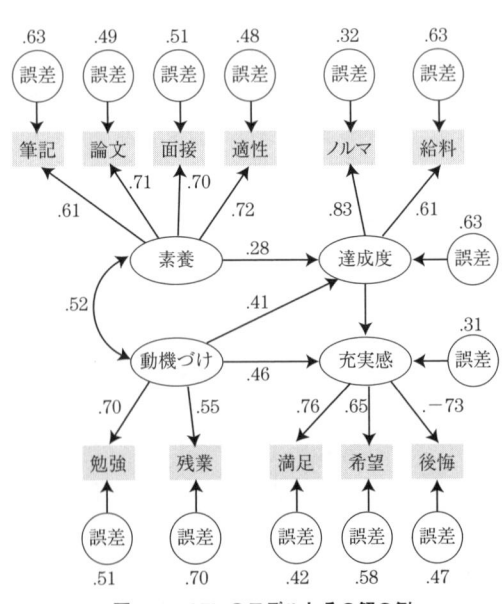

図16-3　SEMのモデルとその解の例

表16-1　変数間の共分散行列（仮想数値例）

	筆記	論文	面接	適性	勉強	残業	ノルマ	給料	満足	希望	後悔
筆記	56.83	3.41	5.67	4.26	0.92	0.47	8.88	4.19	2.06	1.92	-2.37
論文		1.14	1.09	0.65	0.13	0.06	1.42	0.65	0.27	0.20	-0.30
面接			4.13	1.30	0.18	0.10	2.68	1.14	0.60	0.50	-0.64
適性				1.44	0.09	0.06	1.09	0.62	0.30	0.22	-0.32
勉強					0.14	0.05	0.42	0.32	0.19	0.12	-0.14
残業						0.10	0.38	0.21	0.13	0.08	-0.08
ノルマ							15.06	6.95	2.19	1.39	-1.75
給料								12.70	1.57	1.05	-1.33
満足									1.39	0.67	-0.60
希望										1.22	-0.57
後悔											1.00

適合度であり，さらに，考慮するモデルが複数ある場合には，どのモデルがより良く適合しているかをあらわす指標だろう．こうした適合度指標は数多く考案されているが，そのひとつに，数理統計学者の**赤池弘次**[3]が，SEM のためにではなく，広範囲の統計手法を考慮して考え出した **AIC**（Akaike information criterion）がある．この AIC は値の低さがモデルの良さを表す．たとえば，図 16-3 のモデルの AIC は 114.8 であるが，動機づけから充実感に伸びるパスを図 16-3 から消したモデルの AIC は 129.2 となり，動機づけの充実感への影響を認める図 16-3 のモデルの方が妥当であることが示唆される．

最後に，パス図に付された解を簡単に見ておこう．たとえば，充実感から後悔に伸びるパスの係数は-0.73 と負になり，「充実していれば後悔しない傾向」を示す．また，達成度の誤差につく 0.63 は達成度に占める誤差の比率を表し，達成度にパスを伸ばす素養と動機づけによって，達成度の高低の $1 - 0.63 = 0.37 = 37\%$ は説明されるが，残りの $0.63 = 63\%$ は素養と動機づけでは説明できないことを表している．　　　　　　　　　　　　　　〔足立浩平〕

[3] 元統計数理研究所所長．同研究所／総合研究大学院大学名誉教授．理学博士（東京大学）．2006 年には京都賞（基礎科学部門）受賞．AIC の定義式は「モデルのデータへのあてはまりの悪さに，モデルの複雑度を加える」という形をとり，いわば，科学哲学における単純性の原理の数学的証明となっている．公開されている AIC 着想時（1971 年）の赤池のメモの同ページには，因子分析に関する式が記されている．

【参考文献】
足立浩平（2006）多変量データ解析法：心理・教育・社会系のための入門　ナカニシヤ出版
狩野裕・三浦麻子（2002）AMOS, EQS, CALIS によるグラフィカル多変量解析（増補版）：目で見る共分散構造分析　現代数学社
豊田秀樹（編）（2007）共分散構造分析［AMOS 編］：構造方程式モデリング　東京図書

II 発達・教育

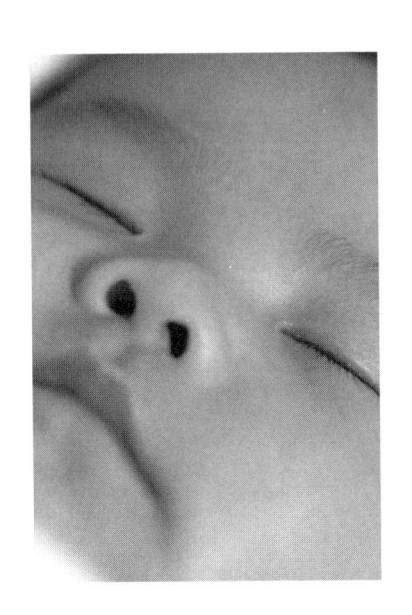

視覚発達

visual development

Ⅱ - 17

図17-1　乳児が好む図形パターン

生まれて初めて見る世界

　その昔，生まれたばかりの新生児は眼が見えず，耳も聞こえないと信じられてきた．しかしその後の心理学実験から，視覚は出生直後から機能し，聴覚は胎児の段階から機能していることがわかっている．

　乳児を対象とした心理学実験の方法は1960年代にファンツ（Fantz, R. L.）[1]によって考案された．言葉の通じない乳児に心理物理的な実験を行うために考え出された方法のひとつが**選好注視法**（preferential looking）である．選好注視法は特定の図形パターンを好むという，乳児の一般的な性質を利用したもので，この好みをもとに実験は行われる．

　ファンツは乳児の選好する図形パターンの性質を解明した．生後46時間から生後6ヵ月までの乳児を対象として，図形パターンへの好みを調べる実験を行ったのである．さまざまな図形パターンを提示し，図形への注視時間を計測した．その結果，柄がないものよりも柄のあるもの，同心円のものや縞，そして顔図形も好んで見ることがわかったのである（図17-1）．

　特定の図形パターンに対する注視時間は一貫して高いという性質を利用した選好注視法は，現在でも乳児を対象とした心理物理実験に利用されている．一般的にはコンピュータモニタ上に視覚刺激を2つ横に並べて提示し，それぞれの刺激への注視時間を比較することにより選好を調べる．

　選好注視法の限界は，実験対象の図形に対する乳児の選好を前提としていることにある．好みが同等なもの同士の図形の区別は，対象に好みがあるかどうかにかかわらず対象間の

1) Fantz, R, L. (1963) Pattern vision in newborn infants. *Science*, 140, 296-297.

区別を調べられる，**馴化・脱馴化法**（habituation/dishabituation）でみることができる．乳児には新規な刺激を好んで見る**新奇選好**があり，それを利用したものである．一般的にいうと成人では慣れた刺激を好む**既知選好**があるのに対し，乳児では慣れたものよりも新しい刺激を好むという新奇選好がある．この性質を利用し，人工的に慣れの状態を作り出すのがこの方法である．人工的に慣れの状態を作りだすことを**馴化**と呼び，刺激への注視時間をもとに判断する．

同じ刺激を何度も繰り返し提示することにより馴化の状態を作り出す．最初に提示した刺激への注視時間を基準とし，注視時間が半分に減少した時に馴化が成立したと判断する．より簡易的な方法では，あらかじめ刺激の提示時間と提示回数を決めておき，その間で馴化が生じたか否かを注視時間の有意な減少で調べる．馴化成立後，馴化で使用した刺激と，全く異なる新奇刺激を提示して，新奇刺激に対する注視時間の上昇で，脱馴化が起きるかどうか，つまり馴化刺激と新奇刺激の区別ができているかを調べるのである．

選好注視法のテクニックにより，視力やコントラスト感受性など，乳児の基礎的な視覚特性が解明され，乳児の視覚世界が明らかとなった[2,3]．一般的な視力検査では，白黒の縞パターンと白黒の縞を混ぜ合わせたグレーパターンを並べて提示し，縞パターンへの選好を測る．縞を細かくして選好が生じる限界を視力と決定するのである．新生児の視力は0.02程度であるが，生後半年までに急速に発達し，その後緩やかに発達する（図17-2）．生後半年がおおまかな分岐点

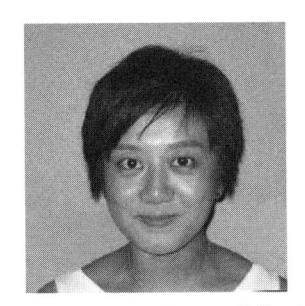

図17-2 乳児から見た顔イメージ（右側）

2) 山口真美（2006）赤ちゃんは世界をどう見ているのか 平凡社新書

3) 山口真美（2005）視覚世界の謎に迫る 講談社ブルーバックス

4) Sjostrom, A., Abrahamsson, M., Byher, E., & Sjostrand, J. (1996) Visual development in children with congenital cataract. In F. Durand (Eds.) *Infant vision*. London: Oxford Press.

5) Wiesel, T., & Raviola, E. (1977) Myopia and

といわれているが，この時点の視力は0.2程度である．コントラスト感受性も生後半年が，発達上の大まかな分岐点となることが知られている．視力発達は生後半年以降も緩やかに続き，視力発達が終了するのは，おおよそ10歳ごろだと言われている．

視覚機能の形成プロセス

振動によって伝わる聴覚は，胎児の頃から機能する．一方で光によって伝わる視覚は，真っ暗な胎内から出ないことには，刺激自体を受け取ることができない．そういうことから，視覚機能の発達は，出生後からはじまり，しばらく続くことがわかっている．

たとえば生まれた時から光を受け取ることができなかった白内障による先天盲，その開眼手術の時期と視覚機能の回復から，視覚機能の完成時期を推測することができる．こうした患者の手術後10歳までの追跡調査を行ったところ，手術の時期が生後100日を越えると，規則的で不随意な眼の震動（眼振）が残り，視力が悪くなる可能性が高まることがわかっている[4]．

こうした先天的視覚障害の研究や乳児を対象とした視覚実験から，視覚機能は運動視から機能し始め，パターンを見る能力や立体視へと続き，複雑な機能ほど後に形成されることがわかっている．長期の片眼剥奪により，光への感受性，より細かな映像処理を行う感受性，両眼視の順に壊れることもわかっている．

動物を対象とした**視覚剥奪実験**により，視覚機能の形成過程が解明された．視覚剥奪は，眼球の成長にも影響する．ウィーゼル（Wiesel, T.）らの実験から，視覚剥奪されて育ったサルの眼球は網膜方向に長くなり，結果として近眼の状態となることがわかった[5]．片眼剥奪と両眼剥奪で，視覚機能に与える影響を比べると，片眼剥奪の影響が大きいことがわかっている．片眼視覚剥奪後の大脳皮質の眼球優位コラム（ocular dominance columns）の組織を調べたところ，剥奪された眼に対応するコラムは，正常な眼のコラムと比べ，幅が狭くなっていることが判明した[6]．電気生理学的に細胞の

eye enlargement after neonatal lid fusion in monkeys. *Nature*, 226, 66-68.

6) Vital-Durand, F., Garey, L.J., & Blakemore, C. (1978) Monocular and binocular deprivation in the monkey: Morphological effects and reversibility. *Brain Research*, 158, 45-642.

7) Hubel, D.H. (1988) *Eye, brain and vision.* New York: Scientific American Library.

8) LGN: Lateral Geniculate Nucleus（外側膝状体）の略称．網膜と視覚皮質の中間にある皮質下の神経核．

9) Harwerth, R.S., Smith III, E.L., Boltz, R.L., Crawford, M.L.J., & von Noorden, G.K. (1983) Behavioral studies on the effect of abnormal early visual experience in monkeys: Spatial modulation sensitivity. *Vision Research*, 23, 1501-1510.

10) Boothe, R.G. (1996) Visual development following treatment of a unilateral infantile cataract. In F. Durand (Eds.) *Infant vision.* London: Oxford Press.

11) von Noorden, G.K. & Middleditch, P.R.

反応を調べたところ，両眼性の細胞が減り，しかも単眼性の細胞のほとんどが剥奪されていない眼だけに反応することもわかっている[7]．

　外側膝状体（LGN）[8]と皮質における変化は，サルを対象にした実験で調べられている．刺激剥奪が弱視につながる可能性をひきずる**敏感期**はサルでは2歳（ヒトの8歳に該当）であり[9]，この期間に単眼剥奪された個体の外側膝状体を解剖学的に調べたところ，剥奪された眼からの入力を受ける層は，反対側の正常な眼の層よりも小さくなり，この縮小は剥奪期間に比例することがわかった[10]．さらに剥奪期間の影響を検討したところ，生後3ヵ月間の剥奪が最も大きい変化を作り出すこともわかった[11,12,13]．さらに大細胞と小細胞[14]で視覚剥奪からの影響の受け方に差があることもわかっている．最も影響を受けた部位は両眼性の領域の小細胞で，次いで両眼性の領域の大細胞，単眼性の領域の順であった[11,12,13]．

　こうした臨界期による障害がある一方で，大脳皮質は可塑性も大きいようである．三上[15]は網膜の一部をレーザー光で破壊し，その後の網膜と皮質・外側膝状体の機能的変化を調べたところ，第一次視覚野だけが回復することがわかった．破壊直後，視覚野では，破壊部位に対応したニューロンは活動しなくなった．しかし3ヵ月経過すると受容野が移動することがわかった．大脳皮質にある第一次視覚野だけ，機能が代替されたのである．さらに臨界期にも柔軟性があることが発見された．暗いところにいると，刺激を受け取る臨界期が伸びる．暗いところにいる間，生体内の成長は一時的な休眠状態になるという．視覚発達には，光が重要な働きをするという証拠のひとつである．　　　　　　　　　　〔山口真美〕

(1975) Histology of the monkey lateral geniculate nucleus after unilateral lid closure and experimental strabismus: Further observations. *Investigative Opthalmology,* 14, 674-683.

12) von Noorden, G.K., Crawford, M.L., & Middleditch, P.R. (1976) The effects of monocular visual deprivation: disuse or binocular interaction? *Brain Research,* 111, 277-285.

13) Blakemore, C. & Vital-Durand, F. (1986) Effects of visual deprivation on the development of the monkey's lateral geniculate nucleus. *Journal of Physiology,* 380, 493-511.

14) 大細胞と小細胞：網膜から皮質へと至る経路の分類．大細胞系は主に運動視に，小細胞系は主に形態視に関連している．

15) 三上章允（1999）視覚の神経生理　斎藤秀昭・森晃徳（編）視覚認知と聴覚認知　オーム社

【参考文献】
山口真美（2003）　赤ちゃんは顔をよむ：視覚と心の発達学　紀伊国屋書店
山口真美（2005）　視覚世界の謎に迫る：脳と視覚の実験心理学　講談社ブルーバックス
山口真美・金沢創（2008）　乳児心理学入門　東京大学出版会

II-18
顔認知

face recognition

全体処理と部分処理

　成人は，千をこえる顔を記憶し，識別する能力をもっている．これほどたくさんの数の記憶が可能な物体は，顔だけである．なぜそれほど顔に特化した能力をもっているのか，その特殊性は，「**顔空間モデル**」を前提に考えられてきた[1]．

　顔の特殊な見方は，自分が見てきたさまざまな人々の顔データの蓄積に基づく．経験した顔は，見る頻度と顔の形状をもとに，より効率的に判断できるよう並べられ，蓄積される．よく見る顔を中心に，あまり見たことのない顔を周辺に位置した「顔空間モデル」が作られる．このモデルを基準に，ヒトは顔を判断するというのである．

　顔の学習モデルの研究から，このようなモデルを駆使して顔を区別できるようになるのは，10歳頃だと考えられてきた．その一方で，乳児でも同様な能力をもつことを示唆する研究もある[2]．

　成人がたくさんの顔を記憶・識別するためにとっている方略がある．それは，目鼻口の部分に注目するのではなく，それぞれのパーツの位置関係という顔の全体の配置関係を注目する**全体処理**と呼ばれる方略である．

　「全体処理」を示す証拠に，**倒立効果**がある．顔を逆さにすると，その顔の印象や人物の判断も難しくなるという現象である．有名な現象に「サッチャー錯視」[3]がある．逆さでは強い印象を感じないが，正立にしてみるととたんにグロテスクに見える．

　この「倒立効果」がいつ頃から生じるのか，乳児を対象とした実験が行われた[4]．乳児でも倒立顔と正立顔で顔認識処

1) Valentine, T. & Endo, M. (1992) Towards an exemplar model of face processing: The effects of race and distinctiveness. *Quarterly Journal of Experimental Psychology: Human Experimental Psychology*, 44 A (4) : 671-703.

2) Carey, S. (1992) Becoming a face expert. *Philosophical Transaction of the Royal Society of London*, B, 335, 95-103.

3) I-2 6ページ参照．

4) Otsuka, Y., Nakato,

理は異なるのか，乳児の脳活動を調べたのである．生後5〜8ヵ月の乳児を対象に，正立顔と倒立顔で脳活動に違いがみられるかを調べる研究が**近赤外分光計測**（NIRS）を用いて行われた．近赤外分光計測で血中ヘモグロビンの変化を計測することにより，脳の中の顔領域とよばれる上側頭溝（STS）や紡錘状回（fusiform gyrus）付近にあたる両側の血流の変化を調べたのである．果物を見たときの脳活動をベースとして顔を見たときにこの顔領域の脳活動が上昇するか，その際倒立と正立で違いがあるかが検討された．実験の結果，顔を見ることにより右側頭の活動は高まり，特に倒立顔よりも正立顔でこの活動が高まることが判明した．成人も顔処理課題においては，右半球の活動が高まる．そこから，この月齢の乳児でも，成人と同様の顔処理が可能であることが示唆される．

行動実験で，**顔認知**のより高度な処理である「全体処理」がいつ頃から可能となるかが調べられている．コーエン（Cohen, L. B.）ら[5]は**馴化・脱馴化法**を用いて，乳児が顔を「全体処理」するかを調べる実験を行った．男性と女性の顔に馴化させ，この男女の顔の間で口や目を入れ替えた顔を合成し，この合成顔に脱馴化するかが調べられた．口や目を入れ替えて作った合成顔は，馴化で見た顔とは全く異なる印象を与える．ただしそれは，顔を「全体処理」した場合に限られる．部分だけに注目した場合，入れ替えられた口と目そのものは，馴化した顔に存在している．そのため，口や目の部分だけに注目していたら，新しい組み合わせの合成顔の，目と口だけを見て「既に見た」と判断する．この場合，新しい顔に脱馴化することはない．つまり，新しい組み合わせの合成顔に脱馴化するかどうかで，「全体処理」しているか，それとも目や口という部分にだけ注目して顔を見ているかを調べることができる．実験の結果，生後8ヵ月児では，目や口を入れ替えた合成顔を新しい顔とみなし，脱馴化することがわかった．

早い顔学習の背景にあること

赤ちゃんの顔学習の速度は速い．乳児のもつ視力限界から

E., Kanazawa, S., Yamaguchi, M.K., Watanabe, S., & Kakigi, R. (2007) Neural activation to upright and inverted faces in infants measured by near infrared spectroscopy. *NeuroImage,* 34 (1), 399-406.

5) Cohen, L.B., & Cashon, C.H. (2001) Do 7-month-old infants process independent features or facial configurations? *Infant and Child Development,* 10, 83-92.

考えると，生後数ヵ月で顔を区別できるようになるのは，奇跡のようなものである．

ただし学習モデルから考えると，視力の限界には意味がある．視力が悪いことにより入力する画像の質が悪く情報量が少ない．少ない情報を学習することによってより早い効率的な学習につながるというのである[6]．視力発達がある程度完成した生後6ヵ月以降の乳児を対象に，画像の悪い映像と通常の映像を見せて学習実験を行ったところ，生後6ヵ月でも画像の悪い映像での学習が早く，学習後の区別もよくできることがわかったのである．

顔の学習に環境が影響を与えることが，男女の識別実験などにあらわれている．

生後6～8ヵ月の乳児を対象として男女の平均顔と強調顔を使った男女識別実験を馴化・脱馴化法を用いて行ったところ[7]，生後8ヵ月児では顔の男女識別が完全にできたが，生後6ヵ月児では男女識別が不完全で，馴れた顔が女性か男性かで結果が異なった．生後6ヵ月児は女性の平均顔に馴化すると，「テスト」の異性（男性）の平均顔を同性（女性）の強調顔よりも長く見，性別は識別されることがわかった．ところが男性の平均顔に馴化すると，「テスト」の異性（女性）の平均顔と同性（男性）の強調顔を見る時間は同じとなり，性別は識別できていない結果となった．

この結果は，男女の顔への生来の馴れから説明される．生後6ヵ月児では，女性の顔への本来の馴れがあり，女性の顔に馴化する条件では「テスト」の男性顔への新規選好が強く出たと考える．逆に男性の顔に馴化する条件では，「テスト」の女性顔はもともと馴れており珍しくなく，女性顔への新規選好があらわれなかったと考えるのである．そもそも母親に育てられ周囲も女性である乳児の場合，女性の顔と男性の顔に対する本来の経験は異なり，それが男女識別の結果に影響したものと思われる．クイン（Quinn, P. C.）たち[8]は，お父さんに育てられた赤ちゃんを選んで実験を行った．その結果は予測どおり，お父さんに育てられた乳児では，お母さんに育てられた乳児と逆の結果が示された．男性の顔の方がな

6) Valentin, D. & Abdi, H. (2003) Early face recognition: What can we learn from a myopic baby neural netwark? In O. Pascalis & A. Slater (Eds.), *The development of face processing in infancy and early childhood: Current perspective.* New York: NOVA Science Publishers.

7) Yamaguchi, M.K. (2000) Discriminating the sex of faces by 6 and 8 month old infants, *Perception and Motor Skills*, 91, 653-664.

8) Quinn, P.C., Kuhn, Y.A., Slater, A.M., Pascalis, O. (2002) Presentation of the gender of human faces by infants: A preference for female. *Perception*, 31, 1109-1121.

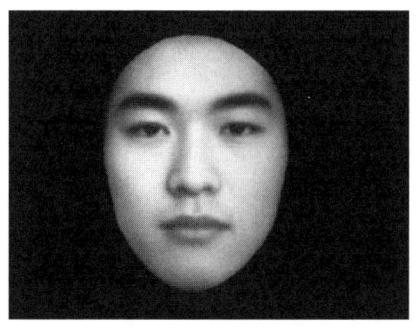

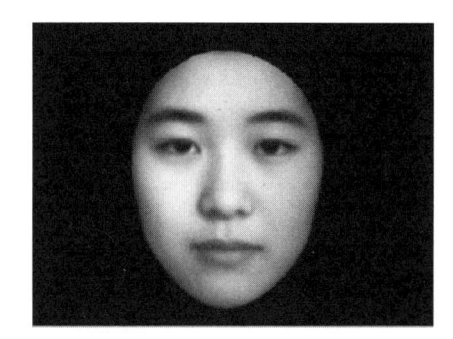

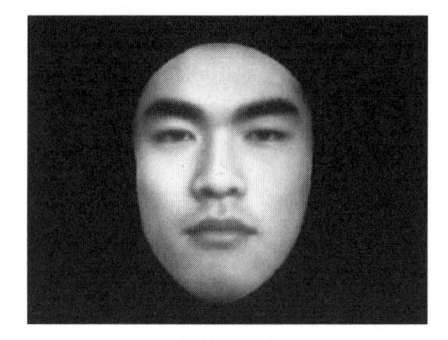

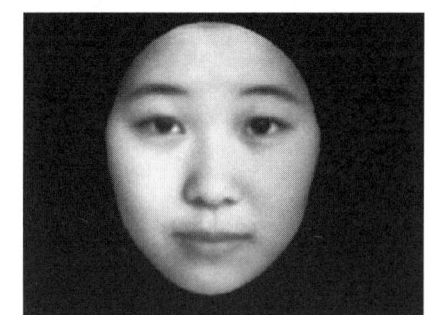

男性平均顔	女性平均顔
男性強調顔	女性強調顔

図18-1　乳児の男女識別実験に用いた平均顔と強調顔

じみ深く，男性顔から学習が始まるというのである．

　生まれて半年以降の顔認識の発達は，赤ちゃんの経験がもととなる．したがってこの頃の発達過程を調べることは，赤ちゃんがどのような経験をしたかを知ることにつながる．それは必然的に，赤ちゃんの育つ社会環境を考えることにもつながるのである．　　　　　　　　　　　〔山口真美〕

【参考文献】
山口真美（2003）　赤ちゃんは顔をよむ：視覚と心の発達学　紀伊国屋書店
山口真美（2007）　正面を向いた鳥の絵が描けますか？　講談社プラスアルファ新書

II - 19
鏡像的自己

self in a mirror

　我々は自分自身の容姿や能力，さらには性格についてもなにがしかの知識を持っている．こうした自己に関する知識はいつどのようにして獲得されるのだろうか．自分の顔や姿の「見た目」に関する知識の多くは，鏡を通して獲得されるといってよかろう．鏡の歴史は古く，水面に姿を映す水鏡や影絵まで含めると人類誕生とほぼ同時（かそれ以前）から鏡的な機能が使用されてきたと考えられる．

　我々が鏡を見ながら髭をそったり身だしなみを整えたりできるのは，鏡に映っている像が他人でない自分自身の像であると認識できるからである．**自己鏡像の認知**に関しては，ヒト乳幼児や霊長類・ゾウ・イルカなど多くの動物を対象とした実験が行われている．自己認知研究における「古典」とも言える**マークテスト**[1]と呼ばれているものでは，被験者（被験体）の顔にこっそりと口紅等で「マーク」をつけた後で鏡をみせ，それに気づいて手で拭おうとするかどうかがテストされる．これまでの研究で，人間では，1歳半から2歳ぐらいでこのテストにパスする（「マーク」に気づく）と言われている．動物では，チンパンジー，オランウータンはマークテストにパスすると言われているが，ゴリラではパスしないとされている．霊長類以外の動物では，ゾウでもマークテストにパスするとの報告が近年なされている[2]．

　自己認知は，時間的観点からみると少なくとも2つに大別できる．1つは「今現在」の自分自身の状態や行為のモニタリングにかかわる自己認知（現在自己の認知）．もう1つは，過去・現在・未来と連続した個体としての自己を認める自己認知（連続的自己の認知）である．前述した自己鏡像を用い

1) Gallup, G.G. (1970) Chimpanzees: Self-recognition. *Science*, 167, 86-87.

2) Plotnik, J.M., de Waal, F.B.M. & Reiss, D. (2006) Self-recognition in an Asian elephant, *The Proceedings of the National Academy of Sciences of the United States of America*, vol.103, no.45, 17053-17057.

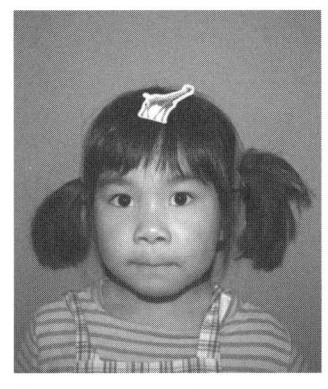

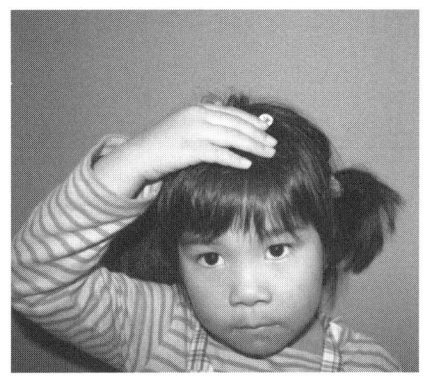

図19-1　ステッカータスク

たマークテストは，現在自己の認知能力を調べるものである．

　自己鏡像は，認知的な意味で，いくつかの特徴的な性質を有している．まず，一般的な鏡で自己身体を映すと，鏡像の身体部位は観察者の身体部位とは反対側に対応する（**対側性**）．また，正面から鏡をみると，必ず鏡像の目と視線が合い，視線をそらすと鏡像も視線をそらす（**視線の一致性**）．さらに，自己運動は同時に鏡像に反映される。じっとしていれば，鏡像も同じく動かない（**同時性**）．鏡のこうした性質が，自己鏡像認知の基礎になっていることは確実であるが，一般的な鏡を用いた実験では，こうした性質が渾然一体となっているので，自己認知のメカニズムを探る上で，どの性質が支配的に働いているのかを明確にしづらい．

　ここでは，上述した自己鏡像がもつ3つの性質のうち同時性に着目し，幼児を対象に行った実験研究を紹介しよう[3]．この実験ではマークテストに似た**ステッカータスク**と呼ばれる方法が用いられている．ステッカータスクでは，被験児の前頭部にこっそりステッカーが貼られ，その後自己像を見せられたときに被験児がこれに気づいてステッカーを取れるかどうかがテストされる（図19-1の写真参照）．実験では，自己像として鏡ではなく，ビデオカメラで撮られた映像がTVモニタから呈示された．被験児は2つのグループに分けられた．1つのグループはライブの自己映像を見せられる「ライ

[3] Miyazaki, M. & Hiraki, K. (2006) Delayed intermodal contingency affects young children's recognition their current self, *Child Development*, 77 (3), 736-750.

ブ映像群」，もう1つは2秒遅延のかかった自己映像を見せられる「遅延映像群」である．

2歳から4歳児約100名を対象に実験を行ったところ，特に3歳児で大変興味深い結果が得られた．ライブ映像群の子どもは9割近く（88％）ステッカーを取ることができたが，遅延映像群の子たちは4割以下（38％）しかステッカーを取れなかった．鏡を用いたマークテストにはパスすると言われた3歳児であっても，たった2秒自己像が遅れただけで自己像認知が難しくなったわけである．鏡ではなく（自己像を見るメディアとしてはあまりなれていない）TVモニタで映像が呈示された影響も考慮すべきであるが，自己像認知には同時性が大きな役割を果たしているといえる．つまり，自己受容感覚と視覚フィードバック間の時間的なずれ（2秒の映像遅延）が自己像を現在の自己と認知するのを妨げたといえる．1秒の遅延映像を用いた別実験では，2秒遅延映像群と比較してパフォーマンスが大きく向上した．現在自己の認知には，「現在」と判定する上でのある種の「時間窓」が設定されているのかもしれない．

自己受容感覚と視覚的フィードバック間の「ずれ」の検出は，脳のどの部分で処理がおこなわれているのだろうか．近年の脳機能イメージング研究では，「自己顔」（の写真）と「他者顔」（の写真）の識別タスク等を用いて，自己認知に関わる脳内部位の同定を試みている[4,5]．これらの研究では，おおむね右側前頭前野が「自己顔」との相関が高いとされている．しかしながら，こうした研究では静的な映像（写真）が用いられることが多く，ダイナミックに変化する「現在自己」に焦点をあてたものはそれほど多くない[6]．

ここでは，我々が成人を対象として行った実験について紹介しよう[7]．この実験では，**近赤外分光法**（NIRS; Near Infrared Spectroscopy）を用いて，自己受容感覚と視覚的フィードバック間の同時性判断タスク実行中の脳活動が計測された．被験者は自動的に反復回旋運動する回転テーブル上に手を甲を上にして置き，ビデオカメラでとられた自身の手の回転運動を，正面のディスプレイに投影される映像を見て

4) Keenan, J.P., McCutcheon, B., Freund, S., Gallup, G.G., Sanders, G. & Pascual-Leone, A. (1999) Left hand advantage in a self-face recognition task. *Neuropsychologia* 37, 1421-1425.

5) Uddin, L.Q., Kaplan, J.T., Molnar-Szakacs, I., Zaidel, E. & Iacoboni, M. (2005) Self-face recognition activates a frontoparietal "mirror" network in the right hemisphere: An event-related fMRI study. *Neuroimage*, 25, 926-935.

6) Fink, G.R., Marshall, J.C., Halligan, P.W., Frith, C.D., Driver, J., Frackowiak, R.S. & Dolan, R.J. (1999) The neural consequences of conflict between intention and the senses. *Brain*, 122, 497-512.

7) Shimada, S., Hiraki, K., & Oda, I. (2005) The parietal role in the sense of self-ownership with temporal discrepancy between visual and proprioceptive feedbacks. *Neuroimage*, 24 (4), 1225-1232.

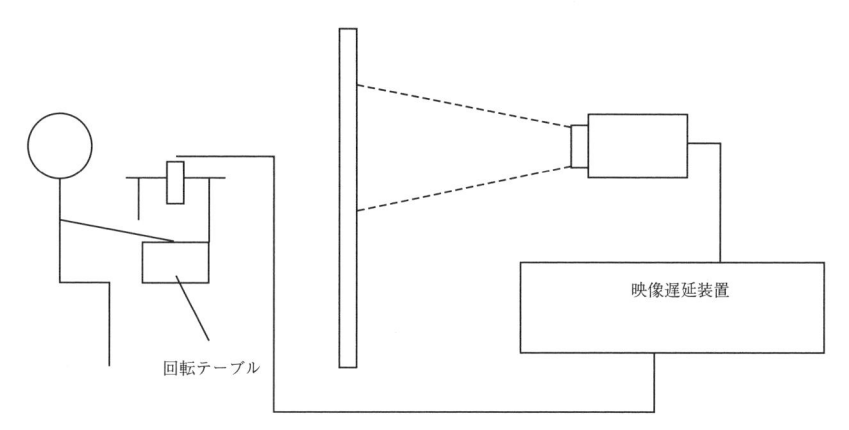

図19-2 自己受容感覚と視覚的フィードバックの同時性判断の実験装置の概念図

「同期」しているか否かの判断を行う．回転テーブルは被験者が自分の手を直接見ることがないよう覆いがされている（図19-2参照）．

この実験では，ディスプレイに投影される視覚的フィードバックとして，85ミリ秒から318ミリ秒まで33ミリ秒刻みで8段階の時間遅延が挿入された．実験の結果，予想通り時間遅延の増大にともなって，「同期」と回答する割合が減少した．興味深いのは，下頭頂葉付近の脳活動が，映像遅延の度合いによって変化したことである．この結果から，下頭頂葉領域が自己受容感覚と視覚的フィードバック間の同時性の検出に関与していることが推察される．

自己認知にまつわる問題は，個体発生的にも系統発生的にも非常に興味深い．本稿で取り上げた脳機能イメージング研究を幼児や動物を対象に実施することで，自己の起源を探る上で重要なヒントを与えてくれるであろう． 〔開　一夫〕

【参考文献】
板倉昭二（1999）　自己の起源：比較認知科学からのアプローチ　金子書房

II-20
適応的インタフェース
adaptive interface

　先達の文献を引用するまでもなく、**適応性**[1]は、人間知性において最も重要な特性であろう。適応性は、人間だけでなく全ての生物において個および種を維持する上で本質的である。

　さて、コンピュータ・機械・道具など人工物（の設計）においては、適応性はどう位置づけられるのだろうか？ **人工知能**――「機械」の知性を探求する研究分野――においても、適応性が本質的であることは長い間議論されてきた[2]。特に、人工知能の研究分野の1つである**機械学習**[3]では、機械が環境に適応し「より良く」振る舞うための学習アルゴリズムが多数開発されている。

　適応的インタフェースとは、コンピュータや情報機器といった人工物（コンピュータや電子・情報機器など）と人間との**インタフェース**（interface）部分を、ユーザからの入力情報と外部環境情報等に依存して適応的に変化させるための機構である。簡単にいえば、ユーザにあわせて変化するインタフェースのことを指す。ここで問題となるのは、人工物（に付帯するインタフェース）が適応すべき対象が人間（ユーザ）であるという点である。冒頭で述べたとおり、適応性は人間知性において根幹的な性質である。最初は非常に使いにくい（インタフェースのよくない）道具や機械であっても、人間の優れた適応能力をもってすれば、しばらくの時間経過後には上手に使いこなせてしまうことが多い。適応的インタフェースにおける本質的な課題は、こうした人間の適応能力を十分考慮して適応変化するインタフェースをデザインすることである。むやみやたらなインタフェースの変化はかえって人

1) 適応性：環境の変化に呼応して自らの振る舞いを柔軟に変化させるための性質。

2) Beer, R. (1990) *Intelligence as adaptive behavior: An experiment in computational neuroethology*. Academic Press.

3) 機械学習の様々なアプローチに関しては、以下を参照のこと。
Mitchell, T. (1997) *Machine Learning*, McGraw Hill.
安西祐一郎 (1989) 認識と学習　岩波書店

間側の適応や学習を阻害してしまう可能性がある．重要な点は，すぐれた適応システムとして人間を捉え，人工物と人間が相互に適応しあうことが可能な**相互適応系**を構築することである．

適応的インタフェースの例として，日本語入力において一般的に用いられている「かな漢字変換システム」を取り上げよう．ローマ字やかなで入力された文字列から，漢字仮名交じり文を出力する場合，入力文字列の情報だけからは出力が1つに確定できないため，誤変換がつきまとう．多くのかな漢字変換システムでは，形態素解析（文節を正しく区切るための解析）と読み－漢字対応表（辞書）に基づいて漢字仮名交じり文を出力するが，読みと漢字は一対一には対応しないため，必然的に複数の出力（変換）候補が出てきてしまう．ユーザにとって使いやすい入力システムは，複数ある候補の中から「正しい変換結果」を「最小の手間」で得られるものであろう．かな漢字変換システムでは，これを実現するために様々な工夫が施されている．その1つとして最も単純かつ有効なものは，学習による変換候補の順序づけ・絞り込みであろう．

例えば，かな入力
「しょうがいいちじゅんきょうじゅ」
に対して，
「生涯一准教授」
がユーザが望む正しい変換結果であるとする．しかし，一般的なかな漢字変換システムでは，最初の変換操作で
「生涯一準教授」や「障害一巡教授」
などと変換されてしまうことが多い．しかし，これを正しく変換されるように選択操作を一度行うと，直後の同一文字列の変換に関しては，変換候補の選択操作が不要になる（あるいは，以前より少ない操作回数で正しく変換できる）．これは，システムがユーザ操作に基づいて，文節の区切り方や対応表における優先順位などを「学習」した結果である．かな漢字変換システムにおける学習機構が（比較的単純であるにもかかわらず）うまく働いている理由の1つは，「かな漢字

変換」というタスクにおけるユーザ（人間）側の適応可能範囲が限られていることと，タスクの実行と学習や適応のための処理がシームレスに実現されていることであろう．文節のきりなおしを除けば，ユーザの作業は基本的に逐次的に表示される候補が正しくなるまでスペースバーを押すなどの単純操作を繰り返すのみである．さらに，インタフェースの挙動変化の有無にかかわらず，ユーザは同じ操作を行うだけでよい．先に述べた相互適応系としての適応的インタフェースの観点からは，人間側の適応可能性が絞られていることで，結果として系全体のパフォーマンス向上が実現されている．

　ユーザ操作の自由度がもっと大きく，ユーザ側の学習や適応場面が多い場合は，このような単純な学習機構ではうまくいかない．例えば，操作パネル上に表示される複数のボタンから1つを選択する必要のあるタスクでは，ユーザはパネル上に配置されたボタンの位置を学習していくだろう．利用頻度に応じてボタン配置を変更されてしまうインタフェースでは，ユーザにボタン配置の再学習を強いてしまう．

　一般に，学習システムを設計するにあたって，学習のために「利用可能な情報」と「学習の目的」を明確にしておく必要がある．かな漢字変換システムの例では，学習に利用可能な情報としてユーザが行った候補選択操作履歴が用いられ，変換操作の手間（例えばスペースを押す回数）の削減が学習の目的とされている．適応的インタフェースとしての重要な課題は，ユーザの意図を正しく推察し，かつ，ユーザの適応的変化を十分に考慮してシステム側の学習・適応的変化がタスクの実行を阻害しないようにすることである．

　こうした課題を解決するには，キーボード，マウス，ディスプレイなど現在の一般的電子機器がもつ限られた入出力装置だけでは困難であり，新たな技術の創出が望まれる．このような背景にあって，近年有望視されているのが，**BMI**（Brain Machine Interface）あるいは **BCI**（Brain Computer Interface）と呼ばれる技術である[4]．BMIは，脳神経科学で得られた知見を人工物と人間とのインタフェースに応用することが目標とされており，脳波計やMRIやNIRS（Near Infrared Spectroscopy）

4)「脳を活かす」研究会（編）(2007) ブレイン・マシン・インタフェース：脳と機械をつなぐ　オーム社

装置等[5]を用いて人間の脳活動を抽出・分析し，情報機器やロボットの操作・操縦等に用いるための技術である．現状では，脳計測装置装着の負荷やノイズの除去など多くの課題が山積されているが，将来の適応的インタフェース技術としては大きな可能性を有している．現状の研究では，脳活動の抽出結果を直接的に利用することが研究の中心とされているが，脳活動計測は究極のユーザモニタリング方式として捉えることができる．つまり，ユーザは適応・学習のための特殊な処理を意識せずにタスクを実行しつつ，時間経過とともに個別のユーザ特性に適応した使いやすいインタフェース構築にやくだてることができる．さらに，BMIは，脳認知科学と工学との実用場面での接点としても期待が大きい．今後は，既存の画像処理技術や音声処理技術を用いたユーザモニタリング研究との統合技術を開発し，様々な人工物のインタフェースに活用することが期待されている．たとえば，自動車とドライバーのインタフェースに関して，これまでにも画像処理技術を用いたドライビング支援や漫然運転防止のための研究が多数行われている．顔の向きや視線の検出に関しては，実用化段階の一歩手前まで技術は進んでいる．しかし，先端的な画像処理技術によって視線方向の検出が完全にできたとしても，ドライバーの空間的注意がターゲットに向けられているかどうかを正確に判定することは困難である．BMIやBCI技術が進展し，「心の内側」まで読むことができれば，適切なアラート信号を呈示したり，自動的に障害物を回避したりすることが可能となるかもしれない．

高度に電子化された現代において，インタフェース研究は心理学・認知科学におけるもっとも重要な応用場面となるであろう． 〔開 一夫〕

[5]「Ⅰ-14. 非侵襲脳機能計測」参照．

【参考文献】
安西祐一郎 (1989) 認識と学習 岩波書店

II-21 メンタライジング

Mentalizing

　メンタライジング[1] という言葉は，日本語としてこなれていない（適切な訳語もない）だけでなく，英語としても「メンタル」という形容詞から作られた造語の扱いであろう．メンタライジングは，「自己あるいは他者の心的状態の表象を作り出し活用すること」と定義される[2]．この定義は，「心的状態を自己または他者に帰属すること」という**心の理論**（theory of mind）の定義[3] に酷似している．実際「メンタライジング」と「心の理論」は同じ意味であると考えている研究者も多いようである．「心の理論」は，もう30年近くにわたって用いられている語であり，研究文献の数も膨大になっている．それに対し，「メンタライジング」は，学界でも世間一般でも，まだほとんど普及していない．では，なぜ「メンタライジング」という用語が使われるのであろうか．

　その理由は，「心の理論」が幼児・児童期の子どもの発達研究と自閉症者の研究を中心に進められたため，**誤った信念課題**（false belief task）が「心の理論」獲得についてのリトマステストであるという考え方が一般化し[4]，青年期以後の大人の「心的状態を自己または他者に帰属する傾向」を「心の理論」という語で表すことが難しくなったという事情がある．このことに関して，もう少し詳しく説明しよう．誤った信念課題のオリジナルは，1983年に報告された次のような幼児・児童向けの課題である[5]．

　「マクシは，お母さんの買い物袋をあける手伝いをし，〈緑〉の戸棚にチョコレートを入れた後，遊び場に出かけた．マクシのいない間に，お母さんは戸棚からチョコレートを取り出し，ケーキを作るために少し使い，そ

---

1)「メンタライジング」の原語の綴りは，アメリカ英語では mentalizing，イギリス英語では mentalising である．

2) メンタライジングの定義は，下記の文献などを参照した．
Fonagy, P., Gergely, G., Jurist, E.L., & Target, M. (2002) *Affect regulation, mentalization and the development of the self.* New York: Other Press.

3) Premack, D., & Woodruff, G. (1978) Does the chimpanzee have a theory of mind? *Behavioral and Brain Sciences*, 1, 515-526.

4) 子安増生・木下孝司 (1997)〈心の理論〉研究の展望　心理学研究 68, 51-67.

5) Wimmer, H., & Perner, J. (1983) Beliefs about beliefs: Representation and constraining function of wrong beliefs in young children's under-

の後それを〈緑〉ではなく〈青〉の戸棚にしまった．お母さんは卵を買うために出かけた．しばらくしてマクシは，お腹をすかせて遊び場から戻ってきた．」

このようなお話を聞かせた後，「マクシは，チョコレートがどこにあると思っているでしょうか？」という質問に対して子どもが正しく〈緑〉の戸棚を選ぶと，マクシの誤った信念（思い違い）を正しく推測することができたということになる．この誤った信念課題に対して，3歳～4歳児はそのほとんどが正しく答えられないが，4歳～7歳にかけて正答率が上昇するというデータが得られた．

誤った信念課題による「心の理論」の研究は，1985年に**自閉症**（autism）の研究でも開始された．イギリスの心理学者バロン＝コーエン（Baron-Cohen, S.）らは，生活年齢11歳11か月，非言語性知能検査の精神年齢が9歳3か月，言語性知能検査の精神年齢が5歳5か月の自閉症児20人に誤った信念課題を実施したところ，誤った信念課題の通過率が20％にすぎないという結果を得た[6]．これが"自閉症＝「心の理論」欠如"仮説による最初の実験であるが，バロン＝コーエンらの研究以後，「心の理論」という考え方は，幼児期と児童期の子どもの健常な発達を説明するだけでなく，自閉症の子どもの心理を解明する可能性を持った重要な理論であることが示されてきた．

以上のように，誤った信念課題を用いた「心の理論」の研究は，幼児期から児童期の子どもの自他理解の発達を調べるにはまことに適した研究パラダイムであったが，広く大人も含めた自他の心の理解を検討するには，かなり制約や限定が大きいという問題がある．メンタライジングという用語には，このような問題を克服する期待が込められている．

バロン＝コーエンは，「心の理論」課題の主な対象が幼児期から児童期の子どもに限定されていた当時の現状を脱却するために**失言**（faux pas）検出課題を考案した[7]．ここで「失言」とは，会話の話し手が言ったことが聞き手の知りたくないことを含んでおり，そのことが話し手の意図しなかったネガティブな結果を生み出すもの，と定義される．

standing deception. *Cognition*, 13, 103-128.

6) Baron-Cohen, S., Leslie, A., & Frith, U. (1985) Does the autistic child have a "theory of mind"? *Cognition*, 21, 37-46.

7)「失言検出課題」の最初の研究は，以下の論文である．「失言」という言葉には，フランス語の「フォーパ（faux pas）」が用いられている．なお，本文中に引用した物語は筆者訳である．
Baron-Cohen, S., O'Riordan, M., Stone, V., Jones, R., & Plaisted, K. (1999) Recognition of faux pas by normally developing children and children with Asperger syndrome or high-functioning autism. *Journal of Autism and Developmental Disorders*, 29, 407-418.

失言を含む物語の例は，次のようなものである．

　ヘレンのお母さんは，ヘレンの誕生日にサープライズ・パーティーを計画していました．お母さんは，ニッキーを呼んでこう言いました．「誰にも言わないでね．特にヘレンには．」パーティーの前の日，ニッキーとヘレンが一緒に遊んでいたところ，ニッキーは新しい服を引っ掛けて破いてしまいました．「もういや，この服はあなたのパーティーに着ていく分だったのに」とニッキーは言いました．ヘレンは「何のパーティー？」と聞きました．ニッキーは「さあ，私のお母さんに破れたところを直してもらいに行こう」と言いました．

　このお話では，ヘレンの誕生日のサープライズ・パーティーのことを言ってはならないはずのニッキーが「この服はあなたのパーティーに着ていくのだったのに」と言ったところが失言に当たる．バロン＝コーエンらの最初の研究では，7歳，9歳，11歳児に「失言を含む物語」10話と「失言を含まない物語」10話をランダム順にテープレコーダで聞かせた（「失言を含まない物語」とは，たとえば上の物語で，ニッキーとヘレンのやりとりにあたる部分が「もういや，お母さんが怒るわ」，「だいじょうぶよ．私のお母さんに破れたところを直してもらいに行こう」に変更される）．物語の提示後，ひとつのお話につき次の4つの質問をおこなった．

　① 失言検出質問：お話の中で，誰かが言ってはいけないことを言いましたか？
　② 同定質問：言ってはいけないこととはどんなことですか？
　③ 理解確認質問：パーティーはだれのためのものですか？
　④ 誤った信念質問：ニッキーは，パーティーがサープライズであることを覚えていましたか？

　バロン＝コーエンらの研究では，失言の理解には性差があり，女児の方が男児よりも正解率が高いこと，年齢的には11歳頃に理解できること，第二研究において，誤った信念課題に通過できる平均年齢13歳の自閉症児は健常対照群（10歳児）よりも失言検出課題の成績が悪いことが明らかになった．

最近では，メンタライジングという心の働きが脳の特定部位のどのような活動に支えられているかについて調べるために，**fMRI**（functional magnetic resonance imaging；機能的磁気共鳴画像）等の装置を用いた脳画像研究が活発になっている．fMRIは，子どものデータが取りにくい，視覚的な課題が与えにくいなどの制約があるが，大人のメンタライジングを調べる場合には，そのような制約はそれほど障害にならない．イギリスのフリス夫妻の論文では，メンタライジングを調べる課題として，次のような物語が示されている[8]．

　　店を襲ったばかりの強盗が逃走中だった．走って戻る途中，手袋を落とすところを警戒中の警官が見ていた．警官は男が強盗とはつゆ知らず，ただ手袋を落としたことを教えたかっただけだった．警官は，強盗に向かって「おい，君，止まりなさい」と叫んだ．強盗は向き直り，警官の姿を見ると，観念した．強盗は両手をあげ，店に強盗に入ったことを認めた．
　　問：なぜ強盗はこんな行動をしたのでしょうか？

このお話では，強盗は自分が店の襲撃事件の犯人であるという認識を持ち，突然現れた警官が自分を捕まえに来たのだと思い込む（誤った信念）．他方，警官は路上で手袋を落とした男が重大事件の犯人などとは思いもよらない．この2人の心的状態とそのずれが重要となるので，これはメンタライジングという心の働きを含む課題であると言える．

このようなメンタライジングを要する課題に取り組む時の脳活動の様相をfMRIで調べた研究の結果，物語理解に関わるスクリプト的知識の情報処理を行う**側頭葉前端**（temporal pole），視線の追従など他者の進行中の行動を予測する**上側頭溝**（superior temporal sulcus; STS），および自他の心的状態の表象と物的状態の表象とを区別する**内側前頭前皮質**（medical prefrontal cortex; MPFC）という3つの部位の脳活動に密接に関連することが明らかになっている[8]．

〔子安増生〕

8) クリストファーとウタのフリス夫妻の以下の論文を引用した．例話は筆者の訳による．
Frith, U., & Frith, C.D. (2003) Development and neurophysiology of mentalising. *Philosophical Transations of the Royal Society, London B*, 358, 459-473.

【参考文献】
子安増生（2000）　心の理論：心を読む心の科学　岩波書店

II-22 モジュール説

Modularity theory

　モジュール（module）という言葉は，文系の分野ではあまり使われないが，理工系の分野ではごくポピュラーな用語である．ただし，分野によってその意味はかなり異なる．

　モジュールは，ラテン語「モドゥルス」を語源とする言葉で，建築学から始まったと考えられる．その意味は，建築の基本単位ということである．たとえば，日本の伝統的，一般的な家屋の設計上の基本単位は3尺あるいは910mmとされてきた．畳は，この基本単位を2対1の割合で組み合わせたサイズに納まるようにできている．

　機械工学では，モジュールはシステムを構成する交換可能な機能単位の意味となる．たとえば，コンピュータのハードウェアは，キーボード，マウスなどの入力装置，中央演算処理装置（CPU），液晶ディスプレイ，プリンタのような出力装置が組み合わさってできている．それぞれの装置は，またいくつかの下位のモジュールから構成される．

　コンピュータのソフトウェアの分野では，**構造化プログラミング**において1つのプログラムの構成単位となる部分をいう．システムの巨大化と共に，プログラミングは大勢の人間が分業して行うものとなっている．プログラムをモジュール化することによって，たとえばA銀行の金融システムのために開発したプログラムをもとに，そのモジュールの一部を入れ替えてB銀行の金融システムを構成することが可能になる．

　医学では，モジュールという言葉をことさら使うことは少ないようであるが，解剖学において運動器系（骨系，靱帯系，筋系），循環器系（血管系，リンパ系），神経系（中枢神経系，末梢神経系），内臓系（消化器系，呼吸器系，内分泌器系，

生殖器系，泌尿器系），感覚器系（視覚器系，聴覚器系，嗅覚器系，味覚器系，外皮系）といった分類を行っており，人体構造を「系」というモジュールとしてとらえていると言える．なかでも，最も明確に人体構造をモジュールとしてとらえているのは中枢神経系，すなわち脳の分野である．

脳の構造的モジュール性については，**ブロードマンの脳地図**がよく知られている．ドイツの神経学者**ブロードマン**（Brodmann, K.）[1]は，脳の組織を染色して見分けがつきやすいようにしたうえで，顕微鏡で調べた組織構造が均一である部分を区分して大脳の部位に1野から52野までの番号をふった．ブロードマンがこの分類法を公表したのは今からほぼ100年前のことであるが，ブロードマンの脳地図は現在でも脳研究において一般的に用いられている．なお，ブロードマンはいくつかの種の動物の脳を調べて脳地図を作ったので，人間の脳には領野の欠番があり，その総数は52よりも少ない．

ブロードマンの脳地図はハードウェア（脳の構造）としての脳のモジュール性を示すものであるが，ソフトウェア（脳の機能）としての脳のモジュール性を示す研究は，それよりもさらに半世紀ほど前に，脳損傷に起因する**失語症**の症例の検討からはじまった．失語症には，人が話すことは理解できるが，自分の考えを話したり書いたりすることができなくなる**運動性失語**と，他人のいうことを理解したり，読んだものを理解することが妨げられる**感覚性失語**の2タイプがある．このそれぞれの失語症は，損傷を受けた脳の部位が異なることが19世紀後半に明らかにされた[2]．

1861年，フランスの医師**ブローカ**（Broca, P.P.）[3]のもとに，知能は正常で人の言うことは理解できるが，言葉は「タン，タン」としか言えなくなった51歳の男性患者が入院し，数日で亡くなった．ブローカがその患者の脳を解剖したところ，左の下前頭回というところに脳梗塞が発見され，その部位が運動性言語野であるとされた．

1874年には，ドイツの医師**ウェルニッケ**（Wernicke, C.）[4]が，自分で話すことはできるが人の言うことが理解できないタイプの失語症患者の脳の病巣が第一側頭回後部というところに

1）ブロードマン（1868-1918）は，ドイツの神経学者．ライプツィヒ大学で医学博士取得．1909年に公表された「脳地図」は，100年後の現在も使われている重要な研究成果である．

2）失語症の研究史については，下記の本が詳しい．
岩田誠（1987）脳とコミュニケーション　朝倉書店

3）ブローカ（1824-1880）は，フランスの医学者．パリ大学で医学博士取得．パリ大学医学部教授．自然人類学にも関心をもって研究を行った．

4）ウェルニッケ（1848-1905）は，ドイツの医学者．ブレスラウ大学卒．ブレスラウ大学およびハレ大学医学部教授．精神神経疾患の研究を行った．

あることを発見し，感覚性言語野を特定した．

　失語症の研究は，言語能力自体がモジュールであると同時に，運動性言語と感覚性言語という下位のモジュールがあることを示している．言語能力自体がモジュールであるというのは，数多ある脳機能の中で言語機能のみが他とは独立して障害を受けるケースがあるという意味である．また，運動性言語と感覚性言語は，互いに独立に障害を受けることは，それぞれがモジュール性を有することを示している．

　脳のモジュール性を証明する一つの方法に，**二重の乖離**（double dissociation）というものがある．たとえば，AとBの2つのモジュールがあり，モジュールAには障害があるがBは健全なケースと，その逆に，モジュールAは健全だがBには障害があるケースの両方が観察可能である場合，二重の乖離が成立していると考える．Aは視覚，Bは聴覚の場合がその一例だが，運動性言語と感覚性言語でもこの関係が成立するのである．

　脳と心の関係は，しばしばコンピュータのハードウェアとソフトウェアの関係のアナロジー（類比）として理解される．アメリカの哲学者**フォーダー**（Fodor, J.A.）[5]は，心のモジュール性について次のように論じた．

　フォーダーは，心のはたらきを入力系（五感および言語）と中枢系に分け，入力系は，① その作動が強制的であること，② 情報的に**カプセル化**されている（encapsulated）[6]こと，③ 固有の障害のパターンを示すこと，④ 個体発生がそれぞれに特徴的な速度と順序性を示すことをあげている．入力系がモジュール的であるのに対し，中枢系は情報的にカプセル化されておらず，モジュール的でないことを特徴とするとフォーダーは考え，そのような中枢系の特徴を**等方性**（isotropic）と呼んだ．

　フォーダーは，中枢系がモジュール的でないとしたが，心のモジュール説は入力系だけでなく中枢系にもモジュール性があると考える．その証拠には，少なくとも次の4点がある．

　1. あるモジュール固有の障害（breakdown）：入力系では，視覚障害や聴覚障害のように，目や耳は不自由だが他は

---

5) フォーダー（1935-）はアメリカの哲学者．プリンストン大学で博士号取得．フォーダーのモジュール論は下記の文献参照．
Fodor, J.A. (1983) *The modularity of mind: An essay in faculty psychology*. Cambridge, MA:The MIT Press.〔フォーダー，J.A. 伊藤笏康，信原幸弘（訳）(1985) 精神のモジュール形式：人工知能と心の哲学　産業図書〕

6)「情報がカプセル化されている」とは，たとえば反射の場合ように，ある刺激に対する反射的反応を意識的に止めようとしても他からの情報を受け付けない状態をいう．

健常でありうる．言語障害は，フォーダーにとって言語は入力系になるが，一般的には中枢系の障害と考えられ，前述のように運動性言語と感覚性言語というモジュール固有の障害などが確認されている．中枢系におけるモジュール固有の障害の例として，顔の認識ができない**相貌失認**（prosopagnosia）がある．典型的な相貌失認では，普通の物体はきちんと認識できるのに，顔の認識だけができない[7]．

2. あるモジュールのみ**早熟**（precociousness）：音楽の分野で典型例が多くみられるが，あるモジュールだけが早期に高度に発達するという事実は心のモジュール性の傍証とされる．その代表格は，音楽の天賦の才を3歳から認められ，5歳で作曲を行ったとされるオーストリアの作曲家モーツァルト（1756-1791）であろう．

3. サヴァン症候群（idiot savant）：全体として発達の遅れがあるが，あるモジュールで優れた才能を示すケースを**サヴァン症候群**という[8]．たとえば，カレンダー記憶，電光石火計算，初聴音楽再演，細密画などの才能である．放浪の画家，山下清（1922-1977）は，3歳の時に高熱を発して以来，吃音と知的障害が残り，学業不振と乱暴のため6年の時に施設に預けられるが，そこでちぎり絵を教わり，画才に目覚めた．

4. ながら作業（dual processing）：運転をしながら（身体運動），カーステレオを聞き（音楽），同乗者と会話をする（言語）ということが同時にできるのはなぜか．他方，ある音楽の曲を聴きながら，別の曲の演奏練習はできない．同じモジュールの作業を同時にするのは難しいが，異なるモジュールの作業を並行して行えるのは，モジュール性が存在することの証拠と考えられる．

以上のように，モジュール性を仮定することによって，心の様々な様相が明らかになってくるのである．〔子安増生〕

7) モジュール固有の障害の具体例は下記を参照のこと．
キャンベル，R.（編）本田仁視（訳）(2006) 認知障害者の心の風景（新装版）福村出版

8) サヴァン症候群については，下記の本が詳しい．
トレッファート，D.A. 高橋健次（訳）(1990) なぜかれらは天才的能力を示すのか：サヴァン症候群の驚異　草思社

【参考文献】
子安増生（1999）幼児期の他者理解の発達：心のモジュール説による心理学的検討　京都大学学術出版会

II-23
ロボットの知能

robot intelligence

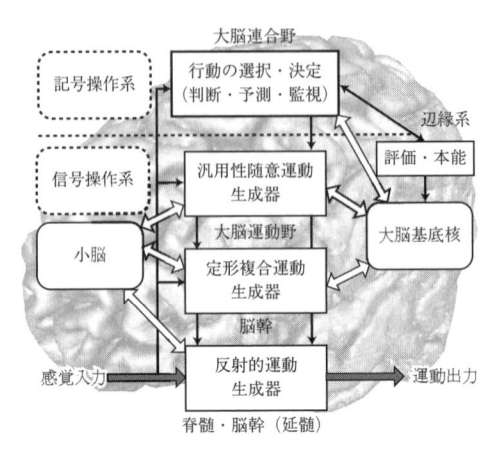

図23-1 ヒトの脳脊髄系の機能構成の概念図（丹治[5] 図12.1より，改変）

ロボットの知能は，古くは，**人工知能**研究の成果を機械に適用することで可能になると思われていたが，「記号設置問題（symbol grounding problem）」などに代表される本質的な問題が，実世界を対象として増幅され，ロボットの知能設計の基本課題を浮き彫りにした．このことは，人間のような知能の設計を目指しているはずだった，人工知能の古典的アプローチの限界を示すとともに，ロボットという物理的実体を通じた，知能の新たな理解研究を促した．**身体性認知科学**（embodied cognitive sciecne:「知の創成」[1]など）や**認知発達ロボティクス**（cognitive developmental robotics）[2]がその代表例である．それらの基本的な考え方は，エージェントと環境との相互作用を通じて，エージェントの内部に，自身の表象と他者を含めた外界の表象を構築し，それらを操作して行動する発達過程を明らかにすることで，ヒトの認知発達過程の理解を深めることにあり，それを実現するためのエージェントの内部構造および外部環境の設計論が必要となる．浅田・國吉ら[3]は，(1) ロボットの知能を設計する上で，ヒトおよび生物一般の知能の進化・発達過程を理解することが重要，(2) そのために，ロボットの知能設計の観点から，**構成論的理解**（synthetic understandig）と進化的構成論の重要性を指摘，(3) ヒトの脳神経系の発達を参照し，**発達的構成論**（developmental synthesis）を提示した．以下では，これらについて説明する．

1) Pfeifer, R. & Scheier, C. 石黒章夫・小林宏・細田耕（監訳）(2001) 知の創成：身体性認知科学への招待 共立出版

2) Asada, M., MacDorman, K.F., Ishiguro, H., & Kuniyoshi, Y. (2001) Cognitive developmental robotics as a new paradigm for the design of humanoid robots. *Robotics and Autonomous System*, 37, 185-193.

3) 浅田稔・國吉康夫 (2006) ロボットインテリジェンス 岩波書店

生物の構成論的理解

ヒトの進化過程を理解するアプローチは遺伝子レベルから行動レベルまで多様性を極め，しかもシステム全体として包括的に議論したものは少なく，生物が自然環境の中でなぜある振舞いをするのかという理解が得られない．こうした従来の**要素還元論的科学**に対する相補的なアプローチとして，**構成論的手法**が近年注目されている．

構成論的理解：生物に関して分かっていることおよび仮説に基づきシステムを合成（構成）し，そのシステムを（作るだけではなく）実際に動かし，その動作を現実の現象と比較し，あるいは未知の事実を探ることで，生物的振る舞いに必要な条件を知ったり，仮説をテストする（橋本[4]より抜粋）．

このアプローチは，一見矛盾して見える．なぜなら，従来の分析が必要な設計図を構成する必要があるのではないかと思われるからである．しかし，対象を進化系とみなすことで，解決できる．すなわち，以下の進化的構成論が可能性を示唆する．

進化的構成論による生物原理の理解：構成するシステムを進化系とみなすことができるならば，複雑な現在の状態をそのまま構成するのではなく，その起源と考えられる状態と，変化のプロセス（たとえば生物の場合は，突然変異と選択というダーウィン進化のプロセス）を実装することで，作られたシステムは自ら複雑化する可能性をもつ．この方法は，現在の状態に関してのみならず，そこにいたる過程についての知見も与えるものである．そして，現在の状況が実現し得る条件を知ることができるし，条件や初期状態を変えることで，あり得た現在，あり得る未来について知ることも可能である（橋本[4]より抜粋）．

脳神経系と知能の進化

ロボット知能設計論の観点からの知能進化に関しては，浅田・國吉[3]に譲るとして，ここでは，設計の指針となる神経系の構造とそれに関連する知能の役割について論ずる．図23-1にヒトの脳脊髄系の大まかな機能構成を示した．進化を反映した階層構造となっており，脊髄，脳幹，間脳，小脳，

4) 橋本敬 (2002) 構成論的手法 杉山公造ほか（編）ナレッジサイエンス：知を再編する64のキーワード 紀伊国屋書店

大脳辺縁系，大脳基底核，大脳新皮質からなる．これらが，以下のように行動のための知能の各階層に対応する[5]．

脊髄と反射及び脳幹と定型行動パターン：脊髄反射は，力の調節，身体部位ごとの動きの発生，身体の保護，姿勢維持などのための最も基本的な運動制御を担っている．これにより，上位中枢は脊髄がパターン化した運動の単位を利用して動作を組み立てることができる．延髄は，身体各部を協調させた一定の行動パターンを生成する機能がある（さまざまな姿勢反射など）．

脳幹の上部（中脳）の上丘は，注意機構の機能をもつ．これらは皆，特定の機能をもつ定型的な行動パターンで，特定の感覚情報や上位中枢からの指令に基づいて起動，調節される．本能行動の起動，調節には，間脳にある視床が重要な役割を果たしている．

このレベルでは，反応行動のための構造が議論され，代表はブライテンベルグ・ビークル（braitenberg vehicles）[6]，行動規範型ロボティクス（behavior-based robotics）[7] などである．

海馬と大脳皮質による空間表現と行動組合せ：大脳辺縁系の海馬は記憶を司ると共に，地図的情報による行動制御，つまりナビゲーションにも関連する．また，大脳の頭頂連合野は，感覚運動情報を統合して，身体や空間の表現・認識を扱う．一方，大脳の運動野は，運動のさまざまなパターンのレパートリーをあらわす．また，大脳基底核と連携して，さまざまな運動パターンを切り替え，組み合わせて実行する機能がある．これらを統合すると，空間表現に従って適切に行動を切り替えていくことができて，ナビゲーション[8] などが自在に行える．計画行動のための構造と考えられる．

小脳，基底核，辺縁系による行動の統率と学習：小脳は，感覚で捉えた運動の誤差を最小にする強力な学習能力で，最適化に基づく教師付学習という計算モデルで説明できる．大脳基底核は，経験の評価に基づいて行動選択の学習を行っており，強化学習という計算モデルで説明できる．大脳皮質の感覚野や運動野は，多様な情報を何らかの意味のあるまとまりごとに分類して表現して処理する．そのためには，入力情

[5] 丹治順（1999）脳と運動：アクションを実行させる脳　共立出版

[6] ブライテンベルグ・ビークル：Braitenbergは，最も単純なモデルから出発して，段階的に複雑化する14種類のビークル（乗物）とその振舞いについて一連の思考実験を行い，知能の原理を検討した．一見複雑で高度な振舞いや感情と見えるものも，意外に単純な内部機構から発生しうることを示しつつ，進化的構成論による知能の仕組みの説明を試みている（参考文献の2章より）．

[7] 行動規範型ロボティクス：MITのRodney A. Brooksが主に提唱し発展させたもので，従来の機能毎の直列的な行動実現手法ではなく，複数のモジュールが並行して動作し，階層により上位が下位を状況に応じて抑制（subsume）することで，動的環境で適応的に振舞うことが可能なロボットの設計法．

[8] ナビゲーション：航行術．ロボットによる自動運転をここではさす．

報に内在する構造を抽出するような学習が必要である．これは，自己組織化学習という計算モデルで説明できる．これらの学習モデルは適応行動を可能にする．

適応反応行動による社会性：ここまでの脳の機能に基づき，他者への定型的ないし適応的反応行動が実現し，さまざまなレベルの社会性行動が実現される．類人猿からヒトまでの社会性行動では，特に，他者の行動や心の理解という，社会性専用の脳機能が新たなレベルを作る．これらは協調行動の実現に重要である．

前頭葉と行動理解：前頭葉の高次運動野には，行動の意味単位の表現や，行動手順の表現がある．これらは，他者の行動を見て自分の行動に関連付け，あるいは模倣する能力の基盤と考えられる．また，前頭前野は，文脈情報の処理とそれに基づく判断の機能がある．これらの機能は未解明の部分が多いが，他者や自己の行動を分析し理由付けし，説明したり反省したりするといった能力は，これらを基盤としていると思われる．行為理解のためのモジュールと考えられる．

脳と人間：これまで見た脳機能の統合体であり，知能の進化の集大成（のひとつ）が人間である．これら知的機能がどう連携して人間のような賢い行動ができるのだろうか．複雑な実世界状況において，脳機能全体のシステム動作がどうなっているか，反射から他者理解までの知的機能を同時に連携動作させるにはどうしたらよいか．実はこれらは未解決の問題であり，**脳科学**（brain sciences）や**ロボット学**（robotics）の最前線が取り組んでいる課題である．人間と他の動物を区別する知的機能として，模倣，言語，教育，道具の発明，などが挙げられるが，これらは如何にして発生ないし獲得されるのか．それを可能にするためには，システムは最小限，何を備えていなければいけないのか．

これらの問いは，現在，心理学，脳科学，そして認知ロボティクスが，分野を超えて取り組んでいる難題である．そこでは，発達的構成論が重要な役割を担っている．〔浅田　稔〕

【参考文献】
浅田稔・國吉康夫（2006）ロボットインテリジェンス　岩波書店

II-24
ロボットの心の理論

theory of mind in robots

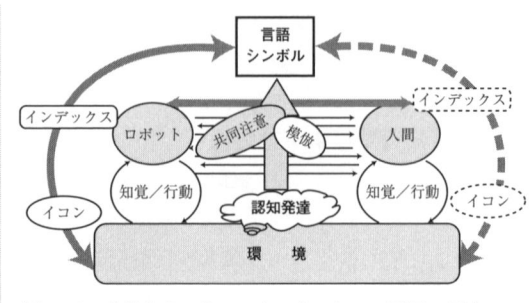

図24-1 身体からコミュニケーションへ（浅田・國吉，2006[1]）を改変）

　ロボットが心をもてる可能性は，その要件を明確にしなければ設計論に繋がらない．**心の理論**（theory of mind）に関して，**プレマック夫妻**（Premack, D. & Premack, A.J.）[2]）が，霊長類の観察を通じた心の定義と関連する一連の研究を行った．彼らは，自分以外の存在者に「心」があることをわかっているかどうかを実験的に確認した．その結果，チンパンジーは仲間や人間が何を考えているのかを，ある程度は推測できる．そして，「自己および他者の目的・意図・知識・信念・思考・疑念・推測・ふり・好みなどの内容が理解できるのであれば，その動物または人間は『心の理論』を持つ」と主張した．すなわち，心の理論＝「自分や他人の心の状態を推測できる能力」と考えられる．

　このような能力を人工システムに付与するにはどうすればいいであろうか．事物の名前や行動の因果関係，意味などは，記号表現抜きにはありえない．そして，他者の行動の意図理解に至るには，設計者からトップダウンに与えられた意図表現の羅列からの選択による照合過程だけでなく，意図そのものを生成する過程も期待したい．すなわち，ある目的を遂行するためのロボットの内省としての記号表現から，他者とのコミュニケーションを実現する記号の共有が重要な課題となる．以下では，まず記号に関する本質的課題である**記号接地**（symbol grounding）**問題**をとりあげ，ロボットによるコミュニケーション実現への道筋を描く．

　通常われわれは文字をはじめとする記号を介し，コミュニケーションを成立させているが，この場合，記号に託された

1) 浅田稔・國吉康夫（2006）ロボットインテリジェンス　岩波書店

2) プレマック, D.・プレマック, A.J.　長谷川寿一（監修）鈴木光太郎（訳）（2005）心の発生と進化：チンパンジー，赤ちゃん，ヒト　新曜社

さまざまな物理/抽象的な意味を共有することで，意思疎通が図られる．このとき，使われている記号は接地していると表現される．これに対し，人工システムで扱われている記号では，その物理的な意味を明確に表現することが困難であり，接地していないと表現される．これをいかに接地させるかが記号接地問題である．システムは物理的身体をもって環境と相互作用することで，物理的意味を理解できる可能性がある．この意味では，**記号創発**（symbol emergence）**問題**と表裏一体の関係にある．

人間は記号をどのように接地できるであろうか．古くから，哲学や言語学で議論されてきているが，この表現に成功したといわれているのは，米国の哲学者パース（Peirce, C.S.）である．記号に至る階層性として，イコン，インデックス，記号を区別し，サインがもつ属性とそれがあらわす物理的対象の属性との関係を定式化した[3]．**イコン**はサインと対象の相似性，すなわち本物に似ているということで結ばれる．ロボットの場合には，感覚や運動などの末梢系の表現と思えばよいであろう．**インデックス**はサインと対象の何らかの物理的時間的結合により結ばれる．このレベルが，状況や行動の分節により得られた状態や行動要素（オートマトンのノードとアーク）[4]に対応するであろう．動物の交信のほとんどがこの類と理解されている．これに対し，**記号**（symbol）はサインと対象のいかなる物理的属性とも関係しない何らかの形式的，もしくは単なる合意の上での規約で結ばれた表現である．

記号接地の観点から，このパースの考え方で重要な点は，以下の3つに絞られる．(1) 記号システムの階層性は，異なる3つの参照形式がある．(2) 参照は解釈する側によって異なるが，階層の順序性（上位から下位，もしくはその逆）が維持される．(3) 上位が必ず下位を内包する．

人工システム内で利用されている記号は，解釈する側の参照能力によってしか記号化されない．逆に言えば，人工システムにとっては，われわれが記号と称しているものは，単なるサインか，たかだかサイン間の固定的な関連付けがなされているインデックスレベルの参照程度であり，本来の記号に

3) ディーコン，T.W. 金子隆芳（訳）(1999) ヒトはいかにして人となったか：言語と脳の共進化　新曜社

4) オートマトンのノードとアーク：オートマトンとは，「自動人形」を意味する言葉であるが，情報科学の分野では，外から連続している情報が入力され，内部に「状態」を保持し，外へ何らかの情報を出力するシステムとして取り扱われる．ここでは，「状態」がグラフ構造のノードに，状態遷移を起こす「行動」がアークに対応している．

はなっていない．これは，イコン，インデックスレベルの参照をシステムが内包していないからである．すなわち，記号が接地するためには，というよりも，接地して記号たりえるには，人工システムがこのイコン，インデックスレベルの参照を内包した記号化過程をもつ必要があるということである．

この可能性は，身体をもって環境と相互作用することが必要条件である．なぜならば，イコン，インデックスレベルから記号に至る体験（上位方向），ならびに，いったん記号化されたものを異なるコンテキストで再利用するために，インデックス，イコンのレベルの参照の想起（下位方向）が必要だからである．十分条件でない理由は，動物の行動学習レベルで終わる可能性があるためである．

強化学習に代表される行動学習では，知覚・行動間のマッピング[5]が学習されるが，これはたかだかインデックスレベルの参照しか実現できない．ゴールを変更すれば，いとも簡単にそれまでの学習結果が壊される．これに対し，記号レベルの参照は，末梢系（知覚や運動）に惑わされることなく，組合わせのパワーにより広範な多対多の対応を実現可能である．後者と前者をどのようにシームレスに結合できるかが，記号接地課題である．この問題が解決できれば，動的に変動する環境に対応すべく，記号の生成と利用がロボットの脳の中の活動，および環境への働きかけとして現れ，心の理論の実現に繋がる．このためには，同じ環境内で知覚／行動を通じて，イコン，インデックスを経て記号を獲得する過程を共有することが重要と考えられる．

図24-1は，その概念図を表し，ロボットと人間が同様の認知発達過程を経ることで，**身体性**からのコミュニケーション実現の可能性を示している．共同注意や視覚／音声模倣などの社会的相互作用が，ロボットとヒトの赤ちゃんの認知発達過程の共通の基盤でもあることを示している．

他者の行動を理解すること，その行動の意図を理解することについて考えよう．近年，サルの運動前野のF5と呼ばれる領域に**ミラーニューロン**と呼ばれるニューロンが発見された[6]．これは，サルが自分で「物をつまむ」，「紙をちぎる」

5) 知覚・行動間のマッピング：知覚を「状態」と見なせば，先の「オートマトンのノードとアーク」に対応する．ある状態で，どのような行動を起こせば，次にどのような状態に遷移するかが不明な場合，試行錯誤を通じて，その遷移（確率表現が多い）を推定する過程が強化学習に対応する．

6) Rizzolatti, G. & Arbib, M.A. (1998) Language within our grasp. *Trends Neuroscience*, 21, 188-194.

などに該当する行為を遂行するときに，それぞれに対応するミラーニューロンが発火する．さらに，他者の同じ行為をサルが観測したときも同じニューロンが発火する．一方，人間の場合，同様の部位に発話に深く関連するブローカ野があることから，行動の模倣の能力や行動の理解能力がコミュニケーションスキルの発達に役だっており，最終的には，マインドリーディングに繋がるのではと推測される．すなわち，模倣を契機として，(1) 他者の行為観測から模倣学習により行動レパートリーを作成する，(2) 他者の行為を観測したときに，自己の行動レパートリーと照合することで，他者の行動が何かを知る，(3) すなわち，自身に再生する能力があること（レパートリーを持っていること）により，他者の行動が理解できる（これが理解の本質），(4) 他者の行動が理解できることにより，他者の行動の意図がわかり，他者の行動予測が可能となる，というストーリーが描ける．

　もともと，人間ですらこれらの機能は最初からあるのではなく，学習発達過程を経て獲得させたと考えられる．ロボットにおいても，学習発達過程を経て，それらの能力を獲得すると考えた方が自然であろう．人間が他の哺乳類に比べ，未熟な状態で生まれてくるにもかかわらず，そのハンディを逆に生かして環境との適応性を向上させ，さらには環境に能動的に働きかけて，環境そのものを変えてきた進化の歴史を振り返るなら，むしろ最初に，未分化，未熟であることがロボットにとってその後の発達のポテンシャルを感じさせる．ただし，提示される環境も，そのポテンシャルを引き出す上で非常に重要である．ロボットシステムが学習発達する設計論として**認知発達ロボティクス**[7] が提唱されている．

〔浅田　稔〕

7) Asada, M., MacDorman, K.F., Ishiguro, H., & Kuniyoshi, Y. (2001) Cognitive developmental robotics as a new paradigm for the design of humanoid robots. *Robotics and Autonomous System*, 37, 185-193.

【参考文献】
浅田稔・國吉康夫（2006）ロボットインテリジェンス　岩波書店

II-25 ロボットと子ども

robot and children

　ロボットと子どもとの関係は，以下の3つの立場から捉えることができる．

　1つ目は，「ロボットを発達する子ども（赤ん坊）に擬する」立場である．その多くは工学者である．彼らは，ロボット開発と**発達科学**（developmental science）とが手を取り合って発展することを強調する．とは言え，彼らが，まず目指しているのは，人間と同じように振舞える学習するロボットを開発することである．だが，そのためには，人間の子どもの学習プロセスに学ぶことが何よりも必要なのである．歩行にしろ，リーチング（対象に手を伸ばす行動）にしろ，人間の何気なくやっていることはすべてロボットにはきわめて難しい課題である．ロボット工学が，その種の問題を工学的に解決することは，子どもの発達プロセスや発達メカニズムを解明することにつながるだろうというのがこの立場のロボット工学者の考えである[1]．

　この立場で興味深い研究を行っている工学者のひとりが，小島秀樹[2]である．彼は，人との**アイコンタクト**（eye contact）を感受できるインファノイド（Infanoid）というロボットを開発し，**共同注意**（joint attention）の問題をロボットと人との間で扱おうとしている．また，それと同時にぬいぐるみ型のキーポン（Keepon）といったロボットを開発し，子どもとアイコンタクトしたキーポンが身体を愛らしく上下に振動させ応答することが，子どもたちにどのような影響を与えるかも研究している．彼は，人とロボットとの交流について新たな知見を得ることで，さらに人間に親和的なロボット開発することを構想しているのである[3]．

1) けいはんな社会的知能発生学研究会（編）(2004) 知能の謎：認知発達ロボティクスの挑戦　講談社ブルーバックス

2)「けいはんな情報通信融合研究センター」主任研究員．

3) 小島秀樹 (2003) 赤ちゃんロボットからみたコミュニケーションのなりたち　発達 No.95, Vol.24, pp.52-60.　ミネルヴァ書房

2つ目は，「ロボットと人間の子どもとを対比し両者の異質性を強調する」立場である．現在の工学のレベルでは，まだ人間のように自由で創造的な知能をもった，他者の心を理解する鉄腕アトムのようなロボットを創り出すのは不可能なのである．この立場の渡部信一は，未来の理想のアトムのようなロボットと，今日のロボットとを対比する．そして，知性をもったロボットの開発がなぜ行き詰まったのかを，**フレーム問題**[4]や**アフォーダンス**（affordance）の考えを持ち出して説明する．従来のロボット開発の思想では，どのように転んでも，フレーム問題にぶち当たってしまう．渡部によれば，自閉症の子どもたちへの訓練プログラムでも同じことが生じているのである．課題を遂行するごとに絵カードをめくって，あらわれたカードの指示に従って，次の課題を遂行する．これは**ティーチ**（TEACCH）などによっても行われている訓練手法である．だが，この手法では予想外の事態には対処できない．つまり，子どもに対して，人工知能にプログラムを入力するような訓練的な関わり方では，少し環境刺激が変化すれば，与えられたプログラムがフリーズしてしまう危険性があるというのである．それを避けるには，**状況の中に埋め込まれた学習**（situated learning），他者との交流の中で生まれる予めプログラムされていない動的な学習が必要だというのである[5]．また，これは未来のロボットの開発にも必要なことだと言えるだろう．

　3つ目は，「ロボットと子どもとのインタラクションを探索する」立場である．子どもはロボットをどのように知覚し，どのように交流するのだろうか．この問をめぐっても，子どもの年齢やロボットの機能によってさまざまな研究がある．

　生後6ヵ月半の乳児は，単なる箱が障害物もないのに目的地まで直線に進まず，迂回するような進路をとるビデオを見せられてもとくに驚く様子は見せない．しかし，ヒューマノイド型のロボット（Robovie）や人間が，障害物もないのに，真っ直ぐに進まずわざわざ迂回するようなビデオを見せられると，注視時間が多くなるという形で驚きを示す．生後6ヵ月半児はすでに，人間のような形をした存在の行動には，目

4）ある課題状況Aでうまく作動するプログラムAがあったとする．直面する状況が，状況Aであるか否かというのは，それとは別の高次の課題状況Bである．それを解決するにはプログラムBが必要である．直面する状況が，状況Bであるか否かを判断するには，それより高次の課題状況Cである．といったように，フレーム（状況）を定めるというフレームが存在し，フレームを定めることは悪循環する．これがフレーム問題である．

5）渡部信一（1998）鉄腕アトムと晋平君：ロボット研究の進化と自閉症児の発達　ミネルヴァ書房
渡部信一（2005）ロボット化する子どもたち：「学び」の認知科学　大修館書店

6）Kamewari, K., Kato, M., Kanda, T., Ishiguro, H., & Hiraki, K. (2005) Six-and-half-month-old children positively attribute goals to human action and to humanoid-

標があるものと知覚しているようなのである[6]．生後10ヵ月児は，ヒューマノイド型ロボットのロボビー（Robovie）が人間と会話や身ぶりでコミュニケートしているシーンを予め見た後では，人間がロボットに話しかけているシーンを見ても全く驚かない．ところが，ロボットが単独で身ぶりやことばで発話しているシーンを予めいくら見ていても，人がロボットに話しかけているシーンを見ると，10ヵ月児は驚くのである．ロボットが人とコミュニケートしているシーンを見たことがあるか否かによって，10ヵ月児は，人がロボットに話しかけるシーンを自然に感じたり不自然に感じるのである[7]．子どもたちはわずかな経験によって，ロボットに対する認知の仕方を変化させると言えるだろう．

　ロボットは子どもたちの生活の中にすでに入り込んできつつある．その代表がソニーの開発した犬型ロボット**アイボ**（AIBO）である．子どもたちはアイボをどのように理解するのだろうか．アイボは生き物の一種，あるいは機械仕掛けの玩具に過ぎないのだろうか．この問いに答えるため，藤崎らは，幼稚園年長児（平均6歳0ヵ月）と年中児（平均5歳0ヵ月）を協力者に，アイボ[8]と，トミーのドッグコム[9]を用いて両者への認識を対比する研究を行っている[10]．その結果，子どもたちはいずれのロボット犬にもコミュニカティヴに働きかけ，約半数の子どもたちがロボット犬は「生きている」と判断している．「かわいいと言うと喜ぶか」の問いに対しては，どちらのロボット犬に対しても7割から9割の子どもが肯定している．興味深いのは，ロボット犬は生きていなくとも喜ぶと考えられている点である．このことは，アイボ[11]を用いた岩波・藤崎らの研究でも確認されている．「アイボは生きていない」と判断した年長児33人中29人，年中児20人中17人，年少児7人中7人が「アイボは喜ぶ」と判断している[12]．

　藤崎らの研究結果で，もうひとつ興味深い点は，質問に対する答えでは，両ロボット犬に差がなかったのに，両者に対する子どもたちの接し方は大きく異なっていたことである．ドッグコムに対しては，ことばで応答することが多く，アイ

robot motion. *Cognitive Development,* 20, 303-320.

7) Arita, A., Hiraki, K., Kanda, T., & Ishiguro, H. (2005) Can we talk to robots? Ten-month-old infants expected interactive humanoid robots to be talked to by persons. *Cognition,* 95, B49-B57.

8) ES-311．簡単な音声認識をし，電子音や光を出しなめらかに動く．

9) DOG.COM．ステージ2の設定，音に反応して「お話してワン」など数語を発するが，移動しない．

10) 藤崎亜由子・倉田直美・麻生武（2007）幼児はロボット犬をどう理解するか――発話型ロボットと行動型ロボットの比較から　発達心理学研究 18, 67-77．

11) ERS-210A．

12) 岩波奈緒・藤崎亜由子・麻生武（2006）幼児はペット型ロボットの感情や生命性をどのようにとらえているのか：ウサギ・玩具犬との比較から　麻生武（研究代表）小動物とロボットをめぐる就学前児のコミュニケーション活動の生態学的研究（課題番号70184132）

ボに対しては，その動きのレベルで対応することが多かった．言語的なレベルの認識と，身体・行動的なレベルの認識は，大きく異なる可能性が高いのである．

　このことは，年中児（平均5歳4ヵ月）と年少児（平均4歳3ヵ月）とを協力者に，アイボと現実の犬とぬいぐるみの犬の三者に対する子どもたちの理解を調べた岩波・麻生の研究でも明らかになっている[13]．彼らは，子どもたちを（ぬいぐるみの犬も置いてある場で）アイボ[14]と10分間遊ばせ，その後，ぬいぐるみの犬や本物の犬やアイボの写真を子どもに見せながら，インタビューを行った．その結果，「生きている」「食べるか」「痛いと感じるか」「息をするか」「喜ぶか」などの問いに対して，年中児では，アイボより犬に対してより肯定し，また，ぬいぐるみ犬よりアイボをより「痛がる」「生きている」と判断していた．これに対して，年少児では，アイボとぬいぐるみ犬との間に有意な差が認められなかった．年少児は，アイボとぬいぐるみとを区別できていないのに対して，年中児は，アイボを現実の犬とぬいぐるみの中間的な存在として捉えていると言えるだろう．ここでも興味深いのが，子どもたちの行動レベルの反応と，言語レベルの返答の食い違いである．質問では，ぬいぐるみ犬とアイボとをまったく区別していないようであった年少児でも，実際のアイボとぬいぐるみ犬に対する反応では大差があった．年少児の82％がアイボの動きに警戒する反応を示したが，ぬいぐるみ犬を警戒した者は誰もいなかったのである．

　ロボットと人間の交流に関しては，ムー（Muu）というユニークな目玉型ロボットを開発し，子どもたちとのインタラクションを研究している岡田ら[15,16]も興味深い．彼らは，ムーというロボットの一方的な指示にも，幼稚園児の子どもたちがきわめて対話的に応じることを明らかにしている．また，自閉症の子どもたちとムーとの興味深い交流[17]についても明らかにしている．

〔麻生　武〕

平成14年度〜平成17年度科学研究費補助金（基盤研究（C））研究成果報告書 pp.41-69.

13）岩波奈緒・麻生武（2004）4〜5歳児はペット型ロボットとどうかかわるのか　京都国際社会福祉センター紀要「発達・療育研究」20, 75-89.

14）ERS-31L.

15）礪波朋子・藤井洋之・岡田美智男・麻生武（2005）子どもとロボットのコミュニケーション成立の考察：モノを媒介とした共同行為　ヒューマンインタフェース学会誌 Vol.7, No.1, pp.141-148.

16）宮本英美・岡田美智男・後藤真吾（2005）コミュニケーションロボットMuuとの遭遇　発達 No.102, Vol.26, pp.89-96. ミネルヴァ書房

17）ムーの意図性が，子どもとムーとの関係の時間発展によって変動するのである．

【参考文献】
渡部信一（1998）鉄腕アトムと晋平君：ロボット研究の進化と自閉症児の発達　ミネルヴァ書房

II-26
質的心理学

qualitative psychology

　質的心理学というのは奇妙な名称である．質と量というのは対比される概念である．だとすると，量的心理学という心理学があるのだろうか．ところが，そのような心理学は存在しない．質的心理学という用語は，英語圏ではおそらく存在しない用語である[1]．日本でも，おそらく2002年4月に『質的心理学研究』第1号という出版物が出されたのが，その最初だろう．欧米では，質的心理学とは言わずに，そのような研究は，心理学における**質的研究**（qualitative research in psychology）とか，心理学における**質的方法**（qualitative method in psychology）などといった名で呼ばれている．もちろん，質的な研究方法があれば当然，量的な研究方法も存在する．従来から，心理学には当然この2つの方法がある．それでは，なぜ21世紀になって，日本で質的心理学といった名称が出現し，それが流布するようになってきたのだろうか．ちなみに，2004年には日本質的心理学会が発足し，2007年には会員数700名を数えるに至っている．

　質的心理学は，ある意味で，従来の心理学に対するアンチテーゼとしての心理学である．従来の心理学と何が違うのか，基礎となる考え方，パラダイムが違うのである．主流の心理学では，**仮説検証**（hypothesis verification）という方法が重視されている．日本の心理学は，第二次大戦後，アメリカから怒濤のように日本に入ってきた**行動主義**（behaviorism）や，その哲学的背景である**論理実証主義**（logical positivism）に大きく影響されてきたのである．今日の心理学にも行動主義心理学[2]の刻印は色濃く残っている．1960年代後半からは，コンピュータをモデルにする認知心理学が興隆すること

1) *APA dictionary of psychology* (2007) には "Qualitative Psychology" という項目はない．また，*Handbook of qualitative research* 第二版（N.K. Denzin, & Y.S. Lincoln (Eds.) 2000 Sage.）の索引にも，そのような項目はない．

2) Watson, J., (1930) *Behaviorism*. Norton. Revised Ed.〔安田一郎（訳）(1968) 行動主義の心理学　河出書房新社〕

になるが，機械論的な世界観をもち疑似自然科学主義のスタンスをとるという意味では，それは衣装替えした行動主義に他ならないといえるだろう．心理事象を構成概念を用いて尺度化し，測定し，モデルや仮説を統計的に検証していく．そのような手法が，今日でもアカデミック心理学の王道とされているのである．そこでは何より**量的研究法**（quantitative research method）が重視される．

ところが，発達心理学，教育心理学，社会心理学や臨床心理学の領域では，そのような手法だけでは捉えきれない心理事象が数多くある．家庭，学校，地域社会や職場では，人々はさまざまな文化を背負いつつ，重層的なネットワークの中で，複雑なコミュニケーションを行っている．そこに立ち入って心理事象を研究できないものだろうか．そのように考える人たちが，発達心理学者，社会心理学者，教育心理学者や臨床心理学者の中に次第に増えてきたのである．

心理学におけるその発端は，おそらく1960年代後半頃に遡ることができる．1950年代の言語学におけるチョムスキー（Chomsky, A.N.）革命の影響で，1960から1970年に言語発達やコミュニケーション発達に関する関心が高まり，コンテクストを重視した個別事例の記述が評価されるようになり，長く軽視されてきた日誌的観察研究や**事例研究**（case study）が再び日の目を見るようになっていく．そのような影響下で，日本ではやまだ[3]や麻生[4]が子どもの日誌的な研究で，我が国の質的研究に先鞭をつけていくことになる．そもそも，このような子どもの日誌的な研究は，ピアジェ（Piaget, J.）の『知能の誕生』[5]からも理解できるように古典的な方法である．だが，やまだや麻生の研究は，単にそのような古典研究のリピートではなく，そこには「生活文化」や「観察の関係性」に対する新しい視点が含まれていたと言える．子どもの生活を可能な限り，できるだけまるごととらえようする生態学的な視点，また**参与観察**（participant observation）者として対象となる子どもに深く関与し解釈しつつ記述をするという「関係性」を自覚した視点，これらはピアジェなどの従来の古典的日誌観察研究には全くなかっ

3）やまだようこ（1987）ことばの前のことば：ことばが生まれるすじみち1　新曜社

4）麻生武（1992）身ぶりからことばへ：赤ちゃんにみる私たちの起源　新曜社

5）Piaget, J., (1936) *La naissance de l'intelligence chez l'enfant.* Delachaux & Niestle'．〔谷村覚・浜田寿美男（訳）(1978) 知能の誕生　ミネルヴァ書房〕

たものである．そこには，**エスノメソドロジー**（ethnomethodology）や文化人類学とも共通する問題意識が存在する．

　人間の行動は互いに影響し合って，複雑な状況に依存し，しかも歴史的な時間軸上で生成する現象である．1回きりの出来事にも深い意味がありうるのである．ブルーナー（Bruner, J.S.）がまだ未完の認知革命として「**意味**（meaning）」の復権を主張し，**ナラティヴ**（narrative）に重きをおいた文化を対象とする新しい心理学を素描し始めるのも[6]，日本の心理学者の一部に質的研究が興隆し始めるのと，ほぼ同じ時期である．1990年代になるとサトウ・やまだ・南といった研究者が，定性的研究と銘打って日本心理学会において，毎年連続して実に多様な現場研究を精力的に紹介し始める[7]．その成果は，その後『現場心理学の発想』[8]や『カタログ現場心理学』[9]として結晶している．これらをみると，彼らが心理学の世界に何を呼び入れたのかよく理解できる．

　何か新しいことが生じ始めたのである．心理学は，今まで避けてきたおそろしく複雑な人間の現象を，研究の対象の視野に入れ始めたと言えるだろう．その結果，さまざまな哲学や文化人類学や社会学や歴史学といった，かつての行動主義心理学が「自然科学」に在らざるものとして排除してきた質的な研究や質的な研究法が，どっと心理学に押し寄せてくることになったのである[10]．それは，従来から心理学の片隅に存在していた質的方法や質的研究とかなりニュアンスを異にするものである．後者は，量的研究にいたらぬその前段階である定性的研究として位置づけられている．新たに心理学に怒濤のように押し寄せつつある質的研究は，そのような量的研究の前段階などではない．そこでは，大きな価値の反転が生じているのである．量的研究はもはや，従来の心理学におけるように，質的研究の主人ではない．それは，むしろ質的研究の下僕なのである．量的研究を避ける必要はまったくない．質的研究という大きな傘の下で，必要に応じてそれを活用すればよいのである．そのような心理学の自然科学主義からの脱皮，人文科学への転換によって，質的心理学が生まれてきたと言えるだろう．

6) Bruner, J. (1990) *Acts of meaning.* Harvard University Press.〔岡本夏木・仲渡一美・吉村啓子（訳）(1999) 意味の復権：フォークサイコロジーに向けて　ミネルヴァ書房〕

7) やまだようこ（編）(2007) 質的心理学の方法：語りをきく　新曜社

8) やまだようこ（編）(1997) 現場（フィールド）心理学の発想　新曜社

9) やまだようこ・サトウタツヤ・南博文（編）(2001) カタログ現場（フィールド）心理学：表現の冒険　金子書房

10) Flick, U. (1995) *Qualitative Forschung.* Rowohlt Taschenbuch Verlag GmbH, Reinbek bei Hamburg.〔小田博志・山本則子・春日常・宮地尚子（訳）(2002) 質的研究入門：〈人間の科学〉のための方法論　春秋社〕
Willig, C., (2001) *Intoducing qualitative research in psychology: Adventures in theory and methods.* Buckingham: Open University Press.〔上淵寿・小松孝至・大家まゆみ（訳）(2003) 心理学のための質的研究法入門：創造的な探求に向けて　培風館〕

そもそも今日の心理学は，19世紀後半に物理学をモデルにして，自然科学たろうとして誕生してきた新参の学問である．そこでは，まず科学的方法の習得が重視されてきた．それが，実験と統計を主たる研究パラダイムとする研究方法である．そこから量的研究を重視する傾向が生まれてきたと言えるだろう．しかし，よく考えてみると，心理学がモデルにしようとした物理学は，決して単なる量の科学ではない．むしろ質を数式で描こうとしている学問である．多様な質をできるだけシンプルな原理で記述することが究極の目標である．実験や分析は，ターゲットにしている質を理解するためになされるのである．ところが，心理学では，研究対象が先にあるわけではない．まず，方法が先にある．心理学は方法の科学なのである．この手続き主義が，量的研究への極端な偏重を生みだしてきたと言えるだろう．だが，問うべき内容が，その研究方法を生みだすのであって，先に「科学的」研究方法があるというのは本末転倒なのである[11]．

質的心理学には，定まった研究方法はない．研究対象に応じてさまざまな方法が工夫されている．しかし，共通しているのは，研究者と研究協力者（研究対象）との関係についてどのような立場であれ，きわめて自覚的であることである．参与観察すること，インタビューすることが，研究協力者にどのような影響を与えるのか，また観察者自身にもどのような影響を与えるのか，質的心理学ではこのようなことが真剣に議論されている[12]．20世紀の初頭，物理学では不確定性原理の発見とともに観察が観察事象に作用を及ぼしてしまうという**観測問題**という難問が生じた．質的心理学においても，同じ原理的な困難がある．だが，その困難さの原因は，客観的な真理を求める科学観から生じているのだとも言えるだろう．**アクションリサーチ**（action research）というのは，研究対象とする社会的場の中に入り込み能動的にその場を変えていこうとする研究である．質的心理学は，そのような研究とも深くリンクしているのである[13]．　　　　〔麻生　武〕

などを見ると，社会科学，文化人類学，文学や哲学からの影響がいかに大きいか分かる．

11）言語学を自然科学にしようとしているチョムスキーは『言語と知識——マナグア講義録』において，「私自身の研究方法については，実のところ特別なものはないのです」（邦訳，p.189）と述べ，言語学と同様に物理学科にも，心理学科と違って，「研究方法」の講義などないのだと指摘している．
Chomsky, N.（1988）*Language and problems of knowledge: The Managua lectures.* Cambridge, Mass.: MIT Press.〔田窪行則・郡司隆男（訳）（1989）言語と知識：マナグア講義録（言語学編）産業図書〕

12）鯨岡峻（2005）エピソード記述入門　東京大学出版会
宮内洋・今尾真弓（編）（2007）あなたは当事者ではない：〈当事者〉をめぐる質的心理学研究　北大路書房，などを参照．

13）心理学評論の特集「質的心理学とアクションリサーチ」（2006, Vol.49, No.3）を参照．

【参考文献】
やまだようこ（編）（2007）　質的心理学の方法：語りをきく　新曜社

II-27
学びの理論

learning theory

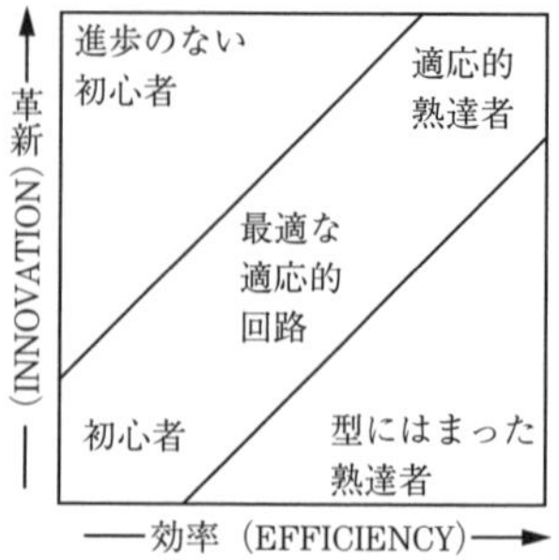

図27-1 適応的熟達者の2次元
(Bransford et al, 2006)[12]

われわれは，学校教育はもとより，さまざまな対人関係や職場，地域社会などのあらゆる場面において，広義の学習を通して日々の活動を営んでいる．学習は複雑なプロセスであり，心理学は人間の学習過程をさまざまな形で理論化することを試みてきた．

行動主義理論と認知論

学習理論を大別すると，刺激—反応（stimulus-response）の連合に基づく連合論あるいは**行動主義理論**（behavioral theories）と，人間の複雑な認知過程の理解を重視する**認知論**（cognitive theories）の2つの流れが存在する[1]．行動主義理論はアメリカの心理学者ワトソン（Watson, J.B.）により提唱されたものであり，1920年代から50年代にかけて心理学の中心的理論として多方面に大きな影響を与えた．学習は試行錯誤の過程をたどるとしたソーンダイク（Thorndike, E.L.）の試行錯誤学習やハル（Hull, C.L.）の動因-低減理論，スキナー（Skinner, B.F.）のオペラント条件づけに基づくプログラム学習などはその代表である．

その後，1950年代後半以降，言語の算出や理解，あるいは問題解決といった，人間のより複雑な認知過程に焦点を当てるべきだとする主張から，認知論に立った学習理論が提起された．ケーラー（Köhler, W.）はゲシュタルト心理学の立場から，学習とは，課題解決場面における見通し，すなわち洞察によって成立するという洞察学習の理論を主張した．また，新行動主義者であるトールマン（Tolman, E.C.）は，刺激と反応の連合の間に認知過程の媒介を想定したサイン・ゲシュタルト理論を提唱した．2つの理論の主な差異として，

1）学習全般および学習理論のより詳しい説明については，以下を参照のこと．
「学習」(1981) 新版心理学事典 平凡社
「学習の理論」(2001) 中島義明（編）現代心理学「理論」事典 朝倉書店
「学習理論」(1979) 依田新（監修）新・教育心理学辞典 金子書房

2）1970年代までの行動主義理論と認知論の差異や論点，学習理論の包括的な展開や研究例については，以下に詳しい．
Bower, G.H. & Hillgard, E.R. (1981) *Theory of learning*, 5th ed. NJ: Prentice-Hall.〔梅本堯夫（監訳）(1988) 学習の理論（上・下）培風館〕

3）認知心理学の歴史と展開については，以下に簡略に記されている．
Eysenck, M.W. (Ed.) (1990) *The Blackwell*

行動主義理論では学習を習慣の獲得ととらえ，認知論では認知構造の変容ととらえる点が挙げられる[2]．

認知心理学から社会構成主義へ

認知論の発展とともに，情報科学の影響を受け，人間を高次の情報処理システムとしてとらえ，そこで生じる注意，知覚，学習，記憶といった心的過程を明らかにしようとする，**認知心理学**（cognitive psychology）が注目されるようになった[3]．心的表象やアナロジーなどによる複雑な認知過程への焦点化は，より客観的で多様な人間の知的活動の理解をもたらした[4]．

これまでの行動主義理論，認知論に基づく学習理論では，学習とは，主に学習者個人による知識獲得の過程としてとらえられてきた．しかし1970年代以降，学習者を取り巻く社会的・文化的状況から学習過程を理解しようとする，**社会文化的アプローチ**（socio-cultural approach）[5] あるいは**社会構成主義**（social constructionism）[6] と呼ばれる立場が影響力をもつようになった．そこでは，学習とは社会的，文化的，そして歴史的に構成される事象であり，人と人，そして社会や環境との相互関係における社会的実践であると考える．ヴィゴツキー（Vygotsky, L.S.）らの社会文化的，歴史的な発達観・学習観[5] を基盤としながら，学びにおける共同性や社会・文化的な文脈を重視することが，これらに共通した特徴である．

状況的学習論・認知的徒弟制

これらの社会文化的アプローチに基づく学習論の代表的なものとして，レイヴ（Lave, J.）とウェンガー（Wenger, E.）による**状況的学習論**（situated learning）[7]，や**認知的徒弟制**（cognitive apprenticeship）[8] の理論が挙げられる．

状況的学習論では，学習とは，個人あるいは環境だけで成り立つものではなく，個人と環境との分かちがたい状況のなかで成立するものだと考える．すなわち状況のなかに埋め込まれた学習や実践の知に，個人が参加・活動し，熟達化してゆくことで成立し，またそれによって状況や共同体自体が変容してゆくことをも示している．レイヴとウェンガーは，職

---

dictionary of cognitive psychology. MA: Basil Blackwell Ltd.〔野島久雄・重野純・半田智久（訳）(1998) 認知心理学事典　新曜社〕

4) 認知科学の展開とそのインパクトについては，以下に詳しい．Gardner, H. (1985) The mind's new science. NY: Basic Books.〔佐伯胖・海保博之（監訳）(1987) 認知革命：知の科学の誕生と展開　産業図書〕

5) 社会文化的アプローチの諸理論については，以下にわかりやすくまとめられている．上野直樹・中村和夫・金川智恵（1992）発達の社会・文化的アプローチ　東洋・繁多進・田島信元（編）ヴィゴツキー理論の展開　発達心理学ハンドブック　福村出版

6) Burr, V. (1995) An introduction to social constructionism. London: Routledge.〔田中一彦（訳）(1997) 社会的構築主義への招待：言説分析とは何か　川島書店〕

7) Lave, J. & Wenger, E. (1991) Situated learning: Legitimate peripheral participation. NY: Cambridge University Press.〔佐

人や断酒会などの事例を挙げ，初心者として参加した個人が，いかにして十全な参加者（＝熟達者）となるのかという過程を分析し，**正統的周辺参加**（legitimate peripheral participation）という言葉で概念化した．また佐伯[9]は，学校教育場面での課題として，学びを文化的実践とするために，教室において子どもが教材の価値を吟味・理解できるような題材を設定し，背後にある文化としての価値を共同的に吟味できる教材を準備すること，子どもどうしが自然なかたちで相互に学びあう場（学習共同体）として教室が機能すること，などが重要であると指摘している．

認知的徒弟制の理論においては，学習者はすなわちある領域における初心者であり，熟達者（親や教師，あるいは大人）から学び，自らもその領域において熟達してゆく存在だととらえられる．そのプロセスは，(1) モデリング（modeling; 熟達した実践者である教師が模範を示し，生徒がそれを観察する）(2) コーチング（coaching; 教師が助言や例を示して教える）(3) **足場作り**（scaffolding; 教師が生徒に遂行のための手がかりや支援を与え，上達するにつれ**足場を外していく**（fading））(4) 明確化（articulation; 生徒の学習を支援するために教師は生徒の知識や思考を言語化し明瞭化してゆく）(5) リフレクション（reflection; 生徒の問題解決過程を教師や他の生徒と比較し検討させる）(6) 探究（exploration; 生徒が自分自身で問題を選択し，解決することを促す）の6段階から構成される．モデリング，コーチング，足場作りの3段階は伝統的な徒弟制の中核的段階であり，次の明確化とリフレクションの段階では，熟達者の問題解決を観察し，自身の問題解決方略を獲得させる．そして探究段階では，学習者の自律性に焦点を当て，独自の問題発見と解決を支援している[10]．

上述のように，近年の社会文化的アプローチに基づく学習理論では，熟達（expertise）の過程に着目しているが，これは比較的長期の学習を指すものといえる．熟達者のなかにも，単に手際のよい，型にはまった熟達者（routine expert）と，その状況や要件に合わせて柔軟にスキルを発揮し，創造

伯胖（訳）(1993) 状況に埋め込まれた学習：正統的周辺参加 産業図書〕

8) 教育心理学における状況的学習論や認知的徒弟制について紹介したものとして，以下があげられる．
森敏昭・秋田喜代美（編）(2006) 教育心理学キーワード　有斐閣

9) 佐伯胖 (1995) 文化的実践への参加としての学習　佐伯胖・藤田英典・佐藤学（編）学びへの誘い　東京大学出版会

10) Collins, A. (2006) Cognitive apprenticeship. In R.K. Sawyer (Ed.) *The Cambridge handbook of learning sciences*. NY: Cambridge University Press.

11) Hatano, G. & Inagaki, K. (1986) Two courses of expertise. In H. Stevenson, H. Azuma, & K. Hakuta (Eds.) *Child development and education in Japan*. NY: W.H. Freeman.

12) Bransford, J.D., Barron, B., Pea, R.D.,

できる熟達者（**適応的熟達者**; adaptive expert）が存在し，熟達化には適応的な専門知識が重要であることが提起されている[11]．またブランスフォード（Bransford, J. D.）らは，適応的熟達者に必要な2つの次元を**革新**（innovation）と**効率**（efficiency）として概念化している[12]．

このように，近年学習理論にはさまざまな展開が見られているが，われわれがどのような学習理論に立つかによって，教育場面における実践のあり方は異なる．シュエル（Shuell, T.J.）[13]は，代表的な学習理論（行動主義，認知的構成主義，社会的構成主義）における学習過程のとらえ方に関して，教授，学習，教師の役割，仲間の役割，生徒の役割という5つの視点から検討した．たとえば学習について，行動主義では「スキルや概念の獲得」ととらえるのに対し，認知的構成主義では「既有知識の再構築」であるとする．さらに社会的構成主義では「社会的に定義された知識や価値の共同構築」であると考える．また行動主義では，仲間の役割を考慮しないが，認知的構成主義では「生徒の思考を刺激する存在」ととらえ，さらに社会的構成主義では「知識構築のプロセスの一部」と積極的な意味づけがなされるといった違いが見出せる．

学習科学と教育実践

最近，認知心理学・発達心理学・神経科学・脳科学・教育工学などの学際的視点から，人間の学習過程の解明を試みる**学習科学**（learning sciences）が注目されている[14]．学習科学では，学習を単なる知識の獲得としてではなく，深い理解や創造的思考の生成ととらえており，教育実践に対しても，カリキュラムや教授法，教育評価などにおいて従来とは異なるアプローチを提案している[15]．主体的な学びを創造するための科学的アプローチが，いま始められているのである．

〔中谷素之〕

Meltzoff, A., Kuhl. P., Bell, P., Stevens, R., Schwarts, D.L., Vye, N., Reeves, B., Roschelle, J., & Sabelli, N.H.（2006）Foundations and opportunities for an interdisciplinary science of learning. In R.K. Sawyer （Ed.）*The Cambridge handbook of learning sciences*. NY: Cambridge University Press.

13）Shuell, T.J.（1996）Teaching and learning in classroom context. In D.C. Berrliner & R.C. Calfee（Eds.）*Handbook of educational psychology*. NY: Macmillan.

14）大島純・野島久雄・波多野誼余夫（編著）（2006）教授・学習過程論：学習科学の展開　放送大学教育振興会

15）森敏昭（2006）学習科学の台頭　森敏昭・秋田喜代美（編）教育心理学キーワード　有斐閣

【参考文献】

羽生義正（編著）（1999）パースペクティブ学習心理学　北大路書房
米国学術研究推進会議（編著）　森敏昭・秋田喜代美（監訳）（2002）授業を変える：認知心理学のさらなる挑戦　北大路書房

II-28 レジリエンス

resilience

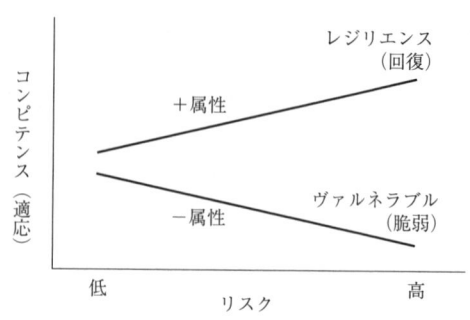

図28-1 レジリエンスの交互作用モデル
(Luthar & Cushing, 1999)[4]

　個人の成長，発達の過程はけっして平たんではなく，困難や障害に直面する場面も多い．とりわけ現代社会に生きるわれわれには，予想もしなかったような事件や事故，自然災害，社会不安や経済的困難など，多くの問題が存在しており，これらの問題の直接的・間接的経験は，しばしばわれわれの心理的・社会的適応を損なう要因となる．たとえば学校教育場面では，学業上の困難（学習の困難，知的発達の遅れや退学など）や対人関係上の問題（いじめや対人葛藤など）によって，不登校や抑うつ，あるいは心身の疾患といった深刻な問題が引き起こされることもある．

　しかし，困難な出来事を経験しているにもかかわらず，深刻な心理的不適応や障害，疾病に陥ることなく，良好な状態を維持し，適応的な生活を送るものも少なくない．このような，危機や困難における適応を説明する概念として，レジリエンスがある．

　レジリエンス（resilience），もしくは**レジリエンシー**（resiliency）の概念は，困難や逆境からの精神的回復を意味する言葉である．すなわちレジリエンスとは，困難で脅威的な状況にもかかわらず，うまく適応する過程，能力，および結果のことと定義される[1]．しかし研究者や立場によりレジリエンスの用語が意味する内容や機能には違いが存在しており[2]，必ずしも研究者間での統一的見解がみられるわけではない[3]．

　レジリエンスの概念を理解する際，特に重要な用語として，**リスク**（risk；危機），**プロテクト**（protect；保護），**コンピテ**

1) Masten, A.S., Best, K.M., & Garmezy, N.（1990）Resilience and development: Contributions from the study of children who overcame adversity. *Development and Psychopathology*, 2, 425-444.
マステンは，発達過程におけるレジリエンスの問題について，著書や論文において数多くの研究を発表する，レジリエンス研究の第一人者のひとりである．

2) ボナーノは，レジリエンスは回復とは区別され，安定した精神的均衡を保つ力であると述べている．
Bonanno, G.A.（2004）Loss, trauma, and human resilience: Have we underestimated the human capacity to thrive after extremely aversive events? *American Psychologist*, 59, 20-28.

3) レジリエンス概念

ンス（competence あるいは**適応** adaptation）などがある．リスクとは，個人が経験する，あるいは有するさまざまな危機や困難のことを示す．プロテクトとは，それらの危機を緩衝する，個人的，社会的，環境的要因のことを指す．そしてコンピテンスとは，個人のもつ能力の発揮や良好な適応状態を意味している．個人の発達過程における困難や逆境といったリスクに対して，何らかの要因（プロテクト要因）によって，深刻な不適応に陥ることなく良好な適応（コンピテンス）を維持・向上できるか否かが，レジリエンス研究の主要なテーマである．

レジリエンスの過程

困難や脅威（リスク）とコンピテンス（適応）の関係において，特に個人の属性（知能や信念など）の点からレジリエンスのプロセスを図28-1のように表すことができる[4]．何らかの危機や困難の程度が大きいときに，不適応を生じることなく，高いコンピテンスを維持，向上できる状態がレジリエンスである．一方，リスクが大きい場合に不適応に陥ってしまう状態を脆弱（ヴァルネラブル；vulnerable）と呼ぶ．

また，近年マステンとリード（Masten, A. S. & Reed, M-G.）[5]は，発達過程におけるレジリエンスについて，図28-2のようなモデルを提起している．Aは，幼少期にリスクを有するにもかかわらず，高い適応を維持しているものを示す．またBは，ある時期に深刻な事態を経験し，一時的に適応を損うものの，その後コンピテンスを回復してゆくものである．そしてCは，いわば「遅咲き」タイプであり，発達初期に困難を経験するが，その後養育環境の改善などの機会によって，良好な発達をたどるものを示している．このモデルのように，近年ではレジリエンスの多様なプロセスをとらえる視点が強調されてきている．

レジリエンス研究の広がり

これまでアメリカを中心とした多くの研究によって，**精神病理学**

を理解する際の注意に関しては以下を参照．Masten, A.S. & Obradović, J. (2006) Competence and resili-ence in development. In B. M. Lester, A.S. Masten, & B. McEwen (Eds.) *Resilience in children* (Annals of the New York Academy of Sciences). NY: Blackwell Publisher.
またマステンは，レジリエンスを特別な能力や要因ではなく，日常的なマジック（ordinary magic）であるとして，レジリエンスの普遍性や人間発達の積極的側面を強調している．Masten, A.S. (2001) Ordinary magic: Resili-ence process in develop-ment. *American Psychologist*, 56, 227-238.

[4] Luthar, S.S. & Cushing, G. (1999) Measurement issues in empirical study of resilience. In M. D. Glantz & J. H. Johnson (Eds.) *Resilience and Developmet: Positive life adaptations*. NY:

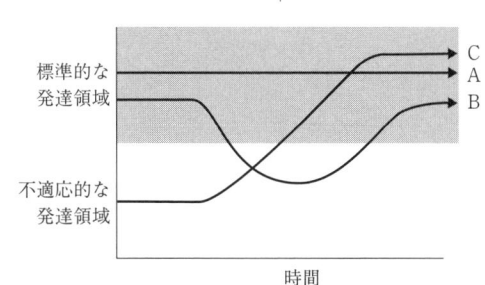

図28-2 生涯発達におけるレジリエンスの道筋
(Masten & Reed, 2002) [5]

に始まるレジリエンス研究は，発達，臨床，社会，パーソナリティ，教育といった各心理学分野，そして医学や看護，福祉などの研究領域においても進められてきた．

リスクの観点からとらえると，これまでの実証研究では主に3つのタイプのリスク要因におけるレジリエンスが測定・検討されてきた[4]．第一は質問紙による多項目の**チェックリスト式**などによるものであり，日常生活におけるネガティブなライフイベント，家族関係の質，コミュニティでの暴力への曝露などがある．次に，**特定のライフストレス**として，戦争や慢性疾患，経済的困窮，施設収容，児童虐待，両親の離婚，親の薬物使用，アルコール依存，うつといった病跡学が扱われている．そして第三に，生物学的リスクと心理社会的リスクなど，いくつかのリスクを複合的に扱う**リスク群**（risk constellations）というとらえ方がある．この例として，親の収入の低さと家庭不在，マイノリティ集団のメンバーであること，母親の感情的／身体的健康といった要因が扱われており，こうした種類は異なるが相互に関連のある一連のリスクを示す**複合的リスク**の重要性が指摘されている．また，相互に関連のないリスクの累積を意味する**累積的リスク**の概念も提起されている．

わが国でもレジリエンスに関する研究は増加しつつある．これまで発達・教育心理学の領域の研究として，青年期のネガティブイベント[6]やいじめ，あるいは幼児期のストレス，中学生の受験場面などがある．また臨床心理学では，家族心理学的観点からレジリエンスをとらえたものがみられる．

レジリエンスの促進と介入に向けて

子どものレジリエンスを保護し，促進する要因として，マステンとリード[5]は個人，家族，家族以外の関係，コミュニティのそれぞれにおける要因について表28-1のように示している．これらの要因は単独で働くだけでなく，相互に影響しあいながら困難における子どもの適応を維持・促進するものと考えられる．

また学業不振や対人葛藤，あるいは学校不適応などの問題に関わる学校や教育におけるレジリエンス（educational

Kluwer Academic/Plenum Publishers.

5) Masten, A.S. & Reed, M-G. (2002) Resilience in development. In C. R. Snyder & S. Lopez (Eds.) *Handbook of positive psychology* (pp.74-88). NY: Oxford University Press.

6) 小塩真司・中谷素之・金子一史・長峰伸治 (2002) ネガティブな出来事からの立ち直りを導く心理的特性 精神的回復力尺度の作成 カウンセリング研究 35, 57-65.

7) Waxman, H.C., Brown, A., & Chang, H-L. (2004) Future directions for educational relisiency research. In H.C. Waxman, Y.N. Padron, & J.P. Gray (Eds.) *Educational resiliency: Student, teacher, and school perspective*. CT: Information Age Publishing.

8) Elias, M., Parker, S. & Rosenblatt, J. L. (2005) Building educational opportunity. In R. B. Brooks & S. Goldstein (Eds.) *Handbook of resilience in children*. NY: Kluwer Academic Publisher. イライアスらの SEL（Social and Emotional Learning Program）については，

表28-1 レジリエンスの保護要因 (Masten & Reed, 2002)[5]

カテゴリー	内容
個人内要因	・問題解決や注意集中スキルなどの高い認知能力 ・乳幼児期の安定した気質；後の発達における適応的パーソナリティ ・肯定的な自己認知；自己効力感 ・信頼と人生における有意味の感覚 ・人生への肯定的な見通し ・感情喚起と衝動の良好な自己調整 ・自己や社会から価値づけられた才能 ・ユーモアの感覚 ・全般的魅力
家族内要因	・養育者との親密な関係 ・権威あるしつけ（温かさ，構造／モニタリングおよび期待） ・親の間の葛藤が少ない，肯定的な家族風土 ・結束のある家庭環境 ・親の高等教育経験 ・子どもの保護要因となる資質をもった親 ・子どもの教育に対する親の関与 ・社会経済的な優位
家族あるいは他の関係内の要因	・有能で向社会的，支持的な大人との親密な関係 ・向社会的でルールを遵守する仲間とのかかわり
コミュニティ内の要因	・効果のある学校 ・学校やクラブ，ボーイスカウト，ガールスカウトなどの向社会的組織との結びつき ・高い集団効力感をもつ地域 ・公共的な安全性の高さ ・緊急事態での社会サービスの良好さ（例 9.11や危機における託児サービス） ・公衆衛生やヘルスケア利用の良好さ

resilience もしくは academic resilience）に焦点を当てた研究では，これからの教育的レジリエンス研究の課題として，(1) 学校ベースのプログラム開発，(2) 調査のフィードバック，(3) 研究デザインと方法の検討，(4) プログラムの効果研究，(5) 文脈の差異の検討，(6) 神経心理学研究，の6つが挙げられている[7]．また教育実践的な観点から，子どものレジリエンスを促進する教育プログラムが開発され，その効果が報告されている[8]．困難や障害を抱える子どもの適応の保障・促進という現代的課題に注目するレジリエンス研究は，今後わが国においても，ますます重要な役割を果たすであろう．　　　　　　　　　　　　　　〔中谷素之〕

以下に詳しい．
Elias, M.J., Zins, J.E., Wessberg, R.P., Frey, K.S., Greenberg, M.T., Haynes, N.M., et. al. (1997) *Promoting social and emotional learning: Guidelines for educators*. VA: Association for Supervision & Curriculum Development.〔小泉令三（編訳）(1999) 社会性と感情の教育：教育者のためのガイドライン39 北大路書房〕

【参考文献】
無藤隆（2004）情動 無藤隆・森敏昭・遠藤由美・玉瀬耕治 心理学 第8章 有斐閣

III 文化・社会

III-29
文化心理学

cultural psychology

「文化と心は互いを作りあっている.」[1] 文化心理学のコア概念をシュエダー（Shweder, R.）[2] はこの一文で表現した. 1980年半ばから，文化心理学は新たな領域として注目され，今日，全盛期を迎えている. **文化心理学**とは，思考，認知，感情，動機づけ，行動といった人間の心理に文化がどのように影響し，同時に心理プロセスがいかに社会・文化を生成しているのかを問う領域である. 心理学，文化人類学，生態学などを統合して探求する学際的分野でもある.

文化心理学の始まりは，実は1950年代までさかのぼることができる. 実験心理学の祖でもあるヴント（Wundt, W.）は，民族心理学を提唱していた文化心理学者でもあった. また，実験社会心理学を提唱したレヴィン（Lewin, K.）は，当時ドイツとアメリカを比較したエスノグラフィ研究を既に行っていた. ロシアの心理学者ヴィゴツキー（Vygotsky, L.S.），ルリヤ（Luria, A.R.）は，人の心が社会・歴史的産物であるとし，社会はまた人によって継続し，維持されていると主張した[3]. 心理学の先駆者が指摘していたにもかかわらず，心への文化的視点が心理学研究に大きな影響をもつには，まだ機は熟していなかった. 1940-50年代には文化人類学において，文化のなかの人間の心理に着目した「文化とパーソナリティ」学派が台頭し，パーソナリティは文化の縮小した形であると主張した. しかしながら，その基盤となる理論はフロイト（Freud, S.）の精神分析理論であり，スキナー（Skinner, B.F.）による学習理論であった. 文化間にみられる人間の心の違いは，個人の経験による差異であり，強化された学習によるものとされており，心についての文化差を検

---

1) "Culture and the Psych make each other up"

2) リチャード・シュエダーはシカゴ大学人間発達学部教授. 心理文化人類学の立場をとっている.

3) 日本においても，すでに1961年の現代社会心理学講座に，文化と心理についての巻が含まれていた（この点については下記文献参照）.
星野命（2005）専門的言説の集大成　金児暁嗣・結城雅樹（編）文化行動の社会心理学 pp.172-174. 北大路書房

4) ヒトの心はヒトに固有であり，同時に基本的に同じものであるとする仮定.

5) Berline, I.（1992） *The crooked timber of humanity: Chapters in the history of ideas.* New York: Random House.

6) 人類はすべて，狩猟時代から農耕や牧畜

討するには至っていなかったのである．60年代，心理学は，西欧近代思想における合理主義への信頼や啓蒙思想における普遍論，個人主義を軸にして，心性単一性（psychic unity）[4]を前提に，人間の心の普遍的法則を追求していた[5]．社会科学では，進化の頂点は欧米白色人種社会であり，異なった文化に住む人はやがてその文化が発展すれば，欧米白色人種社会と同レベルに到達するといった**一元論的社会進化論**[6]が主流であり，文化差は未熟と成熟の違いとされていた．（もちろん，ヴィゴツキーらの影響を受けたコール（Cole, M.）をはじめ，トリアンディス（Triandis, H.C.），ボンド（Bond, M.H.），ベリー（Berry, J.W.）らは，すでに**比較文化研究**を行ってきており，この蓄積が文化心理学の今日を導いたことに疑いの余地はない．

これに対して，1970年代からのアジア圏の経済・社会的発展，フェミニズムの台頭，普遍論への懐疑から，心理プロセスは，個人内で完結する純粋な心的機制ではなく，状況・文脈といった社会・文化的要因との相互的プロセスであるとブルーナー（Bruner, J.S.）が提起した．たとえば，質問紙で幸福感を調査してみると，日本人の幸福感は，先進諸国の中で最も低い．ところが日本の平均寿命は世界一であり，GDPにしても教育水準にしても欧米諸国と差はない．この結果は，日本人は幸せでない長い人生を送ると考えるよりも，文化によって幸せの意味が異なると考えたほうがよいだろう．日本のように，欧米社会と経済的同位になっても依然，文化差が見出されたことは，心について，欧米で見いだされた理論を，日本を含むアジアの諸国に当てはめようとしても，限界があることを示している．同じ頃，ギリガン（Guilligan, C.）[7]が，女性には欧米男性社会における道徳発達とは異なった発達があると指摘し，**フェミニズム**による普遍論への批判も高まっていた．今日，インターネットの支える世界の距離の近接化においても，飛行機他の革新による時間的距離の縮小化においても，異なる文化をもった他者を意識せざるを得ず，また異文化に生きる他者への理解が必要となった．こうした歴史的背景の中で，文化心理学は再発見さ

の時代を経て，資本主義へと一定の発達段階を通って進化していく．我妻洋（1987）社会心理学入門 上 講談社学術文庫

7）キャロル・ギリガンはハーヴァード大学での最初のジェンダー学教授を経て，ニューヨーク大学教授．著書『もうひとつの声』で欧米男性社会の一義的道徳観を批判し，数々の賞を受賞した．
Gilligan, C. 1982 *In a different voice: psychological theory and women's development.* Cambridge, Mass.: Harvard University Press.〔岩男寿美子（監訳）生田久美子・並木美智子訳 1986 もうひとつの声——男女の道徳観のちがいと女性のアイデンティティ 川島書店〕

8）Kitayama S., Markus, H. (Eds.), (1994) *Culture and emotion: Empirical studies of mutual influence.* Washington: American Psychological Association.

9）マックス・ウェーバーはドイツの社会学者．『プロテスタンティズムの倫理と資本主義の精神』を著した．

10）Takahashi, K. (1990). Are the key assumptions of the

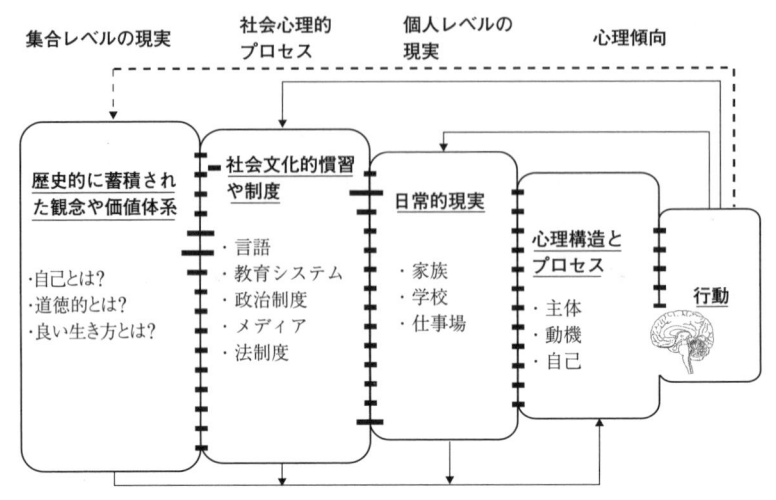

図29-1 文化と心の相互構成過程（Kitayama & Markus, 1994 [8]）より作成

れたといえよう．

　文化心理学のなかで最も重要な概念は，文化と心の相互構成過程である（図29-1）．文化は，家庭や学校・職場などのミクロなものから，社会や政治システム，言語様式や慣習，その背後にある価値や人間観など，いくつものレベルで分析することができる．ウェーバー（Weber, M.）[9] が指摘したように，もちろん宗教も重要な要因である．他者との調和を重要視する価値があれば，会議の態様はディスカッションよりも合議が優先されるようになるだろうし，学校では他者への思いやりが唱えられ，相手の意図に合わせた形で行動が動機づけられることになる．こうした文化のもとに生きる人は，そのモデルに合わせて人を育て，会話し，行動することによって，その文化を維持していくことになる．シュエダーのいう文化と心の相互構成過程は，文化から心への一方的影響に加え，人が文化を作り，維持していく過程を提案したものである．

　文化心理学の台頭を支えたのは，方法論が多様であったことが大きな要因であった．それまで，質問紙を中心とした定量的な文化の分析が大半であったが，文化比較研究の方法をも多様化させた．心への文化的アプローチは，質問紙尺度に

Strange-situation procedure universal? A view from Japanese research. *Human Development*, 33, 23-30.

11）文化のプライミング：実験社会心理学で最近用いられているプライミングの方法（Higgins & Bargh, 1987）を個人主義と集団主義といった文化的要素を用いて行う方法．具体的な研究として，下記参照．Hong, Y., Morris, M., Chiu, C., Benet-Martínez, V.(2000) Multicultural minds: A dynamic constructivist approach to culture and cognition. *American Psychologist*, 55, 709-720.

12）シチュエーションサンプリング：実験に用いる刺激を文化にある状況のサンプルによ

よる価値・態度測定だけでなく，統制された条件下での心理学的実験から，文化人類学的エスノグラフィカルな手法に至る多彩な方法を加え，実証的データが蓄積されていったのである．

文化的視点に立った研究は，親子関係や認知発達，知覚や注意，感情や動機づけ，社会的行動など多くの領域で展開されている．欧米で見いだされ，人の心理の基礎的な性質であるとされている現象やそれらについての理論を，日本を含むアジアの諸国に当てはめようとしても，そこにはかなりの限界がある．たとえば，子どもの母親へのアタッチメントを，欧米で作られたストレンジシチュエーションの基準で判別すると，日本では「不安型」が欧米と比べて多くなる．結果として「正常」とされる母子関係の割合は低くなってしまう (Takahashi, 1990)[10]．認知的不協和課題においても，アメリカ人は自己評価への懸念が動機となるのに対し，日本人では対人評価への懸念がその動機となっている．これらの研究は，社会・発達・認知心理学にみられる理論を文化的視点から検討する必要を示している．文化のプライミング[11] (priming) やシチュエーションサンプリング法[12] (situation sampling) といった実験社会心理学手法により，文化にある相互構成過程の分析が可能となった．また，文化差の示される自動的心理プロセス[13]とそうでないプロセスの存在が明らかになっており，トライアンギュレーション (triangulation) といった交差文化的方法[14]では，下位文化間の差異が見いだされてきている．こうした心と文化の多層化分析[15]により，詳細な心の理解が今後進んでいくだろう．文化心理学は，進化心理学とともに，心理学における新たな展開を示してきたといえよう．　　　　　　　　　〔唐澤真弓〕

って作成する方法．詳細は，下記を参照．Kitayama, S., Markus, H.R., Matsumoto, H., & Norasakkunkit, V. (1997) Individual and collective processes of self-esteem management: Self-enhancement in the United States and self-depreciation in Japan. Journal of Personality and Social Psychology, 72, 1245-1267.

13) 自動的心理プロセス：従属変数としての心理変数が，文化を意識しない状況で生じる心理プロセスのこと．

14) 交差文化的方法：文化比較を行う際に，2つの比較だけではなく，文化の共有部分のある他の文化を比較し，それぞれの共有点と相違点を見いだし，心理プロセスに与えている影響をより詳細に同定しようとするもの．詳細は下記参照．東洋 (2003) 日米比較研究ノート　発達研究 vol.17, 107-113.

15) 多層化分析：文化差を比較する際に，いわゆる国の違いだけでなく，それぞれの文化に属する下位文化，社会階層や学歴，ジェンダーなどを含めて，統合的に分析していくこと．

【参考文献】
波多野誼余夫・高橋惠子　1997　文化心理学入門　岩波書店

III - 30
相互協調的自己観

interdependent self

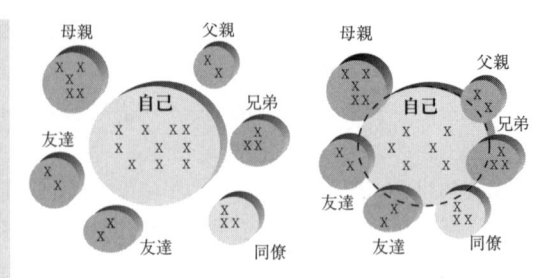

図30-1　文化的自己観モデル（北山・唐澤[1]より）

相互独立的自己観　　相互協調的自己観

　人間は「自己とは何か」を問い続けてきた．「あなたはどんな人ですか？」[2]と聞いてみたとしよう．Aさんは，「おもしろい」「時間にルーズ」と答え，Bさんは「しっかりしているほうだ」「まじめといわれる」と答えた．この2人は別の特性をもっていることがわかるだろう．しかしまた，特性の語りかたも違っていることに気づく．Bさんは，「……ほうだ」「……といわれる」といったように，他者と比較した自分らしさ，他者から見た特徴を述べている．この違いは，自分の絶対的特性に着目するか，他者と比較した相対的特性に着目するかの違いであるといえよう．**マーカス**（Markus, H.）[3]と**北山**[4]は，こうした自己の構造の違いに着目し，「文化が異なれば，自己の性質は異なってくる」として，**文化的自己観**（cultural self）の理論を提出した[5]．

　文化的自己観とは，自己のモデルである．家にしても，自動車にしても，都市にしても，何かを作ろうと思えば設計図，つまり，モデルが必要となる．人間の自己形成におけるモデル構造を文化による違いから分析したものが文化的自己観である．マーカスは，一連の自己についての研究の中で，個人の経験のもつ意味を検討し，**自己スキーマ**（self-schema）の概念を，実験的に明らかにしてきた．自己スキーマとは，われわれが他者や社会を認識する際に用いる枠組みである．たとえば，**可能自己**（possible self）では，過去の経験から実現可能性の高い自己概念をもち，自己の行動や目標を決定していく．経験から生成された自己スキーマは，人間の思考，動機，感情といったあらゆる行動に影響を与えていく．経験

1) 北山忍・唐澤真弓（1995）自己：文化心理学的視座　実験社会心理学研究, 35, 1-31.

2) Who am I テスト．

3) ヘーゼル・マーカスはスタンフォード大学 Davis-Brack 教授．スタンフォード大学人種・民族研究所所長．ミシガン大学大学院では，自己についての実験的研究を積み重ね，possible selves（可能自己）の論文は優秀博士論文賞を受ける．アメリカ社会心理学会（Society for Personality and Social Psychology）会長などを歴任．2008年アメリカ心理学会最優秀研究者賞（Distinguished Scientific Award）を受賞．

4) 北山忍は，京都大学大学院からミシガン大学大学院に進みZajonc 教授のもとで実験社会心理学のトレーニングを受けた．近年は，文化と認知についての巧妙な実験論文

とは，個人の置かれた文脈，日常生活であり，日常生活は文化的慣習の総体である．したがって，文化が異なれば自己の構造も異なることになる．この理論は，社会心理学における自己と社会・集団それぞれの研究の蓄積と文化人類学を中心とする近接領域の学際的交流から生み出された文化心理学の中心的概念である．

　文化的自己観は，従来文化普遍的だと考えられてきた自己について，その文化多様性を指摘した．自己とは，心の中に宿る神経・生理・心理的構造をもつだけではなく，心理・社会・文化のダイナミックな性質をもつことを説明したのである．歴史上，最も対照的な文化的背景をもつ東洋と西洋では，達成しようとする自己のモデルは異なることが実感される．たとえば，アメリカでは「さわがしいねじは，よけいに油をもらえる」とされるのに対して，日本で同様の自己主張をすれば，「出る杭は打たれる」ことになる．こうした違いは2つの文化的自己観から説明できる．日本をはじめとした東アジア文化では，自己とは他者との関係性によって定義されるとして**相互協調的自己観**（interdependent construal of the self）が優勢であるのに対して，アメリカをはじめとした欧米文化では，自己とはユニークな存在であり，他者とは独立した存在として定義されるとして**相互独立的自己観**（independent construal of the self）が優勢である[6]（図30-1）．

　相互協調的自己観と呼ばれるモデル[7]では，自己とは，「周りと結びついた存在」で，その一番重要な特性は，いろいろな関係性の中で決まってくる．たとえば，自己特性を示す図の中のXは，「しっかりしているほうだ」のように，そのときの状況や他者によって決まってくる．また，自らの行動や動機も周囲の状況によって調整されることにもなる．ケーキが5つあり，1つはショートケーキ，残りがシュークリームだったとしよう．私はショートケーキが好きだけれど，友達のBはショートケーキが大好きなので，私はシュークリームを選択することに決める．選択行動や動機といった心の内部のシステムが，他者や状況によって臨機応変に働いていることになる．相互独立的自己観では，自己とは「周りから

を蓄積している．オレゴン大学，京都大学を経て，現在ミシガン大学教授，文化と認知プログラム主任．

5）マーカスと北山がミシガン大学に在籍中に，相互の日米異文化体験を社会心理学的に分析したこの論文は，1991年に*Psychological Review*に掲載された．この論文は，10年間，APA（アメリカ心理学会）の文献引用数，第一位となり，2007年までに2218件の引用がされている．

6）辞書的には相互依存，独立となるが，それでは概念の示す意味が十分に表現されていないため，日本語訳としては，相互協調的自己観と相互独立的自己観とした．お互いが調和，関係性を重視していることを示すこと，お互いが独立を重視していることを明確に示すためである．

7）西田幾多郎の「主客同一」，和辻哲郎の「風土」，濱口恵俊の「間人主義」のような日本人論で展開されてきた「関係志向」と一致するものであろう．

独立した存在」で，その一番重要な特性はその内にある比較的永続的なものと考えられている．

　日本で優勢な相互協調的自己観は，多くの日本人論で展開されてきた「関係性志向」と一致するものであろう．西田幾多郎の「主客同一」においては自己と他者の関係が強く，その区分が困難であることが指摘され，和辻哲郎の「風土」における自然・外界と人間の融合もまた関係性・包括的概念を示している．濱口恵俊の「間人主義」における自己は，人は関係があって存在することになる．それは，究極的には個人と社会とを区別しない，全体性の中に，自己の存在の根拠を見いだそうとする志向である．人とは，常に周りに繋ぎ止められ，「自分」とされるように（木村敏），全体があって自らの役割，分が規定される．この考え方は，独立した個人を想定する欧米における個人主義とは好対照をなす．

　集団主義は，相互協調的自己観と類似の概念である．**ホフステッド**（Hofsted, G.）[8] は，世界40カ国の同一の多国籍企業に勤める社員を対象に目標や満足度といった調査を行い，組織に関する文化的次元を提唱した．4つの次元のうち，文化を説明する最も強い因子であったのが，個人主義化指標である．仕事の目標が組織からの独立を強調するか否かを個人主義（individualism）と集団主義（collectivism）として，対立的に表現したものである．同様に**トリアンディス**（Triandis, H.C.）[9] は，文化を独立変数としてコントロールした研究を行ってきた．集団主義は自己の所属する集団との一体感を強調し，個人の欲求や主張を抑制するものであると主張している．だがトリアンディスは，集団主義 - 個人主義は一次元尺度で両極にあるものとしては考えていない．集団主義傾向が強い文化とそうでない文化があるが，それぞれの文化に双方が共存していると考えているのである．

　相互協調的自己観，文化的自己観は，これらの社会心理学における比較文化研究を社会・集団のレベルから個人レベル - 自己の分析へと展開したものである．集団主義が文化にある信念体系や価値を示しているのに対し，文化的自己観は文化にある信念体系による自己モデルであると同時に，その

8) G・ホフステッドは，全世界にわたるIBM社員への質問紙による分析を通して，個人主義集団主義の軸を呈示した．
Hofsted, G. (1980) *Culture's consequences: International differences in work-related Values*. Beverly Hills: Sage.

9) H.C.トリアンディスは，イリノイ大学教授であった．ギリシャからアメリカに大学院生として留学し，その異文化体験からこの議論にとらわれたという．
Triandis, H. C. (1996) *Individualism and collectivism*. Boulder, CO: Westview Press.

自己モデルにより多くの心理システムが規定されている相互構成過程であることを示している．さらに，この20年の文化比較研究は，尺度・質問紙による方法から，実験により，顕在化された態度だけでなく潜在的なレベルの分析が可能となってきている．たとえば，日本では関係性のある他者の気持ちを重視し，その結果裁判の際に情状酌量が多くみられることや，道徳判断に際しては心情的情報が重要となってくることや，関係性を維持するために，自己評価が批判的になること，動機付けは成功よりも失敗状況において高まることなどが明らかになってきている[10]．さらに，こうした文化による認知の違いを，**ニスベット**（Nisbett, R.E.）[11]は思考様式の相違として論じた．東洋においては包括的思考様式が多くみられ，西洋における分析的中心的思考に比べ，全体を見る知覚，認知が優位であることが多くの研究から示されている．

相互協調的自己観は，それが世界の文化を二分する理論だと解釈されることが多い．しかしながら，マーカスらの試みが文化の記述にはじまったのではないことからわかるように，集団や文化に人が生きることにより蓄積される自己スキーマと人類の歴史的蓄積である文化との相互過程をとらえるために用いた東洋と西洋のコントラストであることが理解されれば，そのような誤解を生むことはないであろう．「文化に生きる」ことによって形成されていく自己モデルを，歴史上で最も大きいとされる2つの文化を用いて説明したにすぎない．また，相互協調的自己観は日本文化において優勢ではあるが，それはすべての人が相互協調的自己観をもつことを意味しない．今後，日本文化における文化内差の検討などによって，そのことがより明らかになるであろう．

〔唐澤真弓〕

10) Heine, S.J., Kitayama, S., Lehman, D.R., Takata, T., Ide, E., Lueng, C., & Matsumoto, H. (2001) Divergent consequences of success and failure in Japan and North America: An investigation of self-improving motivations and malleable selves. *Journal of Personality and Social Psychology*, 81, 599-615.

11) ニスベット, R.E. ミシガン大学心理学部Theodore M. Newcomb教授．社会心理学におけるリーダーの一人である．社会認知，推論過程の研究から近年，東洋と西洋の思考様式の差異に着目し，多くの文化比較研究を行っている．最近の研究テーマは，認知とエイジング，文化についてである．社会心理学者としての初めてのアメリカ学術院会員．
Nisbett, R. E. (2003) *The geography of thought: How Asians and Westerners think differently — and why*. Simon and Schuster.

【参考文献】
柏木惠子・北山忍・東洋（編）1997 文化心理学——理論と実証 東京大学出版会

III-31
社会的認知

social cognition

人間が，自己とそれを取り巻く社会的環境，すなわち周囲の人々や集団，文化，社会制度などついて考え，理解する過程を**社会的認知**という．行動主義全盛の時代から，すでに社会心理学者の多くは「対人印象」や「態度」といった心的表象の存在を仮定し，これが社会的行動に影響する過程を調べていた．この傾向は「認知革命」が心理学全体に広がった1970年代になるとさらに精緻化し，「情報処理過程の解明」をキーワードとした研究が急成長を遂げた．その適用範囲は，他者だけでなく自己や集団に関する認知に至るまで多岐にわたっている[1]．

対人認知

社会的認知の研究者が最も初期から関心を寄せていたのが，対人的知覚の問題であった[2]．特に，人が他者に関する多様な情報を**印象**という認知表象へと統合する過程について，多くの研究が行なわれた．その結果，パーソナリティー心理学者が実体として存在すると考える「性格」の基本的次元を，一般の知覚者もまた用いながら対人印象を保持していることを示す研究結果が次々に得られた．そして，① 概念的知識が一般に**プロトタイプ**を典型的表象としながら獲得される[3]ように，性格特性に関する認知表象も同様の階層構造を持つこと，②「知的」「勤勉」などの能力次元と，「温かい」「信頼できる」などの対人的次元を中心に印象が形成されること，③ 人物表象が**連想記憶ネットワーク構造**を持っている可能性，などが明らかになった．さらに，他者について実際に観察されるのは具体的な行動エピソードであるにもかかわらず，そこから性格特性のように抽象的で直接観察で

1）社会的認知研究の成果をまとめた内外の文献としては，以下を参照．
唐沢穣・池上知子・唐沢かおり・大平英樹(2001) 社会的認知の心理学：社会を描く心のはたらき　ナカニシヤ出版．
Wyer, R.S., Jr., & Srull, T.K. (Eds.) (1994) *Handbook of social cognition* (Vols 1 & 2). Hillsdale, NJ: Lawrence Erlbaum Associates.

2）対人認知研究について解説した和書では，次の文献がもっともわかりやすい．
山本眞理子・原奈津子(2006) 他者を知る：対人認知の心理学　セレクション社会心理学6　サイエンス社

3）たとえば，「昆虫」なら，頭・胸・腹に分かれ6本の脚を持つ動物として理解するのと同様に，「外交的な人」なら「精力的」「おもしろい」「親切」などの典型的特徴を備えているはずだと推測されやすい．

きない属性に関する表象が形成される推論過程がかなり非意図的で自動的なものであることを示す，**自発的特性推論**の研究も多くの成果をあげた．

カテゴリー知識の役割

印象として統合された他者に関する表象は，**カテゴリー的知識**としての特徴を持ち，後続の情報処理過程や対人相互作用に既存の知識として影響を与える．つまり，「〇〇な性格の人」という印象を得ることによって，類似した性質を持つ人々に関する一般化が可能になるのである．また，人物についてのカテゴリー的知識は性格特性に関するものだけではない．その所属集団に関する一般的予期である**ステレオタイプ**も重要なカテゴリー知識の例である．他者との実際的な相互作用においては，これらのカテゴリー情報を用いて，トップダウン的に簡便な情報処理をしようとする過程と，個々の人物に固有な特徴からボトムアップ的な情報統合を行なって，労力は要するが入念な表象を形成しようとする過程とが使い分けられると考えられる．

このうち特にステレオタイプは，現実の社会集団に関する偏見や差別行動との関連が深いため，実際的問題の解決志向を持つ社会心理学者がその基礎過程に関心を持つようになり，膨大な量の研究を生んだ．そこでの研究課題は，記憶や推論，概念形成とカテゴリー化過程などの，認知心理学における基本的問題との共通点も多く，基礎研究として見ても重要な多くの理論モデルや実証的研究を生み出した[4]．

原因帰属過程

他者の行為をはじめとする社会的事象が，なぜ起こったのかに関する推論と説明の過程は，**原因帰属**（causal attribution）と呼ばれ，社会心理学だけでなく認知科学全般にさまざまな知見をもたらした．初期の原因帰属研究は，人間の持つ**素朴科学者**（naive scientist）としての側面を調べていたのだと評される．観察された行動について，それが「繰り返し起こるか」（一貫性），「他の行為者にも見られるか」（合意性），「特定の対象についてのみ起こるか」（弁別性）といった情報をもとに，行為の源泉が行為者の属性にあるのかそれ

[4] 情報処理時の基本的前提となるのは「認知的節約家」という人間観である．膨大な社会的情報をできるだけ少ない認知資源で処理する効率性が要求される．体制化された既存の知識構造（**スキーマ**）と一致する情報への注意，記憶，推論は促進されやすく，このことがステレオタイプの成立の背景にある．

とも状況要因にあるのかを判断する過程などは，そのよい例である．この論理的手順が，異なる実験条件を設けて繰り返し観察を行なうことによって現象の原因を特定しようとする，科学者の思考方法と類似しているのである．この観点に基づく実証的研究の結果は，人の持つ規範的な推論能力を指し示す一方で，しばしば**錯誤**（errors）や**バイアス**（bias）と呼ばれる非論理的な傾向をも明らかにした．たとえば，状況要因の持つ拘束力を容易に見逃し，行為者の内的属性に過度に原因帰属する傾向や，観察者と行為者の間に見られる帰属傾向の差異，遂行における成功や失敗について自己評価を高めたり防衛したりする方向に帰属が傾く自己奉仕的傾向（self-serving bias）などである．

原因帰属研究は，教育心理学や臨床心理学などの分野にも多くの示唆を与えた．ワイナー（Weiner, B.）[5]によって，成功や失敗の原因が内的・外的いずれの要因であるか，また統制可能・不可能のいずれであるかなどによって，動機づけや自尊感情の高揚と低下，さらには抑うつ傾向などに影響することが明らかにされたからである．さらに統制可能性は責任の判断や，譴責あるいは賞賛といった道徳的領域での認知と行動にも深い関連を持つことが実証されている．

自動的過程と統制的過程

人間の情報処理活動の中には，たとえ認知資源を制約された状況であっても持続されることが必要なものも多い．そのため，特に注意や意識を向けなくても実行できるように自動化された過程が備わっている．ある概念が情報処理に使用されて「活性化」すると，それがネットワークを通して伝播し，他の概念を活性化するため，連想による想起が起こりやすくなる過程などは，その典型的な例で，こうした過程は一般に**自動的過程**（automatic process）と呼ばれる．上に述べた活性化の伝播による**意味プライミング**（semantic priming）の現象が，特性推論や集団ステレオタイプの発動などと関わっていることを示す実証的証拠が多数報告されている．一方，並行する情報処理からの妨害といった認知的制約を受けやすく，注意や意識の投入を必要とするのが**統制的過程**（con-

5) Weiner, B.（2006）*Social motivation, justice, and the moral emotions: An attributional approach.* Mahwah, NJ: Lawrence Erlbaum Associates.〔速水敏彦・唐沢かおり（監訳）（2007）社会的動機づけの心理学：他者を裁く心と道徳的感情　北大路書房〕

trolled process) である[6]. 近年, 認知活動の多くが, むしろ自動的過程から成ることを示す発見が次々と報告され, 人間の自由意志の範囲に関する疑問をはじめとする哲学的な問題についても, 多くの重要な研究課題を提起している[7].

社会的認知における「社会」

情報処理論的なアプローチによって社会に関する理解の過程を調べてきた社会的認知研究は, 認知心理学などと知見を交換することにより, 一大研究領域を構築したと言えるが, 反面, 個人内の過程にしか関心を払ってこなかったという批判を受けることも多い. しかし近年では, より複雑でマクロなレベルの現象をも包摂する観点が大きく成長している. たとえば, 社会的環境に関する「理解」の中には, 他者の認知の内容をさらに認知するという, メタ認知も含まれる.「心の理論」をはじめとする, こうしたメタ・レベルの他者理解に関する研究は, 社会的相互作用の本質を明らかにする上で特に重要で, 発達心理学や言語科学など関連領域に対する示唆にも富んでいる[8]. 原因帰属研究に目を転じると, 原因推論の過程が「会話」を成立させる論理に従って行なわれることに着目し, それがコミュニケーション行為としての性質を持つことを重視する研究などが新たな潮流を形成しつつある. また, 集団ステレオタイプを単なるカテゴリー的知識と見なすだけでなく, これが多くの人々に共有されることにより集合的性質を持っていることを強調する実証研究も増えている. 認知の共有性に関する考察の背後には, さらに広範な「意味のシステム」としての**文化**が, 認知との間に持つ相互規定性を明らかにするという重要な課題が待っている[9]. このように社会的認知の問題は, 社会心理学にとどまらず広く隣接領域に渡る重要性を持っている.　　　　〔唐沢　穣〕

[6] 態度尺度に対する回答や熟慮に基づく判断など, 社会心理学の研究で長年用いられてきた手法は, 主にこちらの過程に依拠すると考えられる.

[7] Hassin, R.R., Uleman, J.S., & Bargh, J.A. (2005) *The new unconscious.* New York: Oxford University Press.

[8] Malle, B.F., & Hodges, S.D. (2005) *Other minds: How humans bridge the divide between self and others.* New York: Guilford Press.

[9] 柏木惠子・北山忍・東洋編 (1997) 文化心理学：理論と実証　東京大学出版会

【参考文献】
山本眞理子・外山みどり・池上知子・遠藤由美・木村英哉・宮本聡介 (編) (2001) 社会的認知ハンドブック　北大路書房

III-32 エスノセントリズム

ethnocentrism

社会心理学や社会学では,自己が所属する集団のことを**内集団**(in-group),それ以外の集団を**外集団**(out-group)と呼ぶ.集団の成員は一般に,人々の優劣や物事の善悪について,内集団の価値を基準にした判断を行いやすい.その結果,外集団よりも内集団に利する態度や行動が起こりやすい.社会学者のサムナー(Sumner, W. G.)[1]は,こうした傾向が民族間の関係において特に顕著にあらわれることに着目して,これを**エスノセントリズム**(**自民族中心主義**)と呼んだ.内集団を,より優れた存在と見なそうとする傾向は,民族以外のさまざまな種類の集団間関係においても観察されるもので,より一般的な**内集団バイアス**(in-group bias)という概念が適用されることも多い.

これまで数多くの実証的研究によって,多種多様な認知・行動領域におけるエスノセントリズムの存在が示されてきた.まず,内集団と外集団の成員が持つ特性や能力・業績などにおいて優劣の差がないように統制された実験状況のもとでも,内集団にはより高い**評価**が与えられやすい.それは,単純に内集団の遂行の方が優れているように「見える」というだけの,**知覚**のレベルでも起こる.スポーツの試合で,専門の審判員ですら判定に迷うような際どいプレーであっても,味方に有利な判定が下ることが,さも「当然」であるかのように感じられることなどは,その好例と言える.さらに,自分たちは規則や規範に従って公正に行動しているのに対し外集団には反則や不正な行為が多いと,双方が思っているということもある.その結果,内集団には**好意**を,外集団には**敵意**をいだくことになりやすい.また,内集団と外集団の間

1) Sumner, W. (1906) *Folkways*. New York: Ginn.〔部分訳:青柳清孝・園田恭一・山本英治(訳)(1975)サムナー:フォークウェイズ 現代社会学大系3 青木書店〕

に得点や金銭などをめぐる**報酬分配**を行なう場合も，前者に有利な決定が行なわれやすい．

　同様の傾向は，さらに高次の認知過程についても起こる．あいまいなできごとの**解釈**や，その原因に関する**推論**について起こるバイアスはその代表的な例である．しかも，それは状況を記述するさいの言語の選択にもあらわれる．具体的にいうと，内集団成員が社会的に望ましい行動（例えば道徳的な行為や，遂行における成功）を示した場合には，優れた資質や能力といった，行為者の内的で安定した属性によって説明されることが多い．そして，その行動を描写するさいには，性格特性を表す形容詞など，時や状況が違っても変化することの少ない属性を表す述語が用いられやすい．ところが，同じ行動を外集団成員が示した場合には，「一時的な努力」や「単なる思いつき」といった一過性の要因や，運あるいは状況要因といった外的要因で説明されやすい．描写に用いられる言語も，**行為動詞**（action verbs）と呼ばれる，状況依存性が高くて一般化しにくい述語が典型的である．一方，内集団成員の望ましくない行動や外集団成員による望ましい行動の場合には，これらと裏返しの傾向となることが知られている．たとえば，内集団の成員が困った人に手を差し伸べた場面を記述するさいには，「気遣った」といった行為者の心理状態に言及した動詞や，「優しい」などの形容詞が用いられやすく，他の場面への一般化がしやすくなるのに比べ，外集団成員が見せた同じ行為については「手を取った」や「手助けした」程度の，その状況に限られる具体的な動詞が用いられやすいことが分かっている[2]．

　では，どのような心理的過程がエスノセントリズムを生じさせるのであろうか．これについてはいくつかの理論的解釈が提唱されている．まず，**精神力動理論**（psychodymanic theory）の立場からは，他者への敵意や攻撃性といった，社会的に望ましくない欲求が無意識下に抑圧された結果，それが社会的弱者や少数者などへの偏見へと**転位**（displacement）されて噴出するという説明が試みられた．この考えを引き継いだアドルノ（Adorno, T.W.）ら[3]は，道徳的に厳格なしつ

[2] 言語と認知バイアスの関係に関する詳細は以下を参照．
唐沢穣（2007）対人関係と述語　岡本真一郎（編）ことばのコミュニケーション：対人関係のレトリック（pp.2-15）ナカニシヤ出版

[3] Adorno, T.W., Frenkel-Brunswik, E., Levinson, D.J., & Sanford, R. N. (1950) *The authoritarian personality.* New York: Harper.〔部分訳：田中義久・矢沢修次郎・小林修一（訳）(1980) アドルノ：権威主義的パーソナリティー　現代社会学大系12　青木書店〕

けを受けて育った人は両親への反発や攻撃性を抑圧するため，理想とする両親像から最も遠い存在である社会的逸脱者に対する偏見と，これとは裏腹に権力者への盲目的な服従を併せ持った**権威主義的性格**（authoritarian personality）を形成しやすいと主張した．そして，権威主義傾向がエスノセントリズムの強さと相関を持ち，さらにそれが反ユダヤ主義やナチズムの促進に貢献したことを証明しようとした．これら一連の研究に関しては，実証的研究としての方法論上の問題点が数多く指摘されるとともに，個人差を強調する性格理論だけでは，なぜ特定の社会状況のもとでは他の状況よりも集団間の敵意や葛藤が生起しやすくなるのかを説明できないといった理論的批判がなされている．

性格論ではなく社会的状況要因によってエスノセントリズムを理解しようとした試みとしては，**現実的利害葛藤理論**（realistic group conflict theory）があげられる．社会集団の多くは，そのひとつが目標を達成すれば他はこれから疎外されるという，競争的な相互依存関係に置かれている．そこで，外集団と言えば内集団にとっての邪魔者という一般的な態度が形成されるというのである．限られた資源をめぐる利害の対立が集団間の葛藤を引き起こすという説明は，地域紛争や国際紛争，人種問題などに特にうまく当てはまる．

一方，集団間に明確な利害の対立がない場合でも内集団バイアスが生じる場合があることを指摘したのが，**タジフェル**（Tajfel, H.）ら[4]による**社会的アイデンティティー理論**（social identity theory）である．これによると，世界を「内と外」にカテゴリー分けすることは，社会的環境に対する認知コストを低減し，それに対する意味づけや理解を容易にする．特に，自己が含まれる内集団に対して肯定的な評価を加えることは，その存在価値を高めることになる．このように，混沌とした社会環境の中で自己と同胞のアイデンティティーを確立する過程のあらわれとしてエスノセントリズムを捉えようとする試みは，近年のナショナリズムに関する理解などと観点を共有するものと言える．

内集団の利益を保護しようとする傾向は，集団とその成員

4）アンリ・タジフェルはヨーロッパ実験社会心理学会の創設者で，その功績は北米を始め全世界で高く評価されている．代表的論文として次の文献が重要．
Tajfel, H., & Turner, J.C. (1986) The social identity theory of intergroup behaviour. In S. Worchel & W. G. Austin (Eds.) *Psychology of intergroup relations* (2nd ed., pp.7-24). Chicago: Nelson-Hall.

の生存を保障するために欠かせない戦略的機能であるとする適応論的な考え方も，近年では多くの実証的研究を生んでいる．山岸らの研究グループの実験結果によると，集団評価に見られる内集団バイアスと報酬分配におけるそれとの間には，異なる心理過程が作用していると考えられる．分配には，同じ集団に属する成員相互の信頼関係に基づく互恵的な社会的交換のルールが重要な影響を及ぼしていると思われるのである[5]．また，集団の維持と生存を希求する**社会的支配傾向**（social dominance orientation）の強い成員が多くいる集団は，優劣関係が明確な，階層化社会を維持しようとする傾向も強いことが明らかになっている．これは，地位の低い集団であっても，社会変革が望めないような状況では，現状を肯定あるいは正当化すらすることによって，集団の存在を確保しようとするという逆説的な現象とも符合する[6]．

もちろん，こうした決定論的な悲観論が集団間葛藤の研究における結論というわけでは決してない．むしろ研究者の多くは，エスノセントリズムや，これと関連する偏見，ステレオタイプの形成過程を理解することによって，これらを低減させるための方策を明らかにするための試みを行なっている[7]．中でも，これまでに最も多くの研究を生んできたのが「接触仮説」と呼ばれる考え方である．これは，偏見や葛藤は集団間の知識不足によって起こるので，接触機会を増やして互いの理解を深めればそれらを解消できるだろうという発想である．もちろん，敵対感情をいだく集団の成員どうしを単純に接触させただけでは，かえって衝突を招くだけである．接触の結果，集団間に友好的な認知と感情がおこるための条件としては，① 双方の集団内で同じような地位の者どうしが，② 協力的な関係のもとで出会い，しかも ③ 接触の相手はその集団にとって例外的でなく典型的な性質を持ちながら，好ましい性質を備えていることなど，かなり多くの制約を伴うことが明らかになっている． 〔唐沢 穰〕

5) Yamagishi, T., Jin, N., & Kiyonari, T. (1999) Bounded generalized reciprocity: Ingroup boasting and ingroup favoritism. *Advances in Group Processes,* 16, 161-197.

6) 集団間葛藤の生起と低減，エスノセントリズムに関するさらに詳しい議論については，次の文献がある．Brown, R. (1995) *Prejudice: Its social psychology.* Oxford, UK: Blackwell.〔橋口捷久・黒川正流（編訳）(1999) 偏見の社会心理学 北大路書房〕ただし，この段で述べたような最新の研究動向については，残念ながらまだ和書から詳しく知ることは難しい．洋書では，多様な観点を織り込んだ良書として以下を薦める．Prentice, D.A. & Miller, D.T. (Eds.) (1999) *Cultural divides: Understanding and overcoming group conflict.* New York: Russell Sage Foundation.

7) 唐沢 穰 (2001) 他集団との友好と対立 山口裕幸（編）心理学リーディングス（pp. 139-152）ナカニシヤ出版

【参考文献】
岡隆・佐藤達哉・池上知子（編）(1999) 現代のエスプリ No.384 偏見とステレオタイプの心理学 至文堂

III - 33
進化心理学

evolutionary psychology

進化心理学とは,「生物の複雑に組織された機能は自然淘汰による進化の産物である」という**進化生物学**[1] の知見を,心の研究に応用するアプローチである.進化心理学は,認知・発達・社会・臨床といった,ある領域を専門とする心理学の下位分野ではなく,進化・適応の観点から人間の心のデザインを統一的に理解することを目指し,1980年代後半から,心理学の新しい研究パラダイムとして興隆を始めた[2].

進化生物学では,生存・繁殖の目的で生物が解かねばならない問題を**適応問題**(adaptive problems)と呼ぶ.適応問題は,食糧資源の確保,捕食者の回避,配偶相手の確保などに代表されるが,具体的な中身は,それぞれの生物種の置かれた生態学的環境に応じて多様である.進化的に意味のある適応問題とは,数万年以上にわたる長いタイムスパンを通じて常に繰り返されてきた生存・繁殖上の問題群であり,生物はそれに対応するためのさまざまな器官を進化させてきた.進化心理学では,ヒトの心もまたこうした適応問題を解くための精神的器官であると見る.また,ヒトの心の進化にあたっては,数千年の歴史しかもたない農耕環境ではなく,農耕に先立ち10万年以上の長いタイムスパンにわたる,狩猟・採集中心の**進化的適応環境**(environment of evolutionary adaptedness)が重要な役割を果たしたと考える.

進化心理学のもっとも重要な論点は,「心はすべての情報を等しく処理する汎用の装置としてデザインされているのではない」という主張にある.すなわち,私たちの身体が,心臓,肺,胃,肝臓など,別々の働きをする(=機能的に分化した)いくつもの器官から構成されるように,心もまた,機

1) Darwin, C. (1859) *The origin of species by means of natural selection.* London: John Murray.

2) Tooby, J., & Cosmides, L. (2005) Conceptual foundations of evolutionary psychology. In D.M. Buss (Ed.) *The handbook of evolutionary psychology* (pp.5-67). Hoboken, NJ: Wiley.

能的に専門化したいくつもの要素から構成される．たとえば，恋愛や性をめぐる配偶問題をうまく解決する手段と，集団での協力や協同を実現する手段とは大きく異なっている．こうした大きく性質の異なるいくつもの適応問題に対応するために，汎用の精神器官を使い回すのは非効率である．むしろ，それぞれの適応問題に専門化したメカニズムを持っている方が生存・繁殖にとって有利であり，それゆえに機能的に分化した心（**モジュラリティ**）[3]が獲得された，と進化心理学は論じる．

このように，進化心理学では，狩猟・採集中心の進化的適応環境においてヒトが繰り返し直面してきた適応問題の性質を考え，それらを解くための心のデザインについて仮説を立て実証的に検証する．

進化心理学の研究例

上で述べたように，進化心理学は，進化・適応の観点から人間の心のデザインを統一的に理解しようとするパラダイムであり，その研究対象は心理現象一般に及ぶ．しかし本稿ではとくにヒトの**配偶行動**（mating behavior）についての研究の一端を紹介し，進化心理学の考え方を例示する．異性間の魅力や恋愛を含む配偶行動については，1980年代前半まで社会心理学において研究が見られたものの，その知見は散発的なものに留まっていた．しかし，80年代後半から90年代にかけて，人間の配偶行動に関する研究は，適応・進化の視点の導入により急速に進展し，進化心理学の成功例のひとつと考えられている．

配偶行動とは，性と繁殖に関わる行動である．有性生殖をする生物にとって，配偶者を獲得することは，子孫を残す上でどうしても解決しなければならない最重要の適応問題のひとつである．進化生物学者トリヴァース（Trivers, R.）[4]は，親の子に対する投資レベル（時間・エネルギー）に両性間で違いがあることを指摘し，この違いを軸にオス・メスの間で異なる配偶戦略が進化した可能性を考察している．たとえば，ほ乳類ではメスが受精卵を体内で育て，出産後は授乳を行うのに対し，オスは，最低限，精子を提供するのみで済む．こ

3) Barrett, H.C., & Kurzban, R.（2006）Modularity in cognition: Framing the debate. *Psychological Review*, 113, 628-647. モジュール説については，II-22（88頁）参照．

4) Trivers, R.（1972）Parental investment and sexual selection. In B. Campbell（Ed.）*Sexual selection and descent of man 1871-1971*（pp.136-179）. Chicago: Aldine.

のように資源投資量の少ないオスは，一般に多くの配偶者を得ることで繁殖成功度を上げることができるのに対して，子どもに対する投資量の多いメスは，相手の持っている遺伝形質を含め，配偶相手の質を慎重に見極めることが必要になる．

さて，ヒトの配偶システムは，チンパンジーやゴリラなどの近縁の動物種と比べて，相対的に一夫一妻に近いという特徴がある．さらにヒトの子どもは未熟な状態で生まれ，成熟までに長い年月がかかる．こうした状況では，子育て期間中の父親からの投資が重要となる．こうした一夫一妻に相対的に近いヒトの配偶システムは，一夫多妻の配偶システムと比べて，どのような心的デザインを進化させるだろうか．

適応の観点からは，次のような仮説を導くことができる．女性にとっては，相手の男性の遺伝的な質に加え，子どもへの長期的な投資能力・意図を見極めねばならない．子どもの成熟に長い年月がかかる以上，相手からの安定した子育てへの関与は必須の要件である．一方，男性にとっては，特定の配偶相手が生涯にわたって生める子どもの数が問題になる．したがって，若さや，多産を示すその他の身体的な特徴が，配偶者選択の重要な基準になるはずである．

バス（Buss, D.M.）[5]は，世界各地の37の文化圏の男女10000人超を対象に，配偶者の選択にあたってどのような形質がどのくらい重要かを評価させる大規模な調査研究を行った．その結果，女性が相手の資源獲得能力（経済力・野心・まじめさなど）を相対的に重視するのに対して，男性は相手の身体的特徴を重視する傾向が，多くの文化圏で共通して認められた．配偶者の選択基準についてこうした性差が見られるという知見は，実験・行動観察などの調査以外の研究手法によっても繰り返し確かめられている．

さらにバスら[6]は，配偶相手が自分以外の誰かと性的に関係（浮気）した場合に生じる嫉妬感情の性差にも検討を加えている．こうした嫉妬感情は，適応の観点からは配偶者防衛行動の一環として考えることができる．一夫一妻に相対的に近いヒトの配偶システムを考えると，ここでも性差の存在

5) Buss, D.M. (1989) Sex differences in human mate preferences: Evolutionary hypotheses tested in 37 cultures. *Behavioral and Brain Sciences*, 12, 1-49.

6) Buss, D.M., Larsen, R.J., Western, D., & Semmelroth, J. (1992) Sex differences in jealousy. *Psychological Science*, 3, 251-255.

が予測される．すなわち，女性にとっては，配偶相手の男性が別の女性に心を移し資源投資先を変更してしまうことが，繁殖成功にとって大きな脅威となる．この意味で，相手の「感情的な浮気」（＝心移り）はきわめて深刻である．一方，男性にとっては，相手の浮気により，他人の子どもを育てる結果に陥ることが，繁殖成功上の大きな脅威となる．この意味で，相手の「身体的な浮気」はきわめて深刻である．バスらは2つの浮気のどちらに強く嫉妬を感じるかを男女の調査回答者に評価させると同時に，生理的な指標を用いて喚起水準を計測したところ，女性が「感情的な浮気」により強く反応する一方，男性は「身体的な浮気」により強く反応するという予測通りの結果を得た．

こうした男女の心理的反応の違いは，配偶行動という重要な適応問題の性質に応じて私たちの心が精緻にデザインされていることを示唆している．このほか，排卵時期と行動選択の関係，顔や身体的特徴への好みなどのさまざまな側面が，配偶行動における適応という観点から研究されている[7]．

以上では，配偶行動に関する研究の一端を紹介することで，進化心理学の考え方を例示した．進化心理学の研究対象は，これ以外にも，親子関係の分析，集団生活における協力や葛藤をめぐる問題の検討，資源採集・捕食者回避戦略に関する検討など多岐にわたる[8]．

進化心理学は，生物学と人文・社会科学をつなぐ要（かなめ）としての役割を担っている．私たちの心は進化的な基盤を持ちながら，個人の置かれた社会・文化的環境の中で柔軟な適応を果たし，同時に，社会・文化的環境を能動的に作り上げていく．進化心理学は，こうした心と社会をつなぐ円環の中で，他の動物種との連続性を意識した「ヒトの心」の側面を明らかにしようとする試みである．比較認知科学の展開と併せ，生物学的視点の導入を通じた人間理解に向けて，極めて重要な役割を果たしている．

〔亀田達也〕

[7] 最近のレビューとしては，以下などを参照．
Schmitt, D.P. (2005) Fundamentals of human mating strategies. In D.M. Buss (Ed.) The handbook of evolutionary psychology (pp.258-291). Hoboken, NJ: Wiley.

[8] Buss, D.M. (Ed.) (2005) The handbook of evolutionary psychology. Hoboken, NJ: Wiley.

【参考文献】

長谷川寿一・長谷川眞理子（2000）　進化と人間行動　東京大学出版会

III - 34
集団意思決定
group decision making

　集団意思決定とは，複数のメンバーが相互作用を通じて，全員の"共通運命"に関わる決定を下す事態を指す．投票による集合的決定と異なり，メンバー間で合意を形成するための直接的なやりとりを前提とする．会議や委員会など，現実社会における集団意思決定の重要性と対応して，グループ研究における中心的なテーマの1つである．社会心理学，認知科学，政治学，経済学，経営学，法学，人類学，社会学などの社会諸科学に加え，最近では生物学者の間で，動物の「集団意思決定」にも関心が寄せられている．

　社会心理学を中心とする集団意思決定研究では，個人のもっているさまざまな意見や判断，選好（preference）が集団決定にどのようにまとめられるのかについて，社会的な集約のメカニズムに焦点が置かれてきた．たとえば，デイヴィス（Davis, J.H.）[1] の**社会的決定図式理論**（theory of social decision schemes）では，人々の意見や判断が集約される相互作用のプロセスを，投票による集合的決定モデルとの類比から，数理的に捉えようとする．

　こうした一連の研究から，グループにおける意見集約過程は，決定課題の特性に強く規定されることが明らかにされている．もっとも重要な課題特性は，「解の正当化可能性」（demonstrability）の程度である[2]．科学的命題とは異なり，多くの社会的課題では，「解」の正しさ（ある判断や選好がなぜ良い，あるいはなぜ正しいと言えるのか）を客観的・明示的な手段で示すことは容易ではない．公正性や価値をめぐる判断はもちろん，事実に関する判断についてもこの事情は当てはまる（たとえば，ビジネス場面での投資先の意思決定

1) Davis, J.H. (1973) A theory of social decision schemes. *Psychological Review*, 80, 97-125.

2) Laughlin, P.R., & Ellis, A.L. (1986) Demonstrability and social combination processes on mathematical intellective tasks. *Journal of Experimental Social Psychology*, 22, 177-189.

や，司法における有罪・無罪の意思決定においても，未来事象の不確定性や証拠の信憑性などさまざまな曖昧さが存在する）．こうした「解の正当化可能性」が低い課題状況では，リーダーなどの特定の個人よりも，多数派による影響が意思決定の結果を導きやすいことがさまざまな実証的検討を通じ繰り返し確かめられている．この意味で，集団相互作用を通じて達成される合意の行方は，単純な多数決投票により予測される結果と変わらない場合が多い．

集団意思決定における社会的集約が多数派の影響のもとに行われやすいという事実は，次に挙げる2つの結果を導く[3]．

1つは**集団極化**（group polarization）現象である．集団極化現象とは，集団による意思決定の内容が，メンバーの初期意見の平均値よりも極端になる現象を指す．たとえば，ある方針に関するメンバーの意見が平均すると「やや反対」だった場合，集団での話し合いを通じて「明確な反対」という結論が打ち出されるなどの場合を指す．こうした現象は，ひとつには，多数派に同調する方向でメンバーが意見を変化させやすいという事実から生まれる．同時に，小選挙区制度が支持率で少しだけ有利だった政党に「地滑り的大勝利」をもたらすように，個人が話し合いで意見を変化させない場合にも，多数決的な集約は集団極化をもたらすことになる．

もう1つの帰結は，**決定の操作可能性**と呼ばれる．投票のパラドクス，またはコンドルセ（Condorcet）のパラドクスとして知られているように[4]，多数決原理は論理的に矛盾する結果（循環性など）を生み出し，決定の操作を可能にする場合がある．同様の意味で，議長などの特定個人が話し合いの手続きを巧みに操作することによって，集団決定を自分に有利な方向に誘導できるケースが存在する．

近年の集団意思決定研究

近年の集団意思決定研究では，認知科学における**協同**（collaboration）研究の進展と並行し，個人のもつさまざまな知識・情報が話し合いの中でどのように使われるのかに関心が集まっている．たとえば，ステイサー（Stasser, G.）[5]は，グループがどのように情報を使うかについて**情報サンプ**

3) 亀田達也（1997）合議の知を求めて：グループの意思決定　共立出版

4) コンドルセのパラドクス：選択肢 x, y, z について3人のメンバーがそれぞれ $x>y>z, y>z>x, z>x>y$（x が y より望ましいことを $x>y$ と表記する）という選好をもつとしよう．このとき，多数決による集団意思決定は，ジャンケンのように循環する決定（$x>y, y>z, z>x$）を生み出してしまう．多数決原理の生み出すこうした矛盾をさしている．

5) Stasser, G. (1992) Information salience and the discovery of hidden profiles by decision-making groups: A "thought experiment". *Organizational Behavior and Human Decision Processes*, 52, 156-181.

リングモデル（information sampling model）を提唱している．

　決定問題について，メンバーがさまざまな情報をもっている場合，複数のメンバーが初めに共有している情報は，1人のメンバーしか知らない独自情報よりも，統計的な意味で記憶から抽出（サンプリング）されやすく，グループの話し合いに投入される確率が高い．この結果，グループでの話し合いは，独自情報を新たに共有するよりも，既知の共有情報を再確認することになりやすく，結果的に確証的な傾向をもつことになる．こうした傾向は，メンバー間に「誰が何を知っていそうか」に関する**メタ知識**（meta-knowledge）が存在しないとき，グループの意思決定を誤らせる場合がある．

　ステイサーの見出した共有情報の優先使用は，話し合いにおいて**社会的共有性**（social sharedness）一般がもたらすさまざまな効果の1つの例と捉えることができる[6]．選好，認知，情報のいずれについても，メンバーが初めに共有している知識は，共有していない知識に比べ，集団意思決定のプロセスを支配しやすい（上で述べた，選好の集約における多数派過程もその一例である）．言い換えると，人々の間に存在している「知識の初期共有性」が，コミュニケーションを通じたメンバー間での了解を支える一方で，どのような知識が誰との間で新たに共有可能かという「知識の共有可能性」を大きく制約することになる．

　最近の集団意思決定研究では，社会的共有性のもつさまざまな効果を，ステレオタイプや他の社会的表象を用いてさらに経験的に検証するアプローチが展開しており，相互作用場面における社会的認知研究の1つの流れを作りつつある．

動物の集団意思決定

　以上の知見は人間を対象とする研究から得られている．最近になって，ヒト以外の動物の「集団意思決定」に関する関心が，行動生態学・霊長類学などにおいて急速に高まっている[7]．

　動物の集団は，いつ，どこで採餌するか，営巣するかなどについての決定を，日常的に頻繁に下さねばならない．決定

6) Kameda, T., Tindale, R.S., & Davis, J.H. (2003) Cognitions, preferences, and social sharedness: Past, present, and future directions in group decision making. In S.L. Schneider & J. Shanteau (Eds.) *Emerging Perspectives on Judgment and Decision Research*. Cambridge, UK: Cambridge University Press.

7) Conradt, L., & Roper, T.J. (2003) Group decision-making in animals. *Nature*, 421, 155-158.

の結果は各個体の**適応度**（fitness）に大きく影響するが，採餌や営巣についての各個体の選好は必ずしも一致しないので，個体間での利害葛藤を生じる可能性がある．一方，群れが分裂してしまうと，捕食回避，配偶，採餌など，集団生活から生まれる多くのメリットは失われる．「集団としての合意」（同じタイミングでの移動や同じ場所での営巣など）はこの意味で欠くことができないが，コミュニケーション手段として言語をもたない動物がどのように合意を作り出すのかは大きな謎である．

　こうした決定に達するためのメカニズムとして，リーダーによる「独裁」（単独決定）と「民主主義」（集団意思決定）が検討されている．動物による「民主的決定」はその認知的制約を考えると不可能なようにも思われるが，最近の研究は，ミツバチ，渡り鳥，バッファロー，ゴリラなどのさまざまな種において，集団意思決定の萌芽が見られることを報告している．また，こうした集団意思決定が，リーダーによる単独決定に比べ，どのような条件のもとで適応的になるのかについて，モデルやシミュレーションを用いた理論的検討も進みつつある[8]．

　このように，最近の集団意思決定研究は，社会心理学や認知心理学といった心理学領域を超え，さまざまな動物種における広義の「合意形成」メカニズムの統合的検討に向かいつつある．この背景には，「適応のメタ理論」[9]が，心理学，生態学，霊長類学などの個別諸科学をつなぐ共通の概念枠になりつつあるという事実がある．この考え方に従えば，集団意思決定に代表される相互調整の仕組みは，メンバーの生き残りに役立つシステムと見ることができる．それぞれの動物種のもつ認知能力やライフヒストリー，生体学的環境などに応じて，こうした調整システムがどのように進化し得るのか，集団意思決定研究の焦点はこの点に向けられつつある．

〔亀田達也〕

[8] たとえば，以下を参照．
Hastie, R., & Kameda, T. (2005) The robust beauty of majority rules in group decisions. *Psychological Review*, 112, 494-508.
Sellers, W.I., Hill, R.A., & Logan, B.S. (2007) An agent-based model of group decision making in baboons. *Philosophical Transactions of the Royal Society B*, 362, 1699-1710.

[9]「Ⅲ-33　進化心理学」の項参照．

【参考文献】
亀田達也（1997）　合議の知を求めて：グループの意思決定　共立出版

III-35
キャラクター心理学
character psychology

キャラクター概念の見直し

キャラクター（character）は，ギリシャ語の語源から「彫り込む」ことを意味しており，「消し去ることのできない一貫性と予測可能性の標識（mark）」である．詫摩[1]は，「性格は character の訳語である．……性格について，心理学では多様な定義があるが，共通するところは個人の行動に見られる感情や意志の特徴であること，一貫性と安定性をもつものであることである．その人を特徴づけている基本的な行動傾向といえよう．」と述べている．さらに，「性格とパーソナリティはほぼ同じ意味に用いられることも多いが，語源から考えて性格が比較的変わりにくい個人的特徴という点を強調しているのに対し，パーソナリティというときには，環境に対する適応機能の全体的特徴がどうかという点を問題としている．」と指摘している．そして，みずからを「個人の内にある一貫した，持続性のある傾向を性格とみる立場に立っている」と述べている．

確かに，ある人を「親切な人」「思いやりのある人」「怒りっぽい人」「物静かな人」などと言う場合，その人のある特定の側面についての一貫した持続的な特徴を指すことが多い．キャラクターとは，個人が培ってきたあるいは育んできた個人的特性と言える．

アメリカでは，キャラクターという用語よりも**パーソナリティ**という用語が広く受け入れられてきた．しかし1990年代以降に，その見直しが始まった．ヘイ（Hay, D.F.）たちは[2]，キャラクターを「社会生活のジレンマや責任に対する個人の全般的なアプローチであり，他者の苦悩に対する情動

1) 詫摩武俊（2003）性格の定義・性格の研究史　詫摩武俊・瀧本孝雄・鈴木乙史・松井豊　性格心理学への招待：自分を知り他者を理解するために［改訂版］（pp.1-11）サイエンス社

2) Hay, D.F., Castle, J., Stimson, C.A., & Davies, L. (1995) The social construction of character in toddlerhood. In M. Killen & D. Hart (Eds.) *Morality in everyday life: Developmental perspectives.* (pp.23-51) Cambridge: Cambridge University Press.

3) Baumrind, D. (1999) Reflection on character and competence. In A. Colby, J. James, & D. Hart (Eds.) *Competence and character through life.* (pp.1-30). Chicago: University of Chicago Press.

4) Lapsley, D.K. & Narvaez, D. (2006) Character education.

的反応，向社会的スキルの獲得，社会的慣習の知識，個人的価値の構築によって支えられた社会的世界への応答性（responsiveness）である」と定義している．そして，生涯にわたって発達するキャラクターの次元として，7つあげている．① 他者の情動や要求への感受性（sensitivity），② 共有の資源の使用について協力的か競争的かの指向性，③ 乳幼児，高齢者，病人や助けを必要としている人に対する世話（provision of care），④ 積極的な援助あるいは受身的な従順や服従を通して，他者の目標に合致するような援助，⑤ 他者との葛藤をうまく解決するような社会的問題解決スキル，⑥ 真実を話すことや信頼性の基準の発達，⑦ 社会的慣習と道徳的規範への気づきと忠実さ，の7つである．そして，キャラクターの発達は，基本的には自己の感覚（sense of self）とリンクしており，自己調整，自己評価，自己熟慮を必ず伴うものであると指摘している．

またバウムリンド（Baumrind, D.）[3]は，キャラクターとは「自分の行為を計画し，その計画を実行し，さまざまな行為の選択肢を検討して選び，他者のためにはある行為をひかえ，快適な習慣（habits）や態度，行動のルールを採用することによって自分自身の生活を組み立てる」ものであると述べている．さらにラプスレィ（Lapsley, D.K.）とナヴァエツ（Narvaez, D.）は[4]，キャラクターとは，「行動の長期にわたる習性的な傾向（dispositional tendencies）」を意味していると指摘した．

このように，アメリカでもキャラクターの概念がさまざまに見直されている．最近では従来の「性格」という訳語よりも，「人格」あるいは「品格」や「品性」と訳したほうが適切な場合もある[5]．

キャラクターと徳

ラプスレィたちは，キャラクターに道徳的な側面を取り入れて理解しようとしている．つまり，道徳的アイデンティティの観点からキャラクターを概念化する方法である．**道徳的キャラクター**（moral character）の基礎的な概念として，習慣（habits），特性（traits），徳（virtues）[6]の3つをあげ，

In W. Damon (Chief Ed.), K.A. Renninger, & I.E. Sigel (Eds.) *Handbook of child psychology*, 6th ed. Vol.4, *Child psychology in practice.* (pp.248-296). New York: Wiley.

5) もともと「人格」には「高潔な人格」などのように道徳的意味が含まれていた．最近の心理学では人格という用語をほとんど用いず，パーソナリティとカタカナ表記することが多い．しかし，キャラクターという用語を見直し，道徳的な意味合いをこめて用いても良いと思われる．

6) アリストテレスの『ニコマコス倫理学』によれば，徳が「他者との関わりにおいて」発動するとき，それは正義となり，単に「善への行為能力」として在るとき，徳と呼ばれる．

7) Davidson, M.L. (2005) Harness the sun, channel the wind: The art and science of effective character education. In D.K. Lapsley & F.C. Power (Eds.) *Character psychology and character education.* (pp.218-244). Notre Dame: University of Notre Dame Press.

道徳的キャラクターとは，「人を"習慣"的な一連の行為をする気にさせる"徳"と呼ばれるパーソナリティ"特性"のあらわれである」としている．そして，子どもの社会化の基礎的な目標のひとつとして，道徳的な形成をあげている．

ダヴィドソン（Davidson, M.L.）[7]も，キャラクターは「行為における価値（values in action）」として最もうまく定義されると指摘している．

ブラシ（Blasi, A.）は，道徳的キャラクターの内容は正直，寛大，謙虚といった低次の徳ではなく，意志の力（willpower），高潔さ（integrity）などの高次の徳によって記述されるべきであると述べた[8]．ブラシの言う道徳的な徳（moral virtues）のリストの分類は，一般性の程度によっている．低次の徳は道徳的な意味を提供するが，高次の徳は動機づけの下支えと関係しており，キャラクターの安定性と一般性に関係している．そして，道徳的意志（moral will）の発達について7つのステップを提案している[9]．道徳的意志は，何が道徳的に善かという願望（desires）によって構造化される．

このように，キャラクターという概念が，道徳性とりわけ「徳」という考え方を取り入れて見直されてきた．この流れは，道徳性の発達理論を提唱したコールバーグ（Kohlberg, L.）の影響を強く受けている．しかし当然のことながら，そうしたキャラクターをどう教育するかが次の問題となる．

キャラクター教育の 11 の原理

リコーナ（Lickona, T.）[10]は，「キャラクターとは，徳のことである．善きキャラクターとは，よりよく徳をそなえたキャラクターのことである．」と述べた．そして，「キャラクター教育とは，徳を意図的に教えることである」と述べ，従来の道徳教育への復帰を標榜した．読み・書き・計算の3つのRに加え，尊重（respect）と責任（responsibility）という5つのRを学校教育活動で実施しなければならないことを指摘した[11]．

さらにリコーナ，シャップス（Schaps, E.）とルイス（Lewis, C.）は，学校やその他の団体が実施計画をたてる際

8) Blasi, A.（2005）Moral character: A psychological approach. In D.K. Lapsley & F.C. Power（Eds.）*Character psychology and character education*. (pp.67-100). Notre Dame: University of Notre Dame Press.

低次の徳として，正直・寛大・謙虚・共感・従順・憐れみ・遵法・礼儀・公共心・尊重・思慮深さ・良心・親切・実直・公平・愛他性・正義・友情・勇気・忠実の20をあげている．また高次の徳を2つのクラスターに分類している．意志のクラスターには，忍耐力・決断力・自己鍛錬・自己統制・意志力の5つがある．高潔さのクラスターには，責任・説明責任・自己一貫性・誠実性・高潔・原理主義・自分自身への透明性・自分自身への正直さ・自律の9つがある．

9) 最初は安定した価値（values）の獲得のステップで，次第に意志（will）を発達させ，安定した願望（desires）と価値にそって意志を構造化させていく．最後は普遍的で望ましい意志発達のステップである．道徳的な良さ（moral good）への関与といった「意志」を中核にしている．

の指針となるばかりでなく，既に実施されているプログラムや教材，カリキュラムを評価する基準となる「キャラクター教育の11の原理」を提示している[12]．

(1) 良いキャラクターの基礎としての中核的な倫理的価値（思いやり・正直さ・公正さ・責任・尊敬）を奨励する．
(2) キャラクターは，考えること，感じること，行動することを含むものとして広く定義する．
(3) キャラクターの発達に対して，包括的，意図的，前進的ならびに効果的なアプローチを用いる．
(4) 思いやりのある学校共同体をつくる．
(5) 生徒に道徳的な行為をする機会を提供する．
(6) 学習するすべての者を尊重し，自分自身のキャラクターを伸ばし，成功を援助するような意義ある意欲的学習カリキュラムを含める．
(7) 生徒自身のやる気を育むよう努力する．
(8) 学校の教職員は，学習と道徳の共同体の一員となり，すべての教職員がキャラクター教育の責任を分かち合い，生徒の教育の指針となる同一の中核的価値に従って忠実な努力をする．
(9) キャラクター教育をはじめるにあたって，道徳的なリーダーシップを共有し，長期的な支援を培う．
(10) 家庭やコミュニティのメンバーを，キャラクター形成のパートナーとして迎える努力をする．
(11) キャラクター教育者としての学校のキャラクターと学校の教職員の機能を評価し，生徒がどの程度良いキャラクターを体現しているかを評価する．

この他にも，ナヴァエツを中心としてキャラクター教育へ発達理論と心理学の知識を合体させる**統合的倫理教育**という教育プログラムも実施されている[13]．現在の日本でも徳育のあり方について議論されているが，今一度キャラクターを心理学の視点で再考する必要があろう．　　　　〔二宮克美〕

10) リコーナ，T. 水野修次郎（監訳・編集）(2001) 人格の教育：新しい徳の教え方学び方　北樹出版

11) Lickona, T. (1991) *Educating for character: How our schools can teach respect and responsibility*. New York: Bantam Books. 〔三浦正（訳）(1997) リコーナ博士のこころの教育論：〈尊重〉と〈責任〉を育む学校環境の創造　慶應義塾大学出版会〕
The Center for the Fourth and Fifth Rs. http://www.cortland.edu/www/c4n5rs/

12) Lickona, T., Schaps, E., & Lewis, C. (2003) *The eleven principles of effective character education*. Washington, D.C.: Character Education Partnership. http//www.character.org/

13) Narvaez, D. (2006) Integrative ethical education. In M. Killen & J. Smetana (Eds.) *Handbook of moral development*. (pp.703-732). Mahwah, NJ: Lawrence Erlbaum Associates.

【参考文献】
リコーナ, T. 水野修次郎（監訳・編集）(2001)　人格の教育：新しい徳の教え方学び方　北樹出版

III-36
社会的‐認知的領域理論
social-cognitive domain theory

　ピアジェ（Piaget, J.）[1]やコールバーグ（Kohlberg, L.）[2]の道徳性発達理論では，**道徳**は他者からの注入や一方的な取り込みによってではなく，子どもが社会的世界と能動的にかかわる中で，みずから認知的に構成することで獲得されると仮定されている．幼児であっても，周囲の人の行動を手本としてまねたり，世間で常識とされている価値観を受動的に内在化したりするのではない．みずから学ぶべきものを選び，何が善であり，何が悪かを考え，公正さ（正義）を判断することによって，自分自身の価値観を作り上げていく．そのため，ピアジェやコールバーグは，個人の認知過程としての善悪の判断とその根拠となる理由を重視している．しかし，発達の方向としては，規則を大人（権威者）の命令に基づくものとして理解する段階（他律的で拘束的）から，メンバー相互の意思に基づくものと見なす段階（自律的で協同的）へと一次元的に発達すると考えている．

　チュリエル（Turiel, E.）は，道徳的な判断や行動の基盤となる社会的認知は，道徳，慣習，心理（個人・自己管理）という互いに独立した3つの領域（domain）から構成されると指摘した[3]（表36-1）．

　道徳領域（moral domain）は，正義の概念を土台に構成される．道徳領域の行為や規則は，人が他者や社会に対してどのように行動すべきかという指令性を含んでいる．道徳は他者の福祉，公正，信頼，責任や権利に関係している．道徳領域の行為は，他者の期待や規則，権威者の指示や命令とは無関係である．「絶対にしてはいけない」「決して許されるべきではない」という判断の際には，この領域の思考が働いている．

1) Piaget, J. (1932) *The moral judgment of the child*. New York: Free Press.〔大伴茂（訳）(1957) 児童道徳判断の発達 同文書院〕

2) Kohlberg, L. (1969) Stage and sequence: The cognitive-developmental approach to socialization. In D.A. Goslin (Ed.) *Handbook of socialization theory and research*. Chicago: Rand McNally.〔永野重史（監訳）(1987) 道徳性の形成：認知発達的アプローチ 新曜社〕

3) Turiel, E. (1983) *The development of social knowledge: Morality and convention*. Cambridge: Cambridge University Press.

表36-1 領域の定義と基準 (首藤・二宮, 2003)[6]

	領域		
	道徳	慣習	心理 (個人／自己管理)
知識の基盤	正義(公正)や福祉や権利といった価値概念	社会システム(社会の成り立ち,機能など)に関する概念	個人の自由や意志に関する概念および自己概念
社会的文脈	行為に内在する情報(行為が他者の身体,福祉,権利に与える直接的な影響	社会的関係を調整するための,恣意的ながらも意見の一致による行動上の取り決め	行為が行為者自身に与える影響
基準	規則の有無とは無関係 権威とは独立 一般性あり 自由裁量なし	規則の有無に随伴 権威に依存 一般性なし 自由裁量なし	規則の有無とは無関係 権威とは独立 一般性なし 自由裁量あり
典型的な場面例	盗み,殺人,詐欺,緊急場面での援助,いじめなど	挨拶,呼称,生活習慣,宗教儀式,テーブルマナー,校則など	趣味,遊びの選択,友達の選択など

慣習領域(conventional domain)は,家族や仲間集団,学校や会社などの社会組織を成立させている要素の理解,つまり社会システムの概念に基づいて構成される.この領域には,社会集団に参加しているメンバー間の関係を調整する行動上の取り決めに関係した行為が含まれる.慣習の行為は,集団の秩序を維持するものとして成員相互の一致した意見と期待に基づいて行われる.慣習領域の行為は,道徳領域の行為とは異なり,行為自体に善悪を規定する性質をもっていない.慣習による行為は恣意的であり,文化や状況に相対的である.また成員の意思の統一によって変更可能である.文化,社会,時代が異なれば,違った慣習が存在する.

心理領域(psychological domain)は,心理的な統一体としての自己と他者の概念化に基づいて構成される領域である[4].この領域には,行為の影響が自分だけにあり,自己の統制下におかれる行為が含まれ,個人領域(personal domain)と言われている[5].社会秩序の維持や善悪の判断には束縛されない行為であり,個人の自由意志に基づくものである.個人領域の規則には,自己の安全管理上を規制するものとして存在するものもあり,そうした規則は自己管理領域(prudential domain)と言われている.

4) Smetana, J. (1982) *Concepts of self and morality: Women's reasoning about abortion*. New York: Praeger Publishers.

5) Nucci, L. (1981) The development of personal concepts: A domain distinct from moral or societal concepts. *Child Development*, 52, 114-121.

6) 首藤敏元・二宮克美 (2003) 子どもの道徳的自律の発達 風間書房

7) Smetana, J.G. (2006) Social-cognitive domain theory: Consistencies and variations in children's moral and social judg-

現実の社会的世界には，複数の領域の要素をもつ場面や出来事があり，その判断や行動は個人によって，また個人内でも状況によって異なる．乗り物への割り込み行為は，社会的秩序を乱すという慣習的な側面と同時に，待ち時間と乗車優先の公平さという道徳的側面をもっている．タバコは個人的な嗜好の問題であると同時に，自己と他者の身体を害する恐れのある行為と認識される．こうした複数の領域にまたがる行為を**混合領域**（multifaceted domain）の行為と言う．そして，ある1つの出来事に対して複数の領域からの解釈や判断を**領域調整**（domain coordination）と言う．スメタナ（Smetana, J.）は，独身の妊娠女性を対象に中絶の領域判断を調べ，中絶に関する領域調整と実際の中絶行動との関連を検討した[4]．妊娠している女性のうち中絶を道徳的逸脱と判断する人は32％，中絶は個人的な行為であると判断する人は38％であった．妊娠初期は自分の身体の一部であるが中期以降はひとつの生命であるというように，道徳領域と個人領域を調整している人は24％，領域調整に失敗している人が6％であった．中絶を実行した女性のうち，中絶を道徳領域の行動と判断していた人は4％であるのに対して，個人領域の行動であると判断していた人は71％，領域調整をしていた人は15％であった．一方，妊娠を継続している女性のうち，道徳領域と判断していた人は61％，個人領域と判断していた人は4％，領域調整をしていた人は30％であった．このように，妊娠中絶という事態に対して，それを道徳領域の行為と判断するか，個人領域の行為と判断するかによって，その後の行動が違ってくることを明らかにしている．違った言い方をすれば，「胎児は生命をもっている」という信念は，中絶を殺人と同一の領域（道徳）と見なす判断を導く．「胎児はまだ人ではない」という信念は，中絶を個人の選択の問題（個人領域）と見なす判断を導くのである．

こうした**社会的－認知的領域理論**にそった研究は，親や教師の権威（authority）の正当性と青年の自己決定意識や個人的裁量権（personal jurisdiction）の問題にまで広がっている[7]．青年と両親との葛藤は，道徳領域ではほとんどおこら

ments. In M. Killen, & J. Smetana (Eds.) Handbook of moral development (pp.119-153). New Jersey: Lawrence Erlbaum Associates.

8) Smetana, J.G. (2002) Culture, autonomy, and personal jurisdiction in adolescent-parent relationships. In H.W. Reese, & R. Kail (Eds.) Advances in child development and behavior, Vol.29, (pp.51-87). New York: Academic Press.

9) Smetana, J.G., Metzger, A., Gettman, D.C., & Campione-Barr, N. (2006) Disclosure and secrecy in parent-adolescent relationships. Child Development, 77, 201-217.

10) Perkins, S.A., & Turiel, E. (2007) To lie or not to lie: To whom and under what circumstances. Child Development, 78, 609-621.

11) Helwig, C.C. (2006) Rights, civil liberties, and democracy across cultures. In M. Killen, & J. Smetana (Eds.) Handbook of moral development (pp.185-210). New Jersey: Lawrence Erlbaum Associates.

ないが，個人領域の事柄で生じていることが明らかにされている．そして，親が青年の個人領域の問題に対していつまで口出しするか，いつから青年の裁量権を認めるかがテーマとなっている[8]．わが国では，首藤・二宮による研究において，児童は道徳と慣習の領域では親の権威を認めていたが，自由意志と向社会的場面では親の権限を認めることは少ないことを見出している[6]．最近では自己開放性と秘密との関連[9]や嘘の研究[10]にまで拡張されている．また，「言論の自由」や民主主義に関連するテーマでも社会的-認知的領域理論からの研究がなされている[11]．わが国でも，個人領域の観点から「権利意識」を検討した木下の研究[12]や「言論の自由」に関する判断を検討した長谷川の研究[13]，「プライバシー」と「知る権利」に関する外山・大林の研究[14]がある．さらには，道徳教育への実践を試みた研究もある[15]．

　この理論に関連して，**社会化**の過程で親が使うしつけ方略には，解決しなければならない異なった課題や異なった規則を働かせる社会生活の領域があるという社会的領域説（social domain theory）が出されるようになった[16]．ブーゲンタル（Bugental, D.B.）は，社会生活を5つの領域に分けているが，そのうちの4つが社会化過程に関連している．

　① 保護的配慮（protective care）：乳幼児の安全や保護に関連した領域．例として，愛着理論などがあげられるが，ネガティブな情動を効果的に調整する仕方，共感性や親の信頼感の問題とも関連している．② 連合集団（coalitional group）：集団同一化とでも言うべきもので，集団内の行動を採用し，慣例や儀式を行うことに関連する領域．つまり集団内の規則や規範にそった行動を習得していくことに関わる領域．③ 階層的勢力（hierarchical power）：親のしつけスタイルなど親の権威にかかわる相互作用の領域．親の統制と子どもの自律の獲得の問題と関連している．④ 返報性／相互性（reciprocity/mutuality）：他者の願望と協調しあい，調和的にポジティブに相互作用する領域．〔二宮克美〕

【参考文献】
首藤敏元・二宮克美（2003）　子どもの道徳的自律の発達　風間書房

12) 木下芳子（2001）集団決定場面での「個人領域」の判断からみた権利意識の発達　発達心理学研究 12, 173-184.

13) 長谷川真里（2001）児童と青年の「言論の自由」の概念　教育心理学研究 49, 91-101.
長谷川真里（2003）言論の自由に関する判断の発達過程：なぜ年少者は言論の自由を支持しないのか？　発達心理学研究 14, 304-315.

14) 外山紀子・大林路代（2007）プライバシーと知る権利に関する子どもの理解　発達心理学研究 18, 236-247.

15) 高橋充・峯岸哲夫・松永あけみ（2007）「社会的領域理論」を取り入れた生徒の規範意識を育む「道徳の時間」の試み　群馬大学教育実践研究 24, 341-358.

16) Bugental, D.B., & Grusec, J.E. (2006) Socialization processes. In W. Damon (Chief. Ed.) N. Eisenberg (Vol.Ed.) *Handbook of child psychology*, 6th ed. Vol.3. *Social, emotional, and personality development* (pp.366-428). New York: John Wiley & Sons.

Ⅳ 安全・安心

IV - 37
経済心理学
economic psychology

経済心理学とは，人の経済行為を説明，予測しようとする心理学研究の総称であり，経済行為の基盤となっている「判断と意思決定」，「社会的交換」などの研究領域と深いかかわりをもつ．今日では行動経済学，行動ファイナンスという名称で知られる分野でもある．注意しておきたいのは，経済学理論が心理学に入ってきたというよりも，むしろ，心理学者をはじめとする判断・意思決定研究者たちの仕事が経済学に影響を与えてきたということである．

従来からの標準的な経済学理論は「経済人（*Homo economicus*）」を想定している．経済人とは，常に合理的な判断を行い，個人的な利益を追求する人間であり，それを可能にする完全な情報処理能力を備えている．これに対して，経済心理学の想定する人間像は，情報処理能力に限界があり，首尾一貫した合理性は持ちえない存在である．このような人間像の提唱者が**サイモン**（Simon, H.A.）[1]である．彼は**限定合理性**（bounded rationality）しか備えていない人間の意思決定は，自分の利益を最大化させる**最適化原理**に沿うのではなく，ある一定水準の満足が得られれば，その選択肢を選んでしまう**満足化原理**に従うと主張した．

サイモンの人間像を引き継ぎ，この分野の代表的な業績である**ヒューリスティクス**（heuristics）や**プロスペクト理論**（prospect theory）を著したのがトゥベルスキー（Tversky, A.）と**カーネマン**（Kahneman, D.）[2]であった．

ヒューリスティクスとは簡便法や発見法と訳されることもあり，決定課題を簡略化し，認知負荷の低いやりかたで素早く解を出す判断方法のことをいう．たとえば，**利用可能性**

---

1) ハーバード・A・サイモンは政治学で学位取得後，経営学，組織論，人工知能研究など幅広い領域において研究業績を上げ，影響力をもった多才な研究者．認知心理学の創始者の1人でもある．1978年ノーベル経済学賞受賞．意思決定について書かれた心理学論文としては次を参照．
Simon, H.A.（1956）Rational choice and the structure of environment. *Psychological Review*, 63, 129-138.

2) ダニエル・カーネマンは2002年ノーベル経済学賞受賞．エイモス・トゥベルスキーはそれ以前の1996年に死去していたが，存命ならば間違いなく同時受賞していたであろう．彼は1992年同志社大学で開催された日本心理学会第56回大会で招待講演を行っている．ヒューリスティクスについての文献と，プロスペクト理論についての文献のう

（availability）は，頭への浮かびやすさの程度によって事象の発生頻度や確率を見積もるヒューリスティクスである．頻繁に接する事柄は想起しやすくなるので，このヒューリスティクスはある程度のレベルで正答を導くことができる．しかし，一度しか接しない事柄でも，それが衝撃的なものであれば想起しやすさは高くなる．この場合，当該事象の生起確率を過大に見積もってしまうことになる．

　他のヒューリスティクスとして**代表性**（representative）や**調整と投錨**（adjustment and anchoring）があげられる．代表性とは，特定のカテゴリーに属するある事象が，そのカテゴリー全体の様子をそのままあらわすと考えて判断を下すヒューリスティクスである．たとえば，3人きょうだいで最初の子と2番目の子が女の子なら，3人目は男の子である可能性が高いと判断するのがこれにあたる．社会全体で男女比がほぼ五分五分であるので，それに属する小さな家族でも社会全体の男女比に近づくはずと判断してしまう．調整と投錨は，何らかの予測を行う場合，一連の情報処理の初期段階でおおよその答えを決めてしまい，その後の情報処理で調整を行うというヒューリスティクスである．この調整は多くの場合，不十分にしか行われない．「$1 \times 2 \times 3 \times \cdots \times 8 =$」という暗算問題と，「$8 \times 7 \times 6 \times \cdots \times 1 =$」という暗算問題を直感的に素早く解答させた場合，前者は後者よりも値が小さくなる．前者は最初の数項目の計算から出てくる値が後者より小さいため，最終的な予測値も小さいままになるのである．このようなヒューリスティクスを用いた判断や予測に基づいて経済的な意思決定が行われるので，その結果は必ずしも合理的なものとはならない．

　人の選択が標準的な経済学理論から逸脱することには多くの観察例が報告されていた．しかし，単に逸脱を指摘するだけでなく，逸脱の方向性を説明し，予測する代替理論を目指して提唱されたのがプロスペクト理論であった．次の問題を考えてみよう．

　2段階からなるゲームがある．第1段階を通過できる可能性は25％であり，第2段階へ到達した場合は，2つの選択

ち，比較的入手しやすい *Science* 誌掲載の各1編を以下に示す．
Tversky, A. & Kahneman, D.（1974）Judgment under uncertainty: Heuristics and biases. *Science*, 185, 1124-1131.
Tversky, A. & Kahneman, D.（1981）The framing of decisions and the psychology of choice. *Science*, 211, 453-458.

肢から1つを選ぶ．この選択は，ゲーム開始前にしておかなければならない．

　A：確実に3,000円を得る
　B：80％の確率で4,500円を得る

　　では，別の問題を考えてみよう．今度は段階別ではなく，単純に次の2つから1つを選ぶというものである．

　C：25％の確率で3,000円得る
　D：20％の確率で4,500円得る

実は，問題1の2段階ゲームをまとめて考えると，選択肢Aは「第2段階へ進める確率25％×100％の確率で3,000円を得る」となり，これは選択肢Cの「25％の確率で3,000円の利得」と同じである．選択肢Bも「25％×80％の確率で4,500円を得る」は選択肢Dの「20％の確率で4,500円を得る」と同義である．ところが，A/Bの組み合わせでは7割以上の人がAを選ぶのに，C/Dの組み合わせでは過半数の人がDを選んだ．このように，表面的な確実性につられてその選択肢への選好が高まることは**疑似確実性効果**（pseudo-certainty effect）と呼ばれる．また，本質的に同じ問題でありながら，表現を変えることで選択結果が変わってしまう現象は**選好逆転**（preference reversal）と呼ばれる．そして，これらは人の判断が合理的ではないことの証拠となる．なぜなら，人の判断が合理的なら，本質的に同じ問題に対しては，同じ選択がなされるはずだからである．プロスペクト理論は価値関数（value function）と重みづけ関数（weight function）により，こういったさまざまな選好逆転を説明する理論である．

人の経済的判断が合理的ではないことを示す一例として**サンクコスト効果**（sunk cost effect）[3]があげられる．本来のサンクコストは，投資した資金のうち事業から撤退しても回収できない費用を意味するが，サンクコスト効果とは，人が先に支払ってしまってしょせん取り返すことのできない費用に固執し，合理的とはいえない意思決定を行うことである．ある人が大学に入学して1〜2年経ったところで授業が面白いと思えず，自分の将来にとってもあまり有益でないと感じ

3）サンクコスト効果についてはハル・R・アーキスとその共同研究者たちが精力的に研究を進めてきた．代表的な文献を次に示す．
Arkes, H.R. & Blumer, C. (1985) The psychology of sunk cost. *Organizational Behavior and Human Decision Processes*, 35, 124-140.
Arkes, H.R. & Ayton, P. (1999) The sunk cost and Concorde effects: Are humans less rational than lower animals? *Psychological Bulletin*, 125, 591-600.

るようになったとする．このとき，その人がその大学に合格するために浪人して多大な金銭的，時間的コストをかけてきた場合は，あまり受験勉強もせずに現役で入学した場合と比べると，おそらく，そのまま在籍し，授業料を払い続けることになりやすいだろう．このようなサンクコスト効果は**セイラー**（Thaler, R.H.）の**心理的会計**（mental accounting）[4] や**ヒース**（Heath, C.）らの**心理的予算管理**（mental budgeting）[5] による説明が試みられている．

ここまであげてきたのは，個人的な選択課題であったが，標準的な経済学理論から逸脱する行動は相互的な経済行為においてもみられる．それを端的に示すのが**最後通牒ゲーム**（ultimatum game）[6] である．実験参加者には一定額が手渡され，それを見知らぬ1人の相手と自分とで分け合う．配分額はどのようにしてもよいが，相手には拒否権があり，相手が拒否すると2人とも1円も受け取れない．

さて，実験参加者はどのように配分するであろうか．もし，参加者が「経済人」であり，相手も「経済人」であると考えるなら，相手には1円だけを与えて，自分は残りを全額とるという決定を下すはずである．なぜなら，相手が合理的経済人なら拒否権を発動して0円になるよりは1円の利得を選好するはずで，参加者はその選好を期待して相手に1円だけしか与えないはずだからである．しかし，実際にはそのようにならない．最後通牒ゲームの研究は，私たちの対人的な経済行為には公正感や怒りなどの感情が絡んでいることを示唆している．

これまで人の判断・意思決定が合理的でない面を強調してきた．しかし，標準的な経済学理論の合理性基準から逸脱するといっても，人の選択はでたらめではなく，文脈に応じた規則性が観察される．その規則性の背後は「経済人」とは別の合理性があるのではないかという問題意識は，**進化心理学**のそれと共通している． 〔中谷内一也〕

4）リチャード・H・セイラーは行動経済学の代表的研究者のひとり．心理的会計については次の文献に詳しい．
Thaler, R.H. (1999) Mental accounting matters. *Journal of Behavioral Decision Making*, 12, 183-206.
セイラー，R．篠原勝（訳）(2007) セイラー教授の行動経済学入門 ダイヤモンド社

5）チップ・ヒースによる心理的予算管理の文献としては以下を参照．
Heath, C. (1995) Escalation and de-escalation of commitment in response to sunk cost: The role of budgeting in mental accounting. *Organizational Behavior and Human Decision Processes*, 62, 38-54.

6）最後通牒ゲーム以外にも，さまざまな実験ゲームがある．ゲームの理論についてわかりやすく書かれた書籍として次の文献を紹介する．
武藤滋夫（2001）ゲーム理論入門 日経文庫

【参考文献】
友野典男（2006）行動経済学 光文社新書

IV-38
リスク心理学

psychology of risk

　化学物質の健康影響や食の安全を損なう事件，原子力施設の運営にかかわるトラブル，犯罪など，さまざまな問題が頻繁に報道され，私たちがリスクに囲まれて生活していることを実感する機会は多い．これら環境リスク問題との関係の深い研究領域として**リスク認知**（risk perception）と**リスクコミュニケーション**（risk communication）があげられる．リスク認知とは，主に，一般の人びとによる直感的なリスク判断を指す．リスク認知研究では，人びとのリスク認知の特性，リスク認知の規定因，リスクを伴う科学技術や活動の受容・拒否との関係などが主要な研究テーマとして検討されている．また，リスクコミュニケーションとは，広い意味ではリスクに関係する情報を伝えることすべてがリスクコミュニケーションであるが，学術的にはアメリカ学術会議（National Research Council）による，「リスクメッセージそのものだけでなく，リスクについての関心や意見，さらにはリスクを管理するための法や制度への関心や意見を含んだ，双方向的な情報伝達のプロセス」という見解が一般的である[1]．すなわち，専門家から公衆へと一方向的にリスク情報を伝えることだけがリスクコミュニケーションではないし，また，公衆のリスク受容を目的とした働きかけは説得であって，リスクコミュニケーションではない．一般人を含んだ関係者間での情報や意見の共有がリスクコミュニケーションの本質といえる．

　リスクについての心理学が盛んになってきた理由を3つあげることができる．1つは，原子力や遺伝子工学，通信，材料化学などを代表とした，先端的な科学技術の応用がますま

1) アメリカ学術会議によるリスクコミュニケーションの定義については，リスクコミュニケーションの関連する他の話題も含めて次の文献を参照．
National Research Council (1989) *Improving risk communication*. National Academy Press.〔林裕造・関沢純（監訳）(1997) リスクコミュニケーション：前進への提言　化学工業日報社〕

す進んでいることである．新たな科学技術には副作用として何らかの被害をもたらす可能性がある．しかし，かつての四大公害病のように多くの病気で苦しむ人や，死亡する人が現前するわけではなく，あくまで被害の可能性として対処していかねばならない．一般の人びとは，こういった問題のリスクをどのように受けとめるのだろうか．このようにして人びとのリスク認知への関心が高まってきた．

　2つ目は，リスク対応政策への公衆参加の流れである．政府や行政が政策を固めてから国民に受容させるというスタイルが行き詰まり，政策立案への公衆参加が進められるようになってきた．このためリスク情報や意見を伝えあうリスクコミュニケーションの必要性が高まった．

　3つ目は**リスク心理学**の基礎研究として位置づけられる「判断と意思決定」研究の進展である．これにより，人びとのリスク認知を説明，予測する道具が整ってきた．たとえば，**利用可能性ヒューリスティクス**[2]は，幼児虐待殺人のようなセンセーショナルな事件報道は，印象が強いために想起しやすくなり，実際の発生件数よりも過剰に見積もられやすいことを説明する．なお，ヒューリスティクスを紹介した意思決定研究の代表的著書においてスロビック（Slovic, P.）らがリスク認知の解説をしており[3]，意思決定研究とリスク認知研究のつながりの強さを示している．ほかに，**プロスペクト理論**は，本質的に同じ選択課題であっても，死亡や損失といった否定的なことばで表現されると，人は，低い確率ではあっても損失をゼロにしうる選択肢を選好しやすいが（リスク志向），生存や利得といった肯定的なことばで表現されると，リスクを避けて確実に得られる分を確保しておこうという判断を行いやすいこと（リスク回避）を説明するものである[4]．プロスペクト理論を構成する重みづけ関数は，低確率事象の過大評価，高確率事象の過小評価を予想するが，リクテンスタイン（Lichtenstein, L.）らはボツリヌス菌中毒や竜巻といった，実際には死亡原因となる頻度の低いものが過大評価され，逆に，ガンや心臓疾患のような高確率で死亡原因となっているものは過小評価されるという結果を報告している[5]．

2)「Ⅳ-37 経済心理学」の項参照．

3) Kahneman, D., Slovic, P. & Tversky, A. (Eds.) (1982) *Judgment under uncertainty: Heuristics and biases.* NY: Cambridge University Press.
この本の中で "Facts versus fears: Understanding perceived risk." という章がスロビックらによって書かれている．

4) リスク志向・リスク回避については，以下の文献において，著名なアジア病問題として説明されている．
Tversky, A. & Kahneman, D. (1981) The framing of decisions and the psychology of choice. *Science,* 211, 453-458.

5) 本研究はリスク認知研究初期の業績である．
Lichtenstein, S., Slovic, P., Fischhoff, B., Layman, M., & Combs, B. (1978) Judged frequency of lethal events. *Journal of Experimental Psychology: Human Learning and Memory,* 4, 551-578.

リスクとは，専門的には，ある行為（たとえば，科学技術の利用や人為的な活動）によって引き起こされる結果の「望ましくなさの程度」と，その結果が起こる「確率」という2つの要素で構成される概念と定義される．したがって，人びとのリスク認知も「望ましくなさの程度」がどのように認識されるかという側面と，「確率」がどのように見積もられるかという側面からアプローチが可能である．しかしながら，私たちは本当に，結果の程度と確率を考えて，原子力発電に拒否反応を示したり，携帯電話を受け入れたりしているのであろうか．そうではないことを示すのが**リスク認知の2因子モデル**[6]である．このモデルはリスク認知が恐ろしさ因子と未知性因子からなっていると指摘する．恐ろしさ因子は「致死的で，将来世代へ影響をもたらし，増加しつつあり，制御困難で，世界的大惨事をもたらす潜在性があり，被害は不平等に降りかかり，そのリスクには受動的に接する」といった評価のまとまりである．一方，未知性因子は「観察できず，リスクにさらされていることを自覚できず，悪影響が遅れてあらわれ，科学的にもよくわかっていない，新しいリスク」といった評価のまとまりである．また，恐ろしさ因子の評価が大きいとリスク制御要求は強くなり，未知性因子の評価が大きいと，小さな被害状況であってもそれは将来の大きな災害の予兆であると見られやすいことが知られている．いずれにせよ，一般の人びとは，専門家がリスクをとらえるときの「確率」や「結果の程度」とは別の要素でリスクを認知しているので，専門家からのメッセージはあまりリスク認知に影響せず，専門家のリスク対策が必ずしも受け入れられないと，リスク認知の2因子モデルは示唆するのである．

リスク認知は主観的なものなので，個人の考え方や立場の影響を受ける．たとえば，個人主義的世界を望む人は原子力プラント建設に賛成する傾向が強く，平等主義的世界を望む人は反対傾向が強い．本来，これらの世界観は原子力プラントのリスクと関係しないはずなのであるが，実際にはリスク認知に影響している．個人の立場とリスク認知の関係を鮮明に表すのが**白人男性効果**（white male effect）である[7]．白

6) スロビックとその共同研究者たちによる一連のリスク認知研究をまとめた以下の文献に，2因子モデルが詳しく説明されている．
Slovic, P. (1987) Perception of risk. *Science*, 236, 280-285.

7) リスク認知と個人の世界観，立場との関係を論じた文献として次のものがある．
Slovic, P. (1999) Trust, emotion, sex, politics and science: Surveying the risk-assessment battlefield. *Risk Analysis*, 19, 689-701.

人男性，特にその中での高学歴・高収入の人たちは，非白人や女性と比べて，さまざまなリスクを低く評価することが確認されている．自分たちが有利に過ごせていると認識する場合，その社会のリスクは低く感じられ，逆に，コミュニティや自身の生活において権力やコントロールをもっていないと感じる場合，リスクが高く感じられると解釈されている．

　人びとが，リスクを伴う科学技術や活動を受容するか拒否するかは，そのリスクの管理者（risk manager：組織と個人の両方を含む概念）に対する信頼が強く影響する．このため，リスク心理学では**信頼**が大きな研究テーマのひとつとなっている．では，リスク管理者への信頼は何によって導かれるのであろうか．イェールコミュニケーション研究プログラム[8]以来の社会心理学の標準的な回答は，「能力についての認知」と「意図（動機づけ）についての認知」が好ましいものであると，その相手を信頼する，というものである．有能な人が公正かつ誠実にリスク管理に取り組んでいると認知されれば信頼が高まり，リスクは低いと認知され，当該技術や活動は受容されやすくなるというわけである．これに対し，自分とリスク管理責任者とが，同じように問題をとらえ，同じような手段や結果を望んでいると認知するとき，すなわち，同じ価値を共有していると認知するとき，そのリスク管理者を信頼するようになると主張する考えもある．これは**主要価値類似性モデル**（salient value similarity model）[9]と呼ばれる．とくに，環境リスク問題などでは環境保護派，開発推進派という形で関係者が色分けされることも多い．このような場合，価値を共有する仲間と認知されることが信頼の必要条件というわけである．他にも，リスク管理者に対する信頼についてはさまざまな理論が提唱されており，初期のリスク認知モデルとともに理論的な統合・発展が待たれている状況である．

〔中谷内一也〕

[8] イェールコミュニケーション研究プログラムは説得的コミュニケーションを包括的に検討した研究プロジェクトであった．その中のメッセージ送り手の信憑性に関する研究が，信頼の問題と関連している．
Hovland, C.I., Janis, I.L. & Kelley, H.H.（1953）*Communication and persuasion*. New Haven, CT: Yale University Press.〔辻正三・今井省吾（訳）（1960）コミュニケーションと説得　誠信書房〕

[9] 主要価値類似性モデルはSVSモデルと呼ばれている．基本的な考え方は以下の文献を参照．
Earle, T.C. & Cvetkovich, G.（1995）*Social trust: Toward a cosmopolitan society*. Westport, CT: Praeger Press.

【参考文献】
中谷内一也（2003）環境リスク心理学　ナカニシヤ出版

IV-39
防災心理学

disaster psychology

転機としての阪神・淡路大震災

わが国における**防災心理学**の現状を考えるとき，**阪神・淡路大震災**（the great Hanshin-Awaji earthquake）（1995年）が果たした役割を無視することはできない．同震災は，現場における防災実践にも多くの根本的な問題を投げかけたが，防災研究にも大きな転換をもたらした．防災心理学の研究も例外ではない．

震災の前後における防災心理学の変化は，次の2つの側面から整理することができる．第1は，研究内容に関する変化である．震災前は，緊急時——災害過程の**サイクルモデル**（disaster cycle model）[1] に言う**緊急対応期**（response）に相当——における人間行動に関する研究が中心であった．これに対して，震災後は，災害発生以前の**準備・警戒期**（preparedness）に焦点をあてた研究や，被災後の**復旧・復興期**（recovery and reconstruction）に注目した研究も増えた．

第2は，研究方法に関する変化である．震災前は，実験室実験，コンピュータ・シミュレーション，大規模な社会調査など，研究者と研究対象との独立性を前提とした仮説検証作業を中核とする自然科学の方法に依拠した研究が中心であった．これに対して，震災後は，研究者自らが防災実践の現場に関与し，現場の当事者と研究者による**共同実践**（collaborative practice）を中核とする**アクションリサーチ**（action research）の方法に依拠した研究が盛んになった．その結果，大学をはじめとする研究機関だけではなく，地域社会，自治体，NGOやNPOを舞台とした防災心理学研究も増えた．

以上の整理は，実際の変化を単純化したものであり，例外

---

1) たとえば，以下の文献を参照．
林 春男（2003）いのちを守る地震防災学 岩波書店

2) 代表例としては，以下の文献を参照．
釘原直樹（1995）パニック実験：危機事態の社会心理学 ナカニシヤ出版

3) 代表例としては，以下の文献を参照．
廣井 脩（1991）災害情報論 恒星社厚生閣

4) 代表例としては，以下の文献を参照．
安倍北夫・三隅二不二・岡部慶三（編）（1988）自然災害の行動科学 福村出版

となる研究事例ももちろん散見される.しかし,全体的なトレンドとしては,上記の変化はかなり明確なものであり,かつ,防災心理学の現在を知る上で有用な整理でもある.以下,この整理に従って,阪神・淡路大震災前後の防災心理学研究の実情について,より詳しく見ておこう.

緊急時の人間行動特性に関する研究

阪神・淡路大震災以前の防災心理学研究の特徴を一言で表現すれば,緊急時の人間行動特性に関する研究,と形容できる.代表的な研究を挙げれば,パニック行動の研究[2],災害情報に関する研究[3],緊急時のリーダーシップに関する研究[4],**群集行動**(crowd behavior)の研究[5]などである.これらはいずれも,緊急時に焦点を当てた研究である[6].

上記の研究には,研究者と研究対象との独立性を前提とした仮説検証作業を中核とする自然科学の方法に依拠しているという共通性がある.しかし,研究者と研究対象との独立性が相対的によく保持され,こうしたアプローチがその有効性を十分発揮するのは,研究対象をあたかもひとつの自然現象のように取り扱うことが可能な場合に限定される.こうした条件が満足されることは,あくまで例外的であることを認識しておかねばならない.それ自体がひとつの運動体であるかのように流動する群集流動を鳥瞰的に観察する研究,研究者による影響が及ぶべくもないマスメディア報道を長期にわたって追跡する研究,あるいは,多くの地域住民をアクターとして設定した住民避難シミュレーション研究などが,こうした例外事例の典型である.

防災実践の現場におけるアクションリサーチ

阪神・淡路大震災以後の防災心理学研究の特徴を一言で表現すれば,防災実践の現場におけるアクションリサーチ,と整理できる.代表的な研究を挙げれば,**ゲーミング**(gaming),**ワークショップ**(workshop)など,**住民参加型の手法**(participatory approach)を中核とした防災教育に関するアクションリサーチ[7],緊急期あるいは復興期における**災害ボランティア**(disaster volunteer)に関するアクションリサーチ[8],被災者による語り部グループにおけるアクションリ

---

5) 代表例としては,以下の文献を参照.
Yamori, K. (1998) Going with the flow: Micro-macro dynamics in the macro-behavioral patterns of pedestrian crowds. *Psychological Review*, 105, 530-557.

6) なお,この時期に,内容,方法の両面において,震災前後の中間的な特徴をもつ研究も存在する.たとえば,次の文献を参照.
永田素彦・矢守克也(1995)コンフリクト状況のマクロ構造分析:長崎大水害後の復興事業をめぐる「感度分析」 実験社会心理学研究 35, 164-177.

7) 代表例としては,以下の文献を参照.
矢守克也・吉川肇子・網代剛(2005)防災ゲームで学ぶリスク・コミュニケーション:クロスロードへの招待 ナカニシヤ出版
矢守克也・諏訪清二・舩木伸江(2007)夢みる防災教育 晃洋書房

8) 代表例としては,以下の文献を参照.
渥美公秀(2001)ボランティアの知:実践としてのボランティア研究 大阪大学出版会
八ッ塚一郎(2007)「ボランティア」と「NPO」の社会的構成プロセスに関する新聞記事分析研究:「助詞

サーチ[9]，被災者や被災遺族の「心のケア」に関する研究[10]，被災地の中長期的な復興プロセスを地域社会の再生という視点から見つめ，研究者自らがその実践の先頭に立ったアクションリサーチ[11]，などの研究がある．研究内容面では，震災前と比較して，準備・警戒期，復旧・復興期に注目した研究が目立つ．

研究方法にも大きな転換が見られる．すなわち，研究者自らが防災実践の現場に関与し，現場の当事者（住民，自治体職員，ボランティアなど）と共同実践するアクションリサーチの方法に依拠した研究が盛んになった．特に注目すべきは，アクション・リサーチのスケールが，時間的にも空間的にも拡大している点である．たとえば，上記の語り部研究は，研究者が，1999年から現在（2007年）まで，8年間にわたって同じ住民グループと活動をともにする中で展開されている．また，矢守・吉川・網代[7]が開発した防災ゲーム「クロスロード」は，国内はもとより，オーストリア，イタリア，フィリピン，バングラディッシュなど，国内外の100を越える防災実践の現場を巻き込んだ運動を実現している[12]．

あるいは，渥美の災害ボランティア研究[8,11]は，NVNAD（「日本災害ボランティアネットワーク」）というNGO団体を母体として実施されているが，「神戸から中越へ」，あるいは，「救援は神戸，復興は中越」というキャッチフレーズに象徴されるように，このアクションリサーチも，阪神・淡路大震災と中越地震（2004年）の間の時空間を横断して展開されている．

なお，本稿では詳述できないが，開発途上国における防災実践に対する研究者，ボランティアの支援活動が盛んになってきたのも，震災以降の防災心理学をめぐる重要な変化の一つである[13]．

「リスク社会」における防災心理学

現代は，**「リスク社会（risk society）」**と称される．ただし，大澤[14]が指摘するように，「リスク社会」とは，自然災害が頻発するなど客観的リスクを多数抱える社会のことではない．また，**リスク**（risk）を確率論的にしか表現できない社

分析」の試み 実験社会心理学研究 46, 103-119.

9) 代表例としては，以下の文献を参照．
矢守克也（2003） 4人の震災被災者が語る現在：語り部活動の現場から 質的心理学研究 2, 29-55.
矢守克也・舩木伸江（2008） 語り部活動における語り手と聞き手との対話的関係：震災語り部グループにおけるアクションリサーチ 質的心理学研究 7, 60-77.

10) 代表例としては，以下の文献を参照．
藤森和美・藤森立男（1995）心のケアと災害心理学：悲しみを癒すために 芸文社
こころのケアセンター（編）（1999）災害とトラウマ みすず書房

11) 代表例としては，以下の文献を参照．
渥美公秀（2007）災害ボランティアの動向：阪神・淡路大震災から中越地震を経て 大阪大学大学院人間科学研究室紀要, 33, 97-112.

12) 詳細は，以下の文献を参照．
矢守克也（2007） 終わらない対話に関する研究 実験社会心理学研究 46 (2), 198-210.
Yamori, K. (2008) Narrative mode of thought in

会のことでもない．そうではなく，リスクの蓋然性を正しく指定しうる存在（平たく言えば，各種リスクの専門家が生み出す知識や技術）そのものが不確かなのではないかという不安によって特徴づけられる社会のことである．この不安が，防災実践の領域においても，「自助・共助」の強調や膨大な量の災害情報のストックといったいくつかの社会的防衛反応を生んでいる[15]．

このことは，防災心理学が今後果たすべき役割に関しても重要な意味をもっている．すなわち，今後，防災心理学は，防災に関する知識・技術を生みだそうとする，広い意味での防災関連科学のなかで，人間の心や行動のみを専門的に担当する下位分野としての役割にのみ安住していることは許されない．むしろ，自然科学を含めた防災関連の学問が生産する知識・技術が，総体として「リスク社会」の中にどのように摂取されるのかを見きわめる役割が重要である．

その理由は，防災分野では，その内容的特徴から，現実社会における実践（たとえば，政策立案，実務執行，教育啓発など）との距離が，他の研究分野に比べても非常に短いからである．その結果として，防災研究の成否 —— 成功したのか失敗したのか —— が一般の人びとにもクリアーな形で露見しやすい．言いかえれば，防災に関する研究・実践は，良くも悪くも，一般社会からの，迅速かつ強力な反応性を含み込んで展開されるほかない．

従来の防災心理学は，防災に関する自然科学的研究と同一平面に立って，人や社会という下位分野の中で，その補完作業に従事することをもっぱらとしてきた．しかし，今後は，防災心理学を含め防災研究という社会的活動が生みだすアウトプットが防災実践に及ぼす影響を，総体として，防災心理学の射程の中に収める態度が必要となろう． 〔矢守克也〕

disaster damage reduction: A crossroad of narrative and gaming approach. In T. Sugiman, K. Gergen, W. Wagner, & Y. Yamada (Eds.) *Meaning in action: Constructions, narratives and representations*. pp.241-252. Tokyo: Springer-Verlag.

13) CODE（海外災害援助市民センター）（編著）(2004) KOBE発災害救援：支えあいは国境を越えて　神戸新聞総合出版センター

14) 大澤真幸 (2000) 責任論　論座 57, 158-199.

15) 詳しくは，以下の文献を参照．
Yamori, K. (2007) Disaster risk sense in Japan and gaming approach to risk communication. *International Journal of Mass Emergencies and Disasters*, 25, 101-131.

【参考文献】
渥美公秀 (2001) ボランティアの知：実践としてのボランティア研究　大阪大学出版会
矢守克也 (2005) 〈生活防災〉のすすめ：防災心理学研究ノート　ナカニシヤ出版

IV-40
アクションリサーチ
action research

2つの特徴

集団力学（group dynamics）を創始した**レヴィン**（Kurt Lewin）によって提唱された**アクションリサーチ**（action research）は，以下の2つの特徴をもつ研究実践である[1]．第1に，それは，目標とする社会的状態の実現へ向けた変化を志向した広義の工学的・価値懐胎的な研究である．第2に，それは，上に言う目標状態を共有する当事者（研究者と研究対象者）による共同実践的な研究である．

第1の特徴は，普遍的な真理・法則性の同定を志向した広義の理学的な研究と対照させることができる．真理・法則性は，観察や測定を行う人（研究者）やその対象者が，どのような社会的状態を望ましい状態として措定するかという価値やイデオロギーとは独立したものである．これに対して，アクションリサーチでは，「研究者が，ある集合体や社会のベターメント（改善，改革）に直結した研究活動を，自覚的に行っている」[2]．改善や改革へ向けた変化が謳われる以上，価値判断を避けて通ることはできない．

第2の特徴は，研究者と研究対象（者）との絶対的分離を前提とした狭義の自然科学的な研究と対照させることができる．自然科学的な研究態度をとる場合，観察や測定（研究実践）を，観察や測定の対象として措定した実践から切り離し，前者の実践が後者の実践に及ぼす影響を排除することが求められる[3]．

しかし，人間や社会を対象とした研究では，研究者と対象者の独立性を完全に保証することは不可能である．カウンセリングのような研究者と対象者との相互依存性が端から濃厚

1) 矢守克也（2007）アクションリサーチ　やまだようこ（編）質的心理学の方法　pp.180-191　新曜社

2) 杉万俊夫（2007）質的方法の先鋭化とアクションリサーチ　心理学評論, 49, 551-561.

3) たとえば，対象の温度を知ろうとするとき，測定行為によって温度が影響を受けてはならない．また，だれが測定を行うかによって，温度が影響を受けることもあってはならない．

であるケースは言うに及ばず，たとえば，実験室実験やアンケート調査でも，実験や調査という研究者のはたらきかけが，実験室での対象者の反応や調査回答に及ぼす影響を完全に抹消することは不可能である[4]．

アクションリサーチの第2の特徴，すなわち，当事者と研究者による共同実践的な研究という特性は，研究者と対象者との独立性を完全に保証することはできないことを端的に認め，むしろ，この点を積極的に評価・活用しようとするものである．すなわち，研究者と対象者はともに当事者として，——どちらが主導権をとるのか，またどのように共同するのかはケースによって異なるが——何が望ましい社会的状態かについて価値判断を下し，現状のベターメントへ向けて協働する．

同じ意味のことを，近年のアクションリサーチ研究界をリードするグリーンウッド（Greenwood, D. J.）とレヴィン（Levin, M.）は，「**知識の共同生成**」（knowledge congeneration）と表現している[5]．彼らによれば，知識や技術は，純粋に，研究者の研究活動によってのみ生みだされることはない．それは，程度の差こそあれ，現場の実践家をはじめとする多様な関係者——通常は，純粋な研究対象者とされる人々——と研究者とが共同生成するものである．もちろん，両者の間に，違いはある．たとえば，研究者は，より分析的で体系的な知識を有している反面で，特定の現場の総体性には精通していないこともあろう．逆に，現場の実践者は，現場に関するローカルな知識を微細に把握しながらも，他の現場に関してはまったく無知かもしれない．ただし，ここで，アクションリサーチが，両者の間に一方的な優劣関係を想定しない点を十分認識しておかねばならない．言いかえれば，常に，両者はともに，co-learner であり，かつ co-teacher として，知識の共同生成に従事するのである．

「正解」と「成解」

アクションリサーチでは，どのような現場にも，また，いつの時点でも普遍的に妥当する真理（「正解」）を研究者が同定することが目標とされているわけではない．むしろ，アクションリサーチは，特定の現場（ローカリティ）において，

[4] いわゆる実験者効果や評価懸念といった現象は，問題がより先鋭化したケースであって，ここでの指摘は，本質的には，人間，社会を対象としたすべての研究にあてはまる．

[5] Greenwood, D.J. & Levin, M. (2007) *Introduction to action research: Social research for social change.* Thousand Oaks: Sage Publication.

当面，成立可能で受容可能な解（「成解」）[6]を，研究当事者（研究者と研究対象者）が共同で社会的に構成することを目標としている．

「成解」は，「正解」とは異なり，ユニヴァーサル（普遍的）ではなく，常に，**空間限定的**（local）で，かつ，**時間限定的**（temporary）な性質をもつ．言いかえれば，アクションリサーチがもたらす「成解」は，常に，修正と更新に向けて開かれていることになる．「成解」は，今この現場（フィールド）では「成解」かもしれないが，他の現場では「成解」たりえない可能性はあるし，同時に，同じ現場においても，過去あるいは将来においては，別の「成解」が成立するかもしれない．

以上から重要な帰結が導かれる．すなわち，「正解」を追究する仮説‐検証型の研究パラダイムにおいては，「正解」でないことは，単純明解に「正解」の否定であるが，アクションリサーチにおいては，そうではない．今この現場において受容されない解も，他の現場における「成解」，過去にはありえたかもしれない「成解」，または，将来ありうるかもしれない「成解」として位置づけられる．逆に言えば，他の現場における「成解」や，過去における「成解」は，今この現場の未来における「成解」の候補として位置づけうる．今この現場で「成解」でないことは，「成解」の完全な否定ではなく，むしろ，そこにおいて，将来における「成解」が潜在的に保存されているとすら言える．

以上から，アクションリサーチにおける**インターローカリティ**（inter-locality），すなわち，複数の現場間の比較・対照作業，および，**インタージェネレーショナリティ**（inter-generationality），すなわち，同じ現場の複数時点間の比較・対照作業，以上２つの重要性が導かれる．すなわち，他の現場や過去の現場における「成解」は，——今この現場においては，とても「成解」たりえるとは思えないようなものも含めて——未来の「成解」の潜在的ストックと見なすことができるのである．この意味で，アクションリサーチにおいては，当面の焦点である単一の現場がまずあって，しかる後に，複数の現場間の比較や同じ現場の時間的変化に対する関心が芽

6) 「成解」は，岡田憲夫（京都大学防災研究所）の造語である．

7) 防災領域は，アクションリサーチの適用に関しては，後発領域である．わが国においては，企業などの産業組織体，学校教育現場における研究がアクションリサーチをリードしてきた．たとえば，以下の文献を参照．
三隅二不二（1984）リーダーシップ行動の科学　有斐閣
秋田喜代美（2005）学校でのアクションリサーチ　秋田喜代美・恒吉僚子・佐藤学（編）教育研究のメソドロジー　pp.163-183　東京大学出版会

8) 矢守克也・吉川肇子・網代剛（2005）防災ゲームで学ぶリスク・コミュニケーション：クロスロードへの招待　ナカニシヤ出版

9) 矢守克也（2006）語りとアクション・リサーチ—防災ゲームをめぐって　心理学評論　49 (3), 512-526.

10) 詳細は，以下の文献を参照．
矢守克也（2007）終わらない対話に関する研究　実験社会心理学研究　46, 198-210.
Yamori, K. (2008) Narrative mode of thought in disaster damage reduction: A crossroad

生えるというよりも，複数の現場を横断するインターローカルで，かつインタージェネレーショナルな視線が，最初からその営みに組み込まれていると言える．

防災領域における近年のアクションリサーチ[7]

「成解」の発想が明瞭にあらわれた事例のひとつとして，阪神・淡路大震災を体験した自治体職員や被災者の体験談を基に筆者らが作成した防災ゲーム「クロスロード」[8]を用いたアクションリサーチを挙げておこう．「クロスロード」の主眼は，同震災によって得られた種々の教訓を防災・減災実践における「正解」として特定し伝達することではない．むしろ，同震災における事例をひとつの「成解」として提示することによって，**ゲーミング**（gaming）の参加者が，「わが町の防災」について，現時点における課題を探索・検討し，それによって，新たな「成解」を共同生成することが目指されている[9]．

しかも，こうした営みが個々の現場で孤立して進行するのではなく，複数の現場（地域，自治体）が，ゲームを媒体として，「わが町の防災」における想定外に気づきを与えるパートナーとして結びついている[10]．「クロスロード」は，「成解」を生成し続けるためのインターローカルで，かつインタージェネレーショナルなシステムの中核となる媒体として位置づけることができるのである．

防災領域では，近年，こうしたタイプのアクションリサーチ，すなわち，複数の現場を長期にわたって媒介しつつ展開されるアクションリサーチが誕生している．上記のほかにも，被災者による体験の語り継ぎをテーマとした語り部グループで実施されたアクションリサーチ[11]，阪神・淡路大震災，および，新潟県中越地震（2004年），中越沖地震（2007年）など，複数の災害現場における被災地復旧・復興を支援・媒介する災害ボランティアの活動に関するアクションリサーチ[12]などがある． 〔矢守克也〕

of narrative and gaming approach. In T. Sugiman, K. Gergen, W. Wagner, & Y. Yamada (Eds.) *Meaning in action: Constructions, narratives and representations*. pp.241-252. Tokyo: Springer-Verlag.

Yamori, K.（2007）Disaster risk sense in Japan and gaming approach to risk communication. *International Journal of Mass Emergencies and Disasters*, 25, 101-131.

11）詳細は，以下の文献を参照．
矢守克也（2003）4人の震災被災者が語る現在：語り部活動の現場から 質的心理学研究 2, 29-55.
矢守克也・舩木伸江（2008）語り部活動における語り手と聞き手との対話的関係：震災語り部グループにおけるアクションリサーチ 質的心理学研究 7, 60-77.

12）詳細は，以下の文献を参照．
渥美公秀（2007）災害ボランティアの動向：阪神・淡路大震災から中越地震を経て 大阪大学大学院人間科学研究科紀要 33, 97-112.

【参考文献】
杉万俊夫（編著）（2006） コミュニティのグループ・ダイナミックス 京都大学学術出版会
渥美公秀（2001） ボランティアの知：実践としてのボランティア研究 大阪大学出版会

Ⅳ-41
交通心理学

traffic psychology

交通事故と交通心理学

　我が国で毎年5000人以上の死者，100万人以上の負傷者，90万件近い事故件数を数える交通事故の抑制は，日本にとっても，世界の多くの国々にとっても，最重要な社会的課題である．

　心理学の知見と方法を使って現実問題の解決を目指すのが**応用心理学**である．応用心理学の一部門である**交通心理学**にとって，交通安全は解決すべき最大の課題であることは言うまでもない．実際，日本交通心理学会の入会案内にも，「日本交通心理学会は，交通諸問題について，心理学を中心としてその近接科学を含めた研究を行うことにより，それらに関する理論を前進させ，その成果の実践と啓発活動を通じて，交通事故の抑止とよき交通環境の建設に寄与することを目的とします」と書かれている[1]．

　日本交通心理学会は1975年に「日本交通心理学研究会」として発足し，1982年に現在の名称となった．2007年度の会員数は約500人である．会員の一部は鉄道または航空を主なフィールドとして研究をし，その成果を学会の大会や論文誌で発表しているが，大半の会員は自動車を中心とする道路交通の分野で研究や実践活動を行っている．

　しかし，長塚康弘は「交通心理学の現状と問題点」と題する論文の中で，日本交通心理学会における2003年と2004年の大会発表論文を分析した結果を報告し，大半の研究が交通行動の記述・分析に留まっていると批判している．そして，近代医学の成果を例に出しながら，社会的病理現象とされ，長年その克服が悲願とされている交通事故を制圧することを

1) 日本交通心理学会ホームページ
http://jatp-web.jp/modules/tinyd0/index.php?id=1
2008年2月

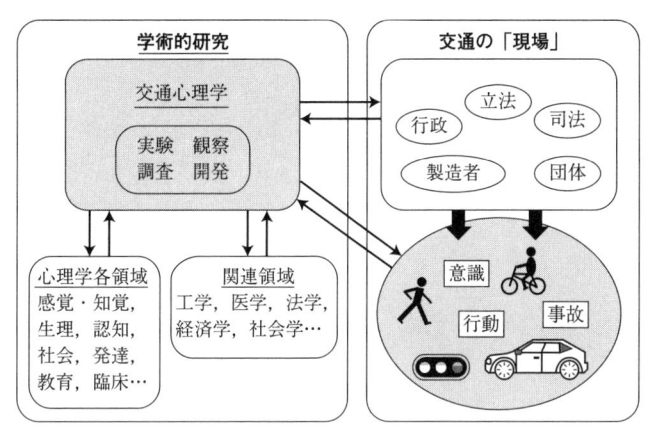

図41-1 交通心理学の位置 (篠原 (2007)[3] より p.75 の図を許可を得て転載)

目標とする臨床実践的・治療的研究が交通心理学に不可欠であり, 有効な事故予防策等の提言・実施とその効果評価に関わる研究を推進すべきであると主張した[2].

また, 篠原一光は図41-1を示して, 交通心理学と「交通の現場」との深い関わりを強調した.「交通の現場」では日々, 多くの交通参加者が往来し, 様々な行動をおこなっている. 交通心理学者は, この「交通の現場」から得られる材料をもとに問題の発見と分析を行い, 必要があれば実験室やテストコースなどの模擬的環境で実験を行う. そして, 得られた知見は学術雑誌などで公表するだけでなく, 現実の交通安全対策に反映されてこそ本来の目的を達成する. 具体的には, 個々の交通参加者に対して情報や教育を提供し, また交通安全に関係する行政・立法・司法, および自動車や道路設備の製造者に対して, 心理学的な立場から現状の問題点を指摘し, とるべき対策について提言する必要があると論じている[3].

交通心理学の教科書

「交通心理学」あるいは類似のタイトルを持つ本のうち, 日本人の心理学者によって日本語で書かれた最初のものは, 筆者の知る限り, 宇留野藤雄による『交通心理学』(1972年)[4] である. この本は以下の9章で構成されている.

1. 交通心理学:交通心理学の対象と研究方法, 交通心理学の課

2) 長塚康弘 (2006) 交通心理学の現状と問題点:応用心理学研究のあり方に照らして 新潟経営大学紀要, 第12号, 63-79.

3) 篠原一光 (2007) 交通安全と心理学:概説 三浦利章・原田悦子 (編) 事故と安全の心理学:リスクとヒューマンエラー 東京大学出版会, 74-82.

4) 宇留野藤雄 (1972) 交通心理学 技術書院

題など.
2. 人間特性：操縦特性,反応特性,性差,年齢差など.
3. 視覚特性：視力,暗順応・明順応,視野,色覚,奥行き知覚など.
4. 運転適性：事故多発傾向者,運転適性検査など.
5. アルコールと運転：飲酒運転と事故,体内アルコール濃度と運転機能など.
6. 運転疲労：運転疲労と運転ミス,疲労の測定法など.
7. 歩行者の心理：横断時における歩行者特性,子どもの交通心理など.
8. 事故の心理：運転錯誤のメカニズム,事故の心理的要因など.
9. 交通安全教育と交通安全管理：企業内における交通安全教育,学校における交通安全教育など.

　その後に国内外で出版された交通心理学の概説書[5]もほぼ同様の内容をカバーしている．ただし，当時はあまりいなかった高齢ドライバーの特性と，それに付随する認知症と運転の問題について，最近の類書では多くのページを割いて論じられている．また，本書を今読み直して気づいたことは，現代の交通心理学においては最も重要な概念の一つであり，研究課題でもある**リスク認知**あるいは**リスク判断**について言及がないことである．これは心理学の研究パラダイムや心理学者の関心の歴史的変化を示すものとして興味深い．

自動車技術と交通心理学

　自動車製造業は我が国の主要産業であり，関係する企業，公的な研究機関，大学の研究室では，新しい安全技術の開発と実用化にしのぎを削っている．走行性能，低公害，低燃費などと並んで，いや現在ではそれらより上位に，安全性が自動車の重要な要件と位置づけられているからである．

　実際，近年の自動車安全技術の進歩はめざましい．設定した車間距離を保って自動的に加減速をしてくれるアダプティブ・オートクルージング，車線からはみ出しそうになると警報を出すレーン・ディパーチャー・ウォーニング，急ブレーキのときに制動力を補助してくれるプレクラッシュ・ブレー

5) たとえば，下記参照.
クレベルスベルク（著）蓮花一己（訳）(1990) 交通心理学 企業開発センター交通問題研究室
松永勝也（編著）(2002) 交通事故防止の人間科学　ナカニシヤ出版
Barjonet, P-E. (ed.) (2001) *Traffic psychology today*. Kluwer Academic Publishers.
Shinar, D. (2007) *Traffic safety and human behavior*. Elsevier.

キ・アシスト，暗い夜道で赤外線暗視装置の映像をディスプレイで見せてくれるナイト・ヴィジョン（ナイトビュー）などは，既に市販車にも搭載されている．さらに，居眠り運転の予兆を検知して警報や香りでドライバーの覚醒を促す装置や，飲酒運転防止を目的としたシステムも，実用化に向けた最終段階にある．

　これらの装置が普及した際に起きることが予想される問題は，安全システムの導入に伴うドライバーの行動変化（driver adaptation）である．既に航空分野ではコクピットの自動化が進み，パイロットによる自動化システムへの依存，過信，誤解，人間の操作意図と自動化システムの意図との不一致，突然のシステムの介入によって混乱するオートメーション・サプライズの現象，新しいシステムがもたらす新しいタイプの**ヒューマンエラー**など，様々な問題が発生し，大きな事故につながったケースも少なからずある．

　訓練の行き届いた航空パイロットですらそうなのだから，一般市民が運転する自動車で，新しいシステムがドライバーにどのような影響を与えるか予測し，事前に対応策を検討しておく必要性はいっそう強い．とくに，自動車の場合，ドライバーが認知したリスクレベルに応じて速度等の制御を自由にできるため，安全システムによって低減したリスクをドライバー自らが高める**リスク補償**（risk compensation）が懸念される．実際，営業運転中のタクシーを使ったフィールド実験で，ABS[6]を装備している車両を運転するドライバーの方が，装備していない車両のドライバーに比べ，急加速・急減速が多く，速度が高く，運転スタイルの評価値も悪いという結果も得られている[7]．今こそ自動車の技術開発に心理学からの，より積極的な関与が必要と考える．　　〔芳賀　繁〕

6）ABSとはアンチロック・ブレーキシステムのことで，急ブレーキの際の車輪のロックを防ぎ，ハンドル操作ができなくなる危険を低減する装置．

7）2番目の参考文献のp.133-136参照．

【参考文献】
蓮花一己（編）（2000）　交通行動の社会心理学：運転する人間のこころと行動　北大路書房
ワイルド，G.J.S. 芳賀繁（訳）（2007）　交通事故はなぜなくならないか：リスク行動の心理学　新曜社
吉田信彌（2006）　事故と心理：なぜ事故に好かれてしまうのか　中公新書

IV-42

ヒューマンエラー

human error

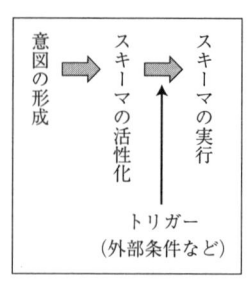

図42-1 ノーマンの活性化-スキーマ-トリガー・システム

（図内テキスト：意図の形成 → スキーマの活性化 → スキーマの実行／トリガー（外部条件など））

　サルヴェンディ（Salvendi, G.）が編集した人間工学のハンドブック[1]によると，**ヒューマンエラー**とは「許容限界を超える人間の行為であり，そのパフォーマンスの許容範囲はシステムによって定められている」とある．この「システム」という概念は，この文脈では「ヒューマン・マシン・システム」と同義である．ヒューマン・マシン・システムは人間と機械が与えられた目的を達成するために秩序をもって協働しているものであり，典型的なものとしては，化学プラント，原子力発電所，航空管制室，ジェット旅客機のコクピットなどがあげられる．

　ヒューマンエラーの問題が重大なものとして最初に認識されるようになったのは，化学プラントや原子力発電所など，先端技術の粋を集めた装置産業におけるオペレーションとメンテナンスである．なぜなら，このような自動化が進んだシステムにおいては，オペレータや保守作業員のちょっとした失敗が重大な結果を招き，非常に大きな人的・経済的被害をもたらす可能性があるからである．

　我が国では1970年代に全国各地の臨海工業地帯で石油化学コンビナートの爆発・火災，重油や有害物質の漏洩事故が相次いだことを受けて，ヒューマンエラーの分析と対策の研究が本格化し，橋本邦衛をリーダーとする日本人間工学会安全工学部会は1980年に『ヒューマンエラーにもとづく事故の原因分析手順書：化学プラント事故を例として』[2]をまとめた．海外でも，1979年のスリーマイル原子力発電所事故，1982年のベネズエラ・タコア製油所爆発，1984年のインド・ボパール農薬工場毒ガス漏れなどの大災害がヒューマン

1) Salvendi, G. (1987) *Handbook of Human Factors*, New York: Wiley Inter-science.

2) 安全人間工学部会 (1980) ヒューマンエラーにもとづく事故の原因分析手順書の試案とその解説　日本人間工学会

エラーを引き金として，あるいは被害拡大の要因として発生，ヒューマンエラー対策が急務であることを印象付けた．

ヒューマンエラーの概念は航空，鉄道，各種製造業などに直ちに普及し，その後，建設業などにおける労働災害や医療過誤にも広く適用されるに至っている．

心理学からのアプローチ

1981年に当時カリフォルニア大学サン・ディエゴ校にいたノーマン（Norman, D. A.）は行為の失敗について，自動的情報処理，スキーマ，記憶の活性化など認知心理学の概念を用いたモデルで説明した論文を *Psychological Review* 誌に発表した[3]．**活性化-トリガー-スキーマ・システム**（Activation-Trigger-Schema（ATS）System）と名づけられた彼のモデルによると，動作の意図が形成されると，その意図を実現するために必要な動作スキーマが活性化し，スキーマ実行のトリガー（引き金）となる事象によって活性化したスキーマが実行に移される（図42-1）．動作スキーマは「入れ子」構造になっていて，親スキーマの中には子スキーマ，孫スキーマが入っているともいう．たとえば「朝起きて出かける支度をする」という親スキーマの中に，「洗面する」「着替える」などの子スキーマがあり，「洗面する」の中には「歯を磨く」「顔を洗う」などの孫スキーマがあるというようにである．

さらに，ノーマンは，日常生活でおかすうっかりミスも，重大事故の原因となるヒューマンエラーも，意図の形成，スキーマの活性化，スキーマの実行のいずれかの段階で生じた失敗に起因するとして，様々な**スリップ**（うっかりミス）の例を3つの大分類，7つの中分類，16の小分類にカテゴリー化した．大分類とは「意図形成における失敗の結果として起こるスリップ」「スキーマ活性化の誤りの結果として起こるスリップ」「活性化されたスキーマを正しくトリガーできなかったために起こるスリップ」である．

もともとアメリカの人間工学者やヒューマンファクターズの実践家には心理学出身者が多かったので，システムの設計・改善，システム性事故の分析・対策に実験心理学的手法

[3] Norman, D. A. (1981) Categorization of action slips, *Psychological Review*, 88, 1-15.

がよく使われていた．ノーマンによるヒューマンエラーの研究や道具・機械のデザインに関する論考は，この分野における認知心理学的アプローチの有効性を強く印象づけ，その後の研究およびシステム設計に大きな影響を与えるものとなった．

同じ頃，スウェーデン国立リソー研究所のラスムッセン（Rasmussen, J.）は，原子力発電所制御室などにおけるオペレータの操作ミスを分析して**SRKモデル**を提唱した[4]．彼は，オペレータの操作が，技能（skill）に依存して遂行されるもの，規則（rule）に従って決められるもの，知識（knowledge）に基づいて行われるものという3類型に分けられ，それぞれのレベルの失敗が異なる種類のヒューマンエラーにつながること，したがって，エラー防止もそれぞれのレベルごとに異なる対策が必要であると主張した．彼のモデルは図示したときの形が梯子に似ていることから，**ラダー・モデル**とも呼ばれる（図42-2）．

ノーマンとラスムッセンの**認知的エラー**研究を継承・発展させたのがマンチェスター大学のリーズン（Reason, J.）である．リーズンはエラーを「計画されて実行された一連の人間の精神的・身体的活動が意図した結果に至らなかったもの（一部省略）」と定義した．そして，行動の計画・記憶・実行段階における失敗のあらわれが，それぞれミステイク・ラプス・スリップにつながると指摘したうえで，ミステイクは熟練の程度によって規則ベースのミステイクと知識ベースのミステイクに分けられ，ラプスとスリップは技能ベースのパフォーマンスに関係があると主張した．リーズンは多くの具体

4) Rasmussen, J. (1983) Skills, rules, knowledge: Signals, signs, and symbols and other distinctions in human performance models. *IEEE Transactions on Systems, Man, and Cybernetics,* **13**（3），257-267.

5) 図の日本語訳は小松原明哲著『ヒューマンエラー』（丸善 2003）による．

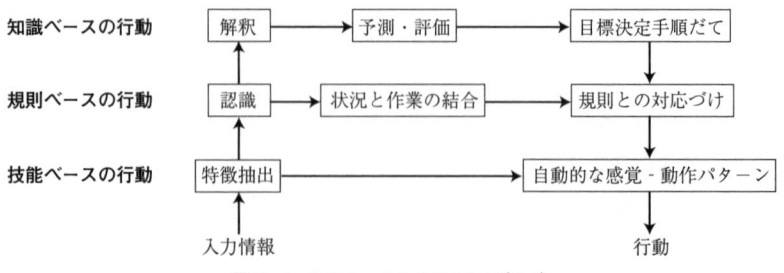

図42-2 ラスムッセンのSRKモデル[5]

例を挙げて彼のエラー分類を説明し，その発生メカニズムを人間の認知プロセスを通して理解しようと試みた．さらには，意図的な違反や事故防止策についても論じており，1990年に出版された『ヒューマンエラー』[6]は，認知心理学的エラー研究の金字塔と言っても過言ではない著作である．

個人のヒューマンエラーから組織の問題へ

1986年に起きたスペースシャトル・チャレンジャー号打ち上げ失敗とチェルノブイリ原子力発電所事故は，個人のエラーから組織のエラー，**安全文化**（safety culture）へと関心が移る契機となった．リーズンは早くも上記の著書の中で，巨大で複雑なシステムにおける事故要因を個人のエラーだけでなく，ライン管理やマネジメントレベルの意思決定にも求めている．その後，この問題に関する研究を深度化して，1997年に『組織事故』[7]と題する著書にまとめた．

国際原子力機関（IEA）の国際原子力安全諮問グループ（INSAG）は，チェルノブイリ事故を調査した報告書を1991年の公表し，この事故の背景に安全文化の欠如があることを厳しく指摘した[8]．INSAGによると「原子力発電所の安全の問題には，その重要性にふさわしい注意が最優先で払われなければならない．安全文化とは，そうした組織や個人の特性と姿勢の総体である」と定義されている．

その後，我が国でも原子力関係の事故やトラブルが多発して安全文化に対する関心が高まった．また，工場での火災・爆発，鉄道事故，航空事故などに際して，企業の組織風土の改善と安全マネジメント体制の構築が事故予防の要であるとの認識が広まった．

この問題に対する心理学からのアプローチとしては，安全文化や組織風土の評価尺度の開発，安全文化の規定要因に関する行動計量学的研究，安全マネジメントに関する組織心理学的研究などが，今日，活発に行われている．　　〔芳賀　繁〕

6) Reason, J. (1990) *Human Error*, Cambridge University Press.

7) Reason, J. (1997) *Managing The Risks of Organizational Accidents*, Ashgate Publishing Ltd.〔塩見弘（監訳）(1999) 組織事故　日科技連〕

8) International Nuclear Safety Advisory Group (1991) *Safety Culture*, Safety Series No.75-INSAG-4, International Atomic Energy Agency, Vienna.

【参考文献】

芳賀繁（2000）失敗のメカニズム　日本出版サービス（角川ソフィア文庫，2003）
大山正・丸山康則（編）(2004) ヒューマンエラーの科学　麗澤大学出版会

V 健康・障害

V-43

幸福感

happiness

健康の定義としては1946年にWHO（世界保健機関）により「身体的にも心理的にも社会的にも完全に良好な状態である」とされている[1]．この「良好な状態」という言葉が**ウェルビーイング**（well-being）である．したがって，健康科学の最終的な目標は，これらの側面を含む意味でのウェルビーイングの実現とされるわけであり，その一員としての**健康心理学**の目標も，このウェルビーイングの実現にあるということができる．

このウェルビーイングについて，客観的に評価しようとする立場がある．医療や福祉の方法などが効果的に機能しているかを判断する時などは，客観的な指標を使うことが望ましいということでもある．しかし，そうしようとすれば，身体的にも心理的にも社会的にも望ましい状態を網羅することになる．結果的には測定するべき項目が増大し，生活すべてにわたる目録になっていくだろう．その一方で，それらの項目がどのように重みづけられ総合的な評価に統合されるべきかは明確ではない．個別の状態の客観的な把握ができたとしても，ウェルビーイングという目標とどのような関係にあるかは曖昧になってしまう可能性がある[2]．

これに対して，それが「よい状態」かどうかについては，主観的な判断が重要であるという立場がありうる．この場合にも，さまざまな場面や状況について主観的な判断を聞いていくことも可能ではある．しかし，個々の場面にこだわらずに，本人が，それらをとりまとめて，全体としてよい状態だと評価しているかということをたずねることができる．人生ないし生活全体の総合的な評価である．

1) 世界保健機関（WHO）による定義は，この後に「単に病気でないとか虚弱でないということではない．」と続く．つまり，健康は病気がないことでなく，積極的な状態を指すことを意味している．

2) この関係は，QOL（Quality of Life）という概念が，実際の状況を客観的に把握しようとする時には，個別の項目の集合になってしまうのと似ている．個別に分解してしまうと，QOLは測定可能な概念ではなく，単なる理念になってしまうおそれがある．

このような総合的な主観的評価をたずねることのメリットのひとつは，それによって先に述べたような個々の諸要因が，その総合的評価にどのように影響するかを検討することが可能になることである．この意味で，健康心理学で取り上げられる**主観的幸福感**（subjective happiness）あるいは**主観的ウェルビーイング**（subjective well-being）[3]は，総合的なウェルビーイングのインデックスの役割をもっているということができる．

主観的幸福感の研究では，このように全体的に人生を判断することに意味があるという考え方にもとづいて評価が行われてきた．初期の研究では，「自分の人生について全般的にどのように感じていますか」という設問にその程度を回答するという単項目の尺度も用いられてきた．現在では，測定法の発展に基づき，信頼性や妥当性を高めるために複数項目で測定することが多い．

その中でも最もよく用いられているもののひとつが，ディーナー（Diener, E.）らによる**主観的人生満足感尺度**（Satisfaction with Life Scale; SWLS）[4]である．これは，「だいたいのところ，私の人生は理想に近い」といった5項目の質問に対して同意する度合いを7件法でたずね，回答の合計得点から，総合的な主観的ウェルビーイングを測定しようとしている．平均的アメリカ人は21〜25の範囲とされている．日本版はまだ十分な検討が行われているとは言いがたいが，大学生の平均は19程度とされ，中年集団では22程度とされている[5]．最近では，4項目の主観的幸福感尺度（Subjective Happiness Scale）も開発され，日本語版もある[6]．

このような総合的な評価という指標については，十分な信頼性や妥当性があるのかという問題が指摘されている．その重要な論点のひとつは，その時点で振り返ったこれまでの自分の人生や生活の記憶に対して，全般的な評価をしようとする時に，より良く評価してしまうというポジティブな反応バイアスが入りやすいという指摘である．この弱点を補うために，SWLSなどでは，他者による評価を用いるノミネート法などのさまざまな方法によって妥当性が検討されている．ま

3) ここでは，この領域での用語法に従って，幸福という言葉をウェルビーイングと同じ意味に限定して用いることにする．したがって，主観的幸福感と主観的ウェルビーイングは同じことを意味する．

4) Diener, E., Emmons, R.A., Larsen, R.J., & Griffin, S. (1985) The satisfaction with life scale. *Journal of Personality Assessment*, 49, 71-75. PsycLitによれば，この論文は1000以上の論文に引用されている．

5) 角野善司（1994）人生に対する満足尺度（the Satisfaction With Life Scale [SWLS]）日本版作成の試み　日本教育心理学会第36回総会発表論文集，192.

6) Lyubomirsky, S. & Lepper, H.S. (1999) A measure of subjective happiness: Preliminary reliability and construct validation. *Social Indicators Research*, 46, 137-155.
日本版は，島井哲志・大竹恵子・宇津木成介・池見陽・Lyubomirsky, S. (2004) 日本版主観的幸福感尺度（Subjective Happiness Scale: SHS）の信頼性と妥当性の検討　日本公衆衛生学雑誌 51, 845-853.

た，最近では，ランダムな時刻にその時に経験していることを調査記録する**経験抽出法**（ESM; experience sampling method）などが併用されることの必要性が指摘されている[7]．このように，多面的な方法をとることで，総合的な評価がどのような要因に影響されているのかも明らかになりつつある．

　幸福感やウェルビーイングに注目が集まることは，基本的な物質的欲求が満たされてくる中で，多くの人たちの関心が物質的な豊かさから精神的な豊かさや人生の充実へと向かっていることによると考えられる．その意味では，昔に比べると，「幸福」という言葉の意味しているものから，物質的な豊かさという側面が薄れてきたと考えることができる．

　このような傾向が見られる背景には，物質的豊かさのありがたみが薄れてしまう，**ヘドニック・トレッドミル**（hedonic treadmill）と呼ばれている現象がある可能性がある．これは宝くじに当たった人たちも，その翌日には，前日ほどには，当たったことを思ってもうれしくはないという現象である．このために，物質的な豊かさによって幸福レベルを維持し続けるためには，常にそのために走り続けなければならないことになる．裕福さからくる幸福感を維持するには，さらに多くの富が必要とされ，それは際限のない欲望というかたちであらわれることになる．そのような欲望の反映として，過度の経済優先の価値観が裕福な国の一部に蔓延していると考えられる．

　ウェルビーイングや幸福感を重視する傾向は，このような過度の経済優先の価値観への反省があると考えることもできる．もっとも，世界各国の大学生を対象とした調査では，大部分の回答者はお金よりも幸福や人生の満足を重視していると回答しており，わずかに6％だけがお金を幸福より重視していると回答しているに過ぎないという報告もある[8]．つまり，お金を重視する人たちは相対的には少数者であるのかもしれない．しかし，社会全体の物質主義への疑問という傾向が，ウェルビーイングや幸福感の研究の背景にあると考えてよい．その意味では，アリストテレスの言う最高善としての

7) Diener, E., Lucas, R. E., & Oishi, S. (2002) Subjective well-being: The science of happiness and life satisfaction. In C.R. Snyder, & S.J. Lopez (Eds.) *Handbook of positive psychology.* pp.463-73, New York: Oxford University Press.

8) Diener, E. (2000) Subjective Well-Being: The Science of Happiness and a Proposal for a National Index. *American Psychologist,* 55, 34-43.

エウダイモニア（eudaimonia）の意味する「善く生きる」ことや，わが国で重視されてきた「生きがい」につながるものである．

　主観的な幸福感の研究における重要な知見のひとつは，多くの人たちが，自分自身を幸福であると感じているということである．日本人は先進諸国の中では主観的幸福感はやや低い傾向にあるが，多くの調査で自分の幸福感が平均以下であると回答する人の割合は 20% 以下である．言い換えれば，人なみ以上に幸福だと回答する割合が 80% 以上あるとされることが多い．これは世界に共通の現象である．

　先に，裕福であるだけでは幸福感を維持するのは困難であることを紹介したが，国別に経済的裕福さと幸福感を整理してみると，ある程度裕福な国では幸福感は一定以下にはならない．つまり，裕福さは不幸からは逃れることを保証していそうである．しかし，貧しい国同士で比較してみると，裕福な国と変わらないくらい幸福感の高い国もあれば，非常に不幸な国もある．つまり，裕福でないからといって不幸だとは限らない．また，日本は，かなり豊さが高いにもかかわらず，幸福度がほかの国に比べて明らかに低くなっており，裕福だからといって幸福度が高く保てるわけではないことの例に挙げられる[9]．

　幸福感は，認知的評価でもあるが，その時に同時にポジティブな感情状態にあると考えられる．したがって，ポジティブな感情と幸福感の関係はかなり近いものである．このために，**自尊心**（self-esteem）や**楽観性**（optimism）のようにポジティブな感情状態につながる要因が幸福感にも関連しており，幸福感が高いことは，これらが予測するとされる健康や成功をもたらしやすいとされている[10]．　　　〔島井哲志〕

9) Myers, D.G. (1992) *The pursuit of happiness. Who is happy and why?* New York: W. Morrow.

10) Segerstrom, S.C. (2006) *Breaking Murphy's law*, Guilford Press. 〔島井哲志・荒井まゆみ（訳）(2008) 幸せをよぶ法則　楽観性のポジティブ心理学　星和書店〕

【参考文献】
セリグマン, M.E.P.／小林裕子（訳）2004　世界でひとつだけの幸せ　アスペクト
島井哲志（編）2006　ポジティブ心理学：21世紀の心理学の可能性　ナカニシヤ出版

V-44
ポジティブ心理学

positive psychology

　ポジティブ心理学は，1998年に，当時アメリカ心理学会の会長であった**マーティン・セリグマン**（Seligman, M.）によって提案された[1]．セリグマンは，学習性無力感の実験的研究から，**楽観性**（optimism）の応用的研究へと展開した人物であり，そのさらなる発展としてこの提案があったといえる．1999年からは，ポジティブ心理学サミットが開催され，**ダニエル・カーネマン**（Kahneman, D.）[2]をはじめとして著名な研究者らの研究発表が行われてきた．その顔ぶれから分かることは，広範囲な領域のさまざまな主義主張の人たちが集まっていることである[3]．

　ポジティブ心理学は，**健康心理学**の領域に限定されたものではなく，あらゆる心理学領域において人間のポジティブな機能を再評価し，研究・実践していくことを推進する学問的な運動である．現時点では，アメリカにおけるポジティブ心理学は，応用領域としては，健康心理学よりもむしろ臨床心理学やビジネス領域との関係が深い．また，研究領域としては，感情心理学や社会心理学との関係が深い．しかし，健康心理学の最終目標が**ウェルビーイング**（well-being）や**幸福感**（happiness）であることを考えれば，ポジティブ心理学は健康心理学にとってもきわめて重要な提唱であることはいうまでもない．

　たとえば，カトリックの修道女を対象とした研究では，修道女になるときに提出した自己紹介文から若い時の幸福感を推定している．その得点の上位25％と下位25％を比較すると，彼女たちがまったく同じ食生活で同じ習慣の生活を送っているにもかかわらず，85歳時点での生存率は，幸福な集団が

1) Seligman, M.E.P. (1998) The president's address. (http://www.psych.upenn.edu/seligman/aparep98.htm ; 参考文献にあげた，島井（2006）の第2章に訳がある．)

2) カーネマンはノーベル賞受賞の心理学者．ポジティブ心理学に関連しては，次がある．Kahneman, D., Diener, E., & Schwarz, N. (1999) *Well-being: The foundations of hedonic psychology.* NY, Russell Sage.

3) ポジティブサミットの記録は，ペンシルヴァニア大学のポジティブ心理学センターのホームページで見ることができる．
http://www.ppc.sas.upenn.edu/pospsy.htm

90％であったのに対して，幸福でない集団は34％にすぎず，94歳時点では54％に対して11％ときわめて低いことが示されている[4]．このように，ポジティブな状態が，長寿（死亡率）の予測因子となるということも，ポジティブ心理学が健康心理学にとって重要である，もうひとつの理由である．

ポジティブ心理学の基本的な提案は，20世紀の心理学が人間の心の働きのネガティブ部分に過度に集中したことを反省し，心理学の使命は，ネガティブな問題に対する研究実践と同時に，ポジティブな心の働きを研究し実践を充実させることにあることを強調するものである．それは，心理学が，ますます社会貢献するためには，不安や怒り，ストレスなどがない状態を作り出すことだけではなく，充実した人生やそれを支える要因は何なのかを明らかにして，それをどのように実現するのかを手助けできるようになる必要があると考えているためである．

セリグマンは，ポジティブ心理学を3つの主要な領域に分類している[5]．すなわち，ポジティブな経験の研究，ポジティブな特性の研究，ポジティブな組織の研究である．

ポジティブな経験について，セリグマンは，さらに，心地よいという感覚を基本にした**快楽的人生**（pleasant life），うれしいとか満足という幸福感を基本にした**幸福な人生**（happy life），そして，目的に向う努力が報われるという**意義ある人生**（meaningful life）という3種類があると考えている．そして，人間としての成長は，快いあるいは楽しいことを手に入れることではなく，意味のある経験を目指すことで得られると考えている．

ポジティブな経験の研究では，快感，**フロー（flow）経験**や幸福感などが取り上げられている．また，ポジティブな感情の研究としては，フレデリクソン（Fredrickson, B.）は**拡張-形成理論**（Broaden-and-Built theory）を提唱し，ポジティブな感情によって，思考や行動のレパートリーが拡張され，それがさまざまな資源を形成して，人間をさらに成長させていくことを提案している[6]．

ポジティブな特性の研究では，楽観性の研究が進められて

4) Danner, D.D., Snowdon, D.A., & Friesen, W.V. (2001) Positive emotions in early life and longevity: Findings from the nun study. *Journal of Personality and Social Psychology.* **80**, 804-813.

5) Seligman, M.E.P. (2002) *Authentic happiness.* Free Press.〔小林裕子（訳）(2004) 世界でひとつだけの幸せ　アスペクト〕

6) Fredrickson, B.L. (2001) The role of positive emotions in positive psychology: The broaden-and-build theory of positive emotions. *American Psychologist*, **56** (3), 218-226.

きたが，ピーターソン（Peterson, C.）は，人間のポジティブな特性である**人間力**（human strengths），言い換えれば**人徳**（virtues）の研究を行っている[7]。これは，人間のポジティブな特性を網羅しようとする試みである．個別のポジティブな特性の研究はあるが，そこで試みられているそれらを網羅する試みは，ネガティブな心の状態やその影響などを網羅したアメリカ精神医学会の精神疾患の分類と診断の手引き（DSM; Diagnostic and Statistical Manual of Mental Disorders，現在の版はDSM-IV-TR）のポジティブ版を作成するという意図によるものである．そこでは，**知恵と知識**（wisdom and knowledge），**勇気**（courage），**人間性**（humanity），**正義**（justice），**節度**（temperance），**超越性**（transcendence）という6領域が考えられ，それぞれにいくつかの特性があり，全部で24の人間力が考えられている．ポジティブな組織や社会づくりは，より実践的な領域であり，基礎的な研究とのつながりは今後の課題であるとされている．

最近，刊行された，ピーターソンのポジティブ心理学の教科書[8]は，1) ポジティブ心理学とは，2) ポジティブ心理学を学ぶこと，3) 快楽とポジティブな経験，4) 幸福感，5) ポジティブな思考，6) ポジティブな特性，7) 価値，8) 興味・能力・成功，9) ウェルネス，10) ポジティブな人間関係，11) ポジティブな組織，12) ポジティブ心理学の今後，という12章の構成になっている．セリグマンたちの進めてきた考え方を最もよくあらわしている教科書である．

また，スナイダー（Snyder, C.R.）とロペス（Lopez, S.J.）の教科書では 1), ポジティブな観点から心理学を見る，2) 発達の中でのポジティブ心理学，3) ポジティブな感情状態とその過程，4) ポジティブな認知状態とその過程，5) 向社会的行動，6) 人間行動の理解と変容，7) ポジティブな環境，8) 心理学の未来をポジティブに見る，という7部構成になっている．彼らは，『ポジティブ心理学ハンドブック（Handbook of positive psychology）』と『ポジティブ心理学測定ハンドブック（Positive psychological assessment: A handbook of models and measures）』の2冊も出版しており，実質的に

[7] Peterson, C., & Seligman, M.E.P. (2004) *Character strengths and virtues: A handbook and classification*. Washington, DC, US: American Psychological Association.

[8] Peterson, C. (2006) *A primer in positive psychology*. NY, Oxford University Press.

ポジティブ心理学の研究情報を整えてきたと言える[9]．

「ポジティブ」という言葉を聞くと，一般に流布している**ポジティブ思考**（positive thinking）を思い浮かべるかもしれない．ポジティブ思考は，どんなに悪いことが起きたとしても，そのなかの良いことを見つけていくという態度であり，いつも前向きで楽しく過ごすようにしようという考え方である．翻訳書もあり，ビジネス関連書もあるように，賛同している人も多いようである[10]．

しかし，ここまでの紹介でも分かるように，ポジティブ心理学はポジティブ思考とは同じものではない．セリグマンは，ポジティブ思考は何の根拠もなく自分がよい方向にあると信じ込もうとするものであり，悪いことが起こる可能性を考えることへの恐怖に基づいていると指摘した．そして，これに対して，ポジティブ心理学は，科学的研究に基づくものであり，困難な現実を否定するものではなく，ポジティブ思考とネガティブ思考のバランスを整えるものであるのだと説明している[11]．

ポジティブ心理学が，心理学で良い貢献をするためには科学的方法論に基づいた研究の積み重ねが不可欠である．その意味では，心理学研究者に対して科学的方法論の重要性を強調する必要がある．しかし，一般の人たちに向けて，両者の違いを強調することが必ずしも分かりやすいとは限らない．ポジティブ心理学もポジティブ思考の重要さも強調している以上，その役割は，より良いポジティブ思考を提案し広めていくことにあると思える．

ポジティブ心理学は，きわめて短い期間に発展し，英文の専門学術誌も刊行されている[12]．これを見ると急速に発展してきたように見えるが，その内容の多くはこれまでに心理学のさまざまな領域で積み重ねられてきた研究を整理しなおしているところもある．ポジティブ心理学の理念に基づいた新しい研究成果が本当に生み出されてくるのは，これからなのだということができる．

〔島井哲志〕

【参考文献】
島井哲志（編著）2006　ポジティブ心理学　ナカニシヤ出版

[9] 教科書: Snyder, C.R., & Lopez, S.J. (2007) *Positive Psychology*. Sage. ハンドブック: Snyder, C.R., & Lopez, S.J. (2002) *Handbook of positive psychology*. London, Oxford University Press. アセスメント: Lopez, S.J., & Snyder, C.R. (2003) *Positive psychological assessment: A handbook of models and measures*. Washington, DC, American Psychological Association.

[10] ピール, N.V. 桑名一央・市村和夫（訳）(2003) 積極的考え方の力：ポジティブ思考が人生を変える　ダイヤモンド社

[11] セリグマンの前掲書5）の p.96 と p.288-299 を参照．

[12] *Journal of Positive Psychology* が Routledge 社より 2006 年から年4回刊行されている．

V-45
認知行動療法

cognitive behavior therapy

認知行動療法は,「クライエントの持つ行動や情動の問題のみならず,認知的な問題をも治療標的とし,これまで効果が実証されている行動的技法と認知的技法を効果的に組み合わせることによって,問題の解決を図ろうとする治療のアプローチの総称」と定義されている[1]。また認知行動療法は,患者が生活の中で経験する行動的(健康や適応上の問題となる習慣的行動,癖など),情緒的(不安,抑うつ,イライラなど),認知的(否定的思考,過剰な懸念,こだわり,自信のなさなど)問題をターゲットとして,学習理論をはじめとする行動科学の諸理論や行動変容の諸技法を用いてこれらを改善するとともに,適応的な反応を積極的に学習させていくことをねらいとした治療・介入であると特徴づけることができる.

そもそも認知行動療法は,1950年代に発祥した**行動療法**を源としているが,行動療法の発展と適用範囲の拡大に伴って,行動に及ぼす認知の機能が重視されるようになった.それに伴って,治療変数として予測や判断,価値観や信念といった認知面が積極的に扱われるようになった.また,それらにアプローチしていくことで,クライエント自身が自分の問題や症状への理解が深まり,行動や情緒の問題解決を効果的に行なうことができるようになった.それが認知行動療法へと発展していったのである[2].

認知行動療法の特徴としては,治療過程が構造化されており,行動,認知,情動,生理的変化などが相互に影響しあうことを前提とし,各側面に多面的に働きかけ,治療効果をもたらそうとする点を挙げることができる.そして,治療を通

1) 坂野雄二(1995)認知行動療法 日本評論社

2) 岩本隆茂・大野裕・坂野雄二(編)(1997)認知行動療法の理論と実際 培風館

してクライエントの自己理解や気づきを促し，問題解決能力を身につけさせる．さらに，現在直面している問題のみならず，将来問題が生じたときにクライエントが自ら対処できるようになることを最終目標としている．したがって，認知行動療法は，比較的初期の段階からクライエントがセルフコントロール能力[3]を身につけることができるように積極的に支援していく．

認知行動療法の実際

まず，クライエントがどのような場面で，どのように行動し，考え，感情や情緒の問題を体験しているかといった点から**アセスメント**を行う必要がある．認知行動療法のアセスメントでは，① クライエントの症状を多面的に評価すること，② クライエントの症状を特定の場面で見られる具体的な反応と，多くの場面で共通してみられる反応の2つに分けて評価すること，③ 症状がなぜ維持されているのかを「先行条件‐反応‐結果」の一連の流れで評価すること（機能分析的理解），という3つの視点からクライエントの問題を理解していく．

さらに，アセスメントを通して，クライエントの主訴を具体的な治療標的に置き換えることで明確化し，その治療標的のどこから問題解決をするかが検討される．その際には，治療標的のどの部分が変化させやすいか，そしてどの部分が変化することで次にどの部分が変化するのかといった，問題解決の連鎖を引き起こすように問題を整理し，関わっていく[1]．

アセスメントや問題点が整理された後には，その治療標的に沿った治療技法が適用されることとなる．認知行動療法のテクニックは，

① 心理行動面のアセスメントと問題解決に向けたプランニングに関するテクニック群（**ケースフォーミュレーション**）

② 望ましくない行動の改善と適応行動の形成のためのテクニック群（**行動のコントロール**）

③ 気分・感情のコントロールのためのテクニック群（**情動のコントロール**）

3）セルフコントロール能力：クライエントが生活上の問題点や悪循環を自ら理解し，それらを現実の生活に照らし合わせながら，より適応的な対応が行えるようになること．

④ 感情や行動の背景にある判断，評価，思考プロセスの制御のためのテクニック群（**認知のコントロール**）から構成されている[4]．

さらに認知行動療法では，各種治療技法を特定の症状や疾患に対応させて組み合わせた「治療パッケージ」が多く開発されている．たとえば，ベック（Beck, A.T.）の**認知療法**，エリス（Ellis, A.）の**論理療法**，マイケンバウム（Meichenbaum, D.）の**ストレス免疫訓練**，ネズ（Nezu, A.M.）の**問題解決療法**などがある．このように，認知行動療法の治療技法の多くは，症状別，問題別の手続きが詳細に示されているため，クライエントの問題に適切な治療技法を検討する際に有効な指針となる．

しかしながら，これらの治療パッケージは，標準的な介入指針を示したものに過ぎず，実際の治療場面においては，その治療パッケージをクライエントが取り組みやすいように最適化していく必要がある．つまり，クライエントの特徴や生活環境を充分に考慮した上で，さまざまな工夫を加えながら導入していくことが不可欠である[4]．

治療者の役割

認知行動療法における最終目標は，クライエントのセルフコントロール能力を向上させることである．したがって，治療における主体者はクライエントであり，治療者は協力者という役割を担う．そして，十分な治療効果を得るためには，治療者はいくつかの治療的役割を担う必要がある．つまり，① クライエントが症状軽減のための様々な試みを段階的に，しかもスムーズに行っていくことができるように，援助し，示唆を与える役割（協力者としての治療者），② クライエントが，柔軟な考え方や適応的な行動を身につけていくために，望ましいモデルを提示する役割（良きモデルとしての治療者），③ クライエントの望ましい反応に対して賞賛を与え，強化する役割（強化者としての治療者）である．

認知行動療法の効果と適用

認知行動療法は，臨床心理学の歴史の中では比較的新しい心理療法であるが，その発展はめざましいものがある．その

4）鈴木伸一・神村栄一（著）坂野雄二（監修）（2005）実践家のための認知行動療法テクニックガイド：行動変容と認知変容のためのキーポイント　北大路書房

背景には，実証性を重視し，科学的アプローチによって治療技法を開発してきた歴史がある．具体的には，① まず臨床観察などから得た情報に基づき，どのような要因が症状の発症や維持に関与しているのかについての仮説モデルを構築する．② 次に，その要因を実際に操作することによって[5] 症状に変化が見られるのかを実証的に検証し，仮説の妥当性が検討される．③ そして，その仮説が支持されれば，症状の維持要因を除去するための治療法を開発し，治療効果の検証が行なわれるという手順である．さらに，近年では，治療効果のみならず，さまざまな技法がある中で，クライエントの問題や症状に最も効果的な方法は何かという点を，治療に影響を及ぼす諸要因を厳密に統制した無作為比較試験によって検証される取り組みも盛んに行われるようになり，認知行動療法の有効性が実証されている．

以上のような実証的研究によって得られた知見では，認知行動療法は，うつ病，摂食障害，様々な不安障害（パニック障害，社会不安障害，強迫性障害，外傷後ストレス障害），統合失調症，人格障害，生活習慣病の予防と健康の管理，児童期の不適応問題や発達障害への援助など，さまざまな心理社会的問題の解決に有効であることが示されている[6]．

また，認知行動療法が脳機能や免疫機能にどのような影響を及ぼすのかといった，生物学的レベルでの検討も盛んに行われるようになった．脳科学，精神神経免疫学などの援用から，クライエントの問題や症状の形成メカニズムを明らかにすることで，心理学的治療と生物学的治療の統合的な運用法が確立されることが期待される．〔伊藤大輔・鈴木伸一〕

5) たとえば，学校や職場で不適応に陥っているクライエントに対して，ソーシャルスキルが低いため，対人関係で困難を呈していると仮定する．その後，ソーシャルスキルを伸ばす介入を実施し，実際に適応状態に変化が見られたかどうかについて評価する．

6) Roth, A. & Fonagy, P. (2005) *What works for whom?: A critical review of psychotherapy research.* 2nd edition, New York: Guilford.

【参考文献】
鈴木伸一・神村栄一（著）坂野雄二（監修）(2005) 実践家のための認知行動療法テクニックガイド：行動変容と認知変容のためのキーポイント　北大路書房

V-46
ストレス対処

stress coping

　私たちが生活をしていく上で，ストレスを避けることはできない．ストレスの原因となるものをストレッサーというが，ストレッサーそのものを完全に取り除くことが困難である以上，ストレスフルな環境にいかに適応して健康保持に努めていくかが重要となる．私たちは，なんらかのストレッサーにさらされると，ストレッサーから回避したり，問題となっている事柄を解決したり，新たな考え方を探索することでストレス反応を緩和しようと試みる．このようなストレッサーの除去やストレス反応の緩和を目的としてなされる認知的・行動的努力を**ストレス対処**という．

ストレス対処の概念と分類

　ストレス対処は，当初，不安や抑うつ，罪悪感，恥などの不快な感情体験から心理的な安定を保つために無意識的に用いられる抑圧や退行といった防衛機制の理論の中で概念化されてきた．しかし，1960年代から，脅威事態に対応するために行なわれる「意識化された行動反応」として捉えられるようになった．そして現在では，ストレス場面で行なわれる顕在化した行動に加えて，諦めや肯定的解釈といった認知的反応を含むものとして概念化されている．

　ストレッサーに直面した時，人は様々なストレス対処を行なうことが知られているが，その分類方法は研究者によって多岐にわたっている．そのような現状を背景として，鈴木・神村[1]は，従来のストレス対処の分類に関する研究を展望し，ストレス対処の分類次元として，① 直面する問題に接近しようとするストレス対処であるか，あるいは回避しようとするストレス対処であるかといった方向性に関する次元

1) 鈴木伸一・神村栄一 (2001) コーピングとその測定に関する最近の研究動向　ストレス科学 16, 51-64.

（接近-回避次元），②問題を解決することに焦点をあてたストレス対処であるか，あるいは情動的な混乱の沈静に焦点をあてた対処行動かといった行動の焦点をどこに向けるかに関する次元（問題-情動次元），③行動的なストレス対処であるか，あるいは認知的なストレス対処であるかといったストレス対処の表出系に関する次元（行動-認知次元）がこれまでに提唱されていることを指摘した．

また，トービン（Tobin, D.L.）ら[2]や神村ら[3]は，ストレス対処の下位概念を1つの次元に沿って理解するのではなく，上記のような下位概念の特徴を異なる側面から説明する複数の次元を同時に設定した分類を試みている．その結果，対処行動の下位概念を3次元から理解することが可能であり，3次元の組み合わせから表現される8領域に対処行動の下位カテゴリーを分類することが妥当であることを明らかにした．鈴木[4]によると，この分類方法は，これまで提唱されてきた分類に関する次元を包括的に理解できる点や，ストレス対処の下位概念の特徴を次元の組み合わせによって明確化できる点において有用であると指摘されている．つまり，ストレス対処の特徴を詳細にかつ具体的に分類することを目的とする場合には，ストレス対処の分類に関しては，接近-回避次元，問題-情動次元，行動-認知次元の3次元の組み合わせに基づく分類が妥当である[3]．

ストレス対処とストレス反応

ストレス対処の分類に関する研究とともに，ストレス対処が**ストレス反応**に及ぼす影響についても多くの研究が行なわれてきた．ストレス対処とストレス反応に関するモデルとして今日広く受け入れられている理論は，ラザルス（Lazarus, R.S.）とフォルクマン（Folkman, S.）[5]によって提唱された心理学的ストレス理論である．この理論では，ストレッサーにさらされた人は，状況への認知的評価とストレス対処の過程を経て，ストレス反応の表出に至るとされる．つまり，ストレッサーを知覚したとき，まずはその問題の重要性や脅威性の評価がなされる．そして，その問題が個人にとって重要かつ脅威であると評価された場合には，その脅威性をコント

2) Tobin, D.L., Holroyd, K.L., Reynold, R.V., & Wigal, J.K. (1989) The hierarchical factor structure of the coping strategies inventory. *Cognitive Therapy and Research*, 13, 343-361.

3) 神村栄一・海老原由香・佐藤健二・戸ヶ崎泰子・坂野雄二 (1995) コーピング方略の3次元モデルの検討と新しい尺度 (TAC-24) の作成 教育相談研究 33, 41-47.

4) 鈴木伸一 (2003) 3次元（接近-回避，問題-情動，行動-認知）モデルによるコーピング分類の妥当性検討 心理学研究 74, 504-511.

5) Lazarus, R.S. & Folkman, S. (1984) *Stress, appraisal, and coping*. New York: Springer.〔本明寛・春木豊・織田正美（監訳）(1991) ストレスの心理学：認知的評価と対処の研究 実務教育出版〕

ロールできるかどうかといった統制可能性の評価がなされる．さらには，その問題に対してどのような対処を行なうかが選択され，その結果としてストレス反応が表出されるのである．

　従来の理論では，ストレッサーがストレス反応に直接影響を及ぼすと考えられてきたが，この理論では，一連の認知的・行動的過程の個人差が媒介要因として作用し，ストレス反応の質や強度が決定されると考えられている．そのため，この理論は，ストレス状況における多様な反応性の個人差を説明する有力な理論として、心理的ストレス発生のメカニズムの解明に大きく貢献し，その後もこの理論に基づいたストレスに関する実証的研究が数多く行なわれることになった．

　さらに，ストレス対処の効果についても知見が積み重ねられてきた．まず，ストレス対処の一般的効果としては，問題を解決する，計画を立てる，情報を収集するといったストレス因の解決に焦点をあてた問題焦点型のストレス対処は，抑うつや不安といったストレス反応を緩和する作用を持つことが知られている．一方，嫌なことを考えないようにする，諦めるといった情動焦点型のストレス対処はストレス反応を増悪することが知られている．しかしながら，問題焦点型のストレス対処がストレス反応に有効なのは，ストレッサーの統制可能性が高い場合であり，統制可能性が低い場合には情動焦点型ストレス対処の方が有効であるとの指摘もある．つまり，ここから，ある特定のストレス対処がいつも同じような効果を持つわけではないことが示唆される．

　このことに関して，コンウェイ（Conway, V.J.）とテリー（Terry, D.J.）は，あるストレス対処が有効か否かは，そのストレス対処方略の持つ性質や効果のみならず，環境によっても影響を受けると指摘し，**適合性仮説**（goodness of fit hypothesis）を提案した[6]．つまり，状況に適したストレス対処方略が採用されれば，ストレス反応の緩和に繋がるが，不適切であれば，逆にストレス反応を増悪させる結果になるとした．このようにストレス対処の効果は，ストレス状況に対する認知的評価のあり方やストレス状況の文脈的変化によ

6) Conway, V.J. & Terry, D.J. (1992) Appraisal controllability as moderator of the effectiveness of different coping strategies: A test of the goodness of fit. *Australian Journal of Psychology*, 44, 1-7.

って異なる可能性が示唆されており，ストレス対処の有効性はストレス状況などの環境に依存していると考えられている．したがって，ストレスを緩和させるためには，ストレッサーに対する統制可能性やストレス状況の文脈的変化を正しく評価し，それに適切な対処を選択することが重要であるとされている．

状況に応じたストレス対処

ストレス状況の変化にかかわらず，特定のストレス対処に固執することは，ストレス反応を高めることに繋がる可能性が示唆されている．このような知見を背景として，研究の方向性も，個々のストレス対処の性質や効果についての研究から，状況に即して適切にストレス対処を運用する能力についての研究が活発に行われるようになっている．

たとえば，ストレス対処の「柔軟性」という概念が提唱されている．ストレス対処の柔軟性は，状況に応じて，ストレス対処を臨機応変に使い分ける能力であると考えられており，ストレス反応の個人差を予測する有力な要因として提唱されてきた．つまり，ストレス対処への柔軟性が高い者は健康状態が良好であるが，限られたストレス対処に固執する柔軟性の低い者の精神的健康は不良であると考えられている．しかしながら，今のところストレス対処の柔軟性に関する操作的定義は必ずしも明確であるとは言えず，柔軟性や状況への適切性に関する評価法も必ずしも十分に確立されているとはいえないのが現状である．ただ単に状況の変化に対してストレス対処の変動が見られることが，個人の健康状態に必ずしも適応的に作用するとは限らないという指摘がなされており，今後更なる検討が必要である．〔伊藤大輔・鈴木伸一〕

【参考文献】

ラザルス，R.S.・フォルクマン，S.／本明寛・春木豊・織田正美（監訳）　1991　ストレスの心理学：認知的評価と対処の研究　実務教育出版

V-47

発達障害

developmental disorder

発達障害とは，発達期における脳の機能障害によって生じるもので，知的障害や脳性麻痺などの他に**自閉症**，**ADHD**（注意欠陥多動性障害），**LD**（学習障害）も含む広範な概念である．ただし，近年では，**発達障害**というと自閉症関連障害に限定して捉えられることが多い．なぜそのようになったのかというと，この概念をめぐって以下に示すような歴史的経緯があるからである．

1943年　米国の児童精神科医，カナー（Kanner, L.）が自閉症についての最初の報告を行う[1]．

1970年　自閉症は脳の機能障害による認知・言語の障害である，と考えられるようになる[2]．

1980年　DSM-Ⅲ[3]に**広汎性発達障害**（pervasive developmental disorder）の項目が入り，自閉症もその中に含まれるようになる．

1994年　DSM-Ⅳの広汎性発達障害の中に**アスペルガー障害**が含まれるようになり，社会性の障害として定義されるようになる．

2004年　わが国において**発達障害者支援法**が制定される．

2007年　わが国において**軽度発達障害児**への教育に重きをおいた**特別支援教育**が始まる．

以上は，自閉症と関連させつつ，発達障害にまつわる出来事を年表的に表したものである．自閉症を最初に報告したカナーは，この障害を最初，脳障害によるものと考えたが，その後，心因性と見なすようになり，また，それが当時の一般的な捉え方となっていった．このことが，自閉症を発達障害としない当初の考え方を生み出したと言える．

1) Kanner, L. (1943) Autistic disturbance of affective contact. *Nervous Child*, 2, 217-50.

2) このような動向の中で，1971年に創刊された自閉症研究の国際誌，*Journal of Autism and Childhood Schizophrenia* も1979年より，*Journal of Autism and Developmental Disorders* に変更された．

3) American Psychiatric Association (1980) *Diagnostic and statistical manual of mental disorder*, 3rd ed. Washington: APA. の略称．現在は，このマニュアルの第Ⅳ版，DSM-Ⅳ-TR（2000）が一般に用いられ，以下の翻訳版がある．
高橋三郎・大野裕・染矢俊幸（訳）(2003) DSM-Ⅳ-TR 精神疾患の分類と診断の手引 新訂版　医学書院

しかし，1970年代になると，この考え方に第一の転換が生じる．自閉症者の中にてんかんなどを生じる者がいること，言語や認知の発達に障害があることなどが明らかになってきたのである．つまり，この時点で自閉症は発達障害に含まれるようになり，DSM-Ⅲでは広汎性発達障害の一種として位置づけられるようになった．ただ，当時は，社会性や情動機能の障害は発達障害に含まない傾向があった．そのため，社会性の障害やこだわりなどの自閉症状をもっていても，言語機能の遅れがないと発達障害と見なされないばかりでなく，自閉症とさえ診断されない時代が続くのである．

ところが，1990年代になると，情動や社会的行動と脳との関係も広く認知されるようになり，その障害は発達障害と見なされるようになる．そして，DSM-Ⅳでも，アスペルガー障害（初期の言語発達に遅れがないタイプの自閉症）が広汎性発達障害の中に位置づけられるようになった．

以上の動向は，自閉症児に対する療育方法にも反映し，当初は心因的な見方により，心を解放するため遊戯療法（play therapy）が中心だったが，1980年代より，TEACCHプログラム[4]のように，自閉症者を脳障害者と見なし，その障害特性に合わせた療育方法が主流となっていく．

一方，これらの子どもたちに対して，法的対策もとられるようになり，わが国では，2004年に発達障害者支援法が制定される．この中では，発達障害はLD，ADHD，**高機能自閉症**とする，と定められており，特に，それまで福祉の対象となりにくかった自閉症者への支援を唱える内容だった．以来，わが国では，発達障害というと自閉症に結びつきやすい傾向が生まれたと考えられる．

また，この間に，LD，ADHD，高機能自閉症のような軽度発達障害（発達障害の中でこれらだけを示す場合には，こう呼ぶことが多い）をもつ者の数は全児童の10パーセントほどに及ぶことが分かってきた．彼らは認知や行動において様々な特性をもつため一律の教育方法には対応せず，特別な教育的ニーズをもっている．そこで，2007年には，このような児童に対して特別支援教育が始まったのである．

4) TEACCHとは，Treatment and Education of Autistic and related Communication handicapped Childrenの略．1966年に米国のノースカロライナ州で始まる．構造化された教室・教材・スケジュールや親を共同治療者とする療育が特色である．

軽度発達障害のうちLDは，読み書き障害と計算障害に限定されるが，ADHDと自閉症は重複してあらわれやすく，症状にも類似したところがある．それは，社会性の障害として捉えることができるものであり，現在，この障害をもつ者の教室環境への適応や社会参加が問題となってきている．では，この社会性の障害は心理学ではどのように研究されてきているだろうか．

まず取り上げなければならないのは，ムンディ（Mundy, P.）らによる，自閉症における**共同注意**（joint attention）の障害説である[5]．共同注意は，1歳前後のコミュニケーションの発達指標として多くの研究者によって言及されているものであり，自己と他者が同一の対象に注意を向ける，という**三項関係**の中で成り立つ行為である．自閉症児によく見られる注意の転導や多動性は，共同注意の障害によって生じると考えられる．

共同注意は，その後の言語発達の基礎となるものだが，言語がある程度発達していても社会性の障害を示す者は多い．軽度発達障害児の場合は，一般の人々の中にいることが多いだけに社会性の乏しさは目立ちやすく，いじめの対象にもなりやすいのである．

このようなレベルで求められる心理メカニズムをバロン＝コーエン（Baron-Cohen, S.）は**心の理論**（Theory of mind）——他者の心の状態を推察する能力．詳しくは「高機能自閉症」の項を参照——と呼び，それを三項関係の上位メカニズムと考えた[6]．他者と深いコミュニケーションを行うには相手の心を読む必要があるから，この心理メカニズムに障害があれば社会適応に深刻な問題が生じることになる．

なお，健常児において，共同注意は1歳前後，心の理論は4～5歳に成立するものだから，この間の発達期間は成長期の児童にとって非常に長いものである．発達障害をもつ者への長期的な支援を計画していくには，この間をつなぐ，より精細な発達モデルを構築することが必要だろう[7]．

ところで，共同注意や「心の理論」のような心理メカニズムの背景には，脳の機能に関係した神経心理学的なメカニズ

5) 以下の論文がこの説を代表する．また，その和訳は下記の参考文献の中にある．
Mundy, P., Sigman, M., & Kasari, C. (1990) A longitudinal study of joint attention and language development in autisic children. *Journal of Autism and Developmental Disorders*, 21, 43-49.

6) この説を展開したバロン＝コーエンの著書には和訳がある．
長野敬・長畑正道・今野義孝（訳）(1997) 自閉症とマインド・ブラインドネス　青土社

7) 熊谷高幸 (2006) 自閉症・私とあなたが成り立つまで　ミネルヴァ書房

8) 自閉症者の実行機能障害についての研究は，次頁の参考文献の中に多い．熊谷は，この動向が生まれる前より以下のような研究を進めていた．
熊谷高幸 (1984) 自閉症児のカード分類反応：前頭葉機能障害仮説の検討　特殊教育学研究, 21(4), 17-23.

9) Happé, F.G.E., Ehlers, S., Fletcher, P, et al. (1996) 'Theory

ムが存在すると考えられている．このような考えの1つが**実行機能**（executive function）障害説である．実行機能とは，認知や行動の制御に関わる働きで，大脳の**前頭前野**によって実現されると考えられている．この働きを調べる代表的な課題である，ウィスコンシン・カード分類テスト（WCST）を自閉症児に適用すると多くの固執反応が見られ[8]．また，心の理論テストにパスした自閉症者も実行機能に障害を示すことから，この説は有力なものとなってきた．また，ハッペ（Happé, F.G.E.）らは，アスペルガー症候群では心の理論テスト遂行中に前頭前野内側部が活性しにくいことを見いだしており，上記の説を補強するデータとなっている[9]．

ただ，自閉症における脳機能障害については，実行機能障害説の他に，共同注意や対人的な情動行動などに関わる，より基礎的なメカニズムの問題も想定されている．ムンディは，前者と関係する脳機能として背内側‐前頭皮質／帯状回システム，後者と関係するものとして皮質下領域を含む腹内側システムを想定し，自閉症は，これらのシステムの障害と考える捉え方を提案している[10]．

上記の，前頭前野の機能障害仮説は，ADHDの分野でも，有名な研究者であり臨床家でもあるバークレー（Barkley, R. A.）によって唱えられているものである[11]．自閉症とADHDは重複して診断されやすく，両者は共に行動のコントロールに障害を示しやすいものである．今後，これら2つの障害の神経心理学的な同質性と異質性を明らかにしていくことも必要だろう．

なお，自閉症はカナーによる最初の報告以来，その原因をめぐって議論が絶えない学問領域である．ごく最近では，バロン＝コーエンにより**極端男性脳説**が提示されたり[12]，**ミラーニューロン障害説**が唱えられている[13]．諸説を適切に位置づけ，捉えなおしていく必要があるだろう．　〔熊谷高幸〕

of mind' in the brain: evidence from a PET scan study of Asperger syndrome. *Neuroreport*, 8, 197-201.

10) Mundy, P.（2003）Annotation: The neural basis of social impairments in autism: The role of the dorsal medial-frontal cortex and anterior cingulate system. *Journal of Child Psychology and Psychiatry*, 44, 793-809.

11) Barkley, R.A. (1998) *Attention deficit hyperactivity disorder*. In *A handbook for diagnosis and treatment*. 2nd ed. New York: Guilford.

12) Baron-Cohen, S. (2004) *The essential difference: Male and female brains and truth about autism*. Basic Books.〔三宅真砂子（訳）（2005）共感する女脳，システム化する男脳　NHK出版〕

13) この説については，日経サイエンスの2007年2月号に特集がある．

【参考文献】
高木隆郎・ラター, M.・ショプラー, E.（編）（1997）自閉症と発達障害研究の進歩 Vol.1　日本文化科学社（本書は，以後，毎年発刊され，2007年現在で，Vol.10まで刊行されている．Vol.4からは星和書店より発刊．）

V-48 高機能自閉症

high functioning autism

　高機能自閉症とは，IQでいうと70以上の自閉症者の症状を指すものであり，同時に前項の**発達障害**の中に含まれるものでもある（ただし，この用語は，国際的な診断基準であるDSMやICDの中では定義づけられていない）．また，それは歴史的経緯の中で自閉症概念を拡張してきたものであるので，その過程をまず年表的に表してみることにしよう．

　1944年：アスペルガー（Asperger, H.）がカナー（Kanner, L.）による**自閉症**についての最初の報告の翌年に「自閉的精神病質」について著す[1]．

　1985年：バロン・コーエン（Baron-Cohen, S.）らが自閉症の**心の理論欠如説**を発表する[2]．

　1987年：ICD-10[3]において，**アスペルガー症候群**が定義される．

　1990年代：**高機能自閉症**の存在が注目されるようになる[4]．

　「発達障害」の項で説明したように，かつて発達障害とは認知発達に遅れがあることが条件になっていたため，知的レベルの高い自閉症児は発達障害として認められないばかりでなく，言語がある場合には自閉症としてさえ認められない時代が続いた．けれども，上記の年表に示したように，アスペルガー症候群の項目が診断基準に入ることによって，高機能の者も自閉症として認められるようになった．

　アスペルガー症候群（発達障害の項で紹介したDSM-Ⅳでは**アスペルガー障害**と呼ぶ）とは，年表の最初に記した，ハンス・アスペルガー（Asperger, H.）の名に因んで名付けられたものであり，彼が著した『自閉的精神病質』の症例の中に知能や言語のレベルが高い者が多く含まれていたことによる．そこで，DSM-Ⅳでは，同じように社会性の障害や同一

1) ドイツ語で書かれたこの論文の全訳は，参考文献の中にある．

2) Baron-Cohen, S., Leslie, A.M., & Frith, U. (1985) Does the autistic child have a 'theory of mind'? *Cognition*, 21, 37-46.

3) World Health Organization (1987) *International Clasification of Diseases, Ninth Revision (ICD-10): Draft of Chapter V: Mental and Behavioural Disorders*. Geveva: World Health Organization.

4) この時期の研究は，以下の本にまとめられている．
Schopler, E. & Mesibov, G.B. (eds.) (1992) *High functioning indivisuals with autism*. New York: Plenum.

性保持のような自閉症状をもつ者のうち，初期に言語発達の遅れが見られたものを自閉性障害，見られなかったものをアスペルガー障害と呼んで区別している．

ところで，高機能自閉症とは，冒頭で述べたようにIQで70以上の自閉症者を指す言葉である．すると，この概念には以下の2種類の人々が含まれることになる．

① アスペルガー症候群で，IQ70以上の者（この障害をもつ者の大多数）
② 初期に自閉症の診断を受けた後にIQ70以上になった者

そこで，米国では②のみを高機能自閉症と呼び，①と区別する傾向があるが，欧州では自閉症関連障害全体を**自閉症スペクトラム**と呼んでいる[5]．

では，①と②に違いがあるかというと，初期の言語発達以外にはあまり大きな差は見られない．ただし，WISC知能診断検査を実施すると，②では動作性検査や数唱の評価点が高い傾向があるが，①ではその傾向が見られない．また，①では不器用を示す者が多いという研究がある[6]．

なお，いま，なぜ高機能自閉症が注目されているかというと，以下の3つのことが原因していると考えられる．

(1)「心の理論」の発達の遅れが明らかになってきた．
(2) 自閉症の当事者が自己の内面を本などに著すようになってきた．
(3) この障害をもつ子どもの比率が非常に大きいことが分かってきた[7]．

以下では，このうち，(1)と(2)について述べていくことにする．

まず，(1)について──「心の理論」とは，他者の心を推察する能力のことであり，パーナー（Perner, J.）らによって，それを測るテストが開発され，健常児で4～5歳にこの能力が形成されることが分かっている[8]．冒頭の年表に示したように，バロン゠コーエンは，これを知的レベルの高い自閉症児群と知的レベルがより低い健常児群とダウン症児群に適用し，自閉症児群の通過率が他の群よりも明らかに低いことを示した．他者の心を考慮することは高度なやりとりに

5) この立場の代表的な文献が，以下のように和訳されている．
ローナ・ウィング　久保紘章・佐々木正美・清水康夫（監訳）(1998) 自閉症スペクトル：親と専門家のためのガイドブック　東京書籍

6) この問題は，上記5) の文献の中で紹介されている．

7) これについても，上記5) の文献を参照のこと．

8) 心の理論と自閉症の諸問題については，以下の文献が体系的なものとなっている．
Baron-Cohen, S., Tager-Flusberg, H., & Cohen, D.J. (eds.) (1993) *Understanding other minds: Perspectives from autism.* Oxford University Press.〔田原俊司（監訳）(1997) 心の理論：自閉症の視点から

は不可欠なものだから，この能力が欠けていることは社会性の形成を妨げることになる．自閉症者が一方的な会話をしたり，場にそぐわない行動を示しやすいのもこのことが原因しているのではないか——このように考えると，言語能力がある程度発達していても，「心の理論」が欠けていれば自閉症と見なせるのである．

　バロン＝コーエンは当初，自閉症者には「心の理論」が欠けていると考えたのだが，上記のテストにパスする者もおり，そうは考えにくくなった．そこで彼は，「Aはこう考えているだろう」と推察する能力（**第一次心の理論**と呼ばれるようになる）に加えて，「AはこうかんがえているだろうとBは考えているだろう」と推察する，**第二次心の理論**を適用し，自閉症者はこの域にまでは達しないと考えた．けれども，その後の研究は，これもパスする者がいることを示しており[9]，現在では，自閉症においては「心の理論」が欠けているのでなく，その発達に障害があると考えられている．

　この「心の理論」は，人が社会的文脈（context）を理解する上で重要なものであり，この働きが十分でないと，自己や他者の経験を物語として理解する上でも困難が生じることになるだろう．ハッペ（Happé, F.G.E.）[10]は，「心の理論」の高次テストとして，比喩，冗談，嘘，皮肉などを含んだ物語の登場人物の心理を自閉症者に尋ね，その困難性を見出す試みをしている．

　一方，療育的な分野では，自閉症者が社会的な文脈を理解するのを助ける方法として，近年，キャロル・グレイ（Gray, C.）[11]によって開発された**ソーシャル・ストーリー**（social stories）が活用されるようになってきている．ソーシャル・ストーリーとは，日常的な出来事の意味や取るべき行動を一人称形式の物語として，自閉症児と共に作成していくものである．

　次に（2）について——かつては自閉症者の内面を知ろうとしても，その行動から推察することしかできなかったが，1990年代より，多くの自閉症者が自らについて語る著作を著すようになってきた[12]．そこで特に明らかになってきたこ

9) 高木隆郎・ラター, M.・ショプラー, E.（編）(1997)自閉症と発達障害研究の進歩 Vol.1の第7論文を参照のこと．

10) 上記9)の文献の第8論文を参照のこと．

11) Gray, C. (1994) *The new social story book*. Arlington, Tex.: Future Horizons. 〔大阪自閉症研究会（編訳）(2005) ソーシャル・ストーリー・ブック：書き方と文例　クリエイツかもがわ〕などが作成例としてある．

12) 高機能自閉症者の自伝としては，下記を始めとして，次々に和訳がなされている．また近年は，日本人による同様の伝記も出版されるようになっている．
ウィリアムズ, D. 河野万里子（訳）(1993) 自閉症だったわたしへ　新潮社

とは，彼らが**感覚過敏**の世界に悩まされていることだった．感覚過敏は，すべての感覚にあらわれる可能性があるが，どの感覚に強くあらわれるかは個人によって異なる．周囲の人々と異なる感覚の世界にいれば，他者と共にいたり，行動するのを避ける傾向は生まれやすいだろう．また，高機能でない自閉症児にも耳押さえや偏食などはよく見られるものであり，これらは自閉症スペクトラムに共通した特性と考えられる（ただ，自閉症者には，反面，鈍感な感覚があらわれることもあり，これも彼らに特有な感覚世界を作っている可能性がある）．

感覚過敏は入力した情報の印象を過大にするものだから，周囲の状況の変化に合わせた，切り替えのよい行動を生みだしにくい原因となる．そのため，この特性は前項で紹介した**実行機能**の障害とも関連したものであると考えられる．けれども，まだ心理学的なアプローチの乏しい領域となっている．

ここで，最後に，もう一度，「心の理論」の問題に立ち返って，対人関係発達とその障害について考えてみたい．「心の理論」は他者理解の発達を示す指標だが，それは自己理解にも関係してくるに違いない．過去・現在・未来の時間的な展望の中で自己を見るには，他者を見るときと同じパースペクティブが求められるからである．この問題については，「心の理論」に対して独自の立場をとるホブソン（Hobson, P.）[13] の見解が参考になる．彼は，自閉症では，他者理解の発達に障害が生まれるばかりでなく，自己理解の発達にも遅れが生じるという考えを示している．また，自己・他者関係については，わたし（一人称的視点），あなた（二人称的視点），彼／彼女（三人称的視点）を区別して，その関係性の発達を理解していく必要がある．熊谷[14]は，このような捉え方で，三項関係に基づく発達モデルを提案しているので参考願いたい．

〔熊谷高幸〕

13) Hobson, P.（1993）*Autism and the development of mind*. Hove, East Sussex: Lawrence Erlbaum Associates.〔木下孝司（監訳）（2000）自閉症と心の発達　学苑社〕

14) 熊谷高幸（2006）自閉症：私とあなたが成り立つまで　ミネルヴァ書房

【参考文献】
ウタ・フリス（編著）冨田真紀（訳）（1996）　自閉症とアスペルガー症候群　東京書籍

V-49
介護ロボット

nursing robot

図49-1 キーポン（Keepon）
(http://univ.nict.go.jp/people/xkozima/infanoid/robot.html より）

　高齢化社会の進行が叫ばれており，2015年には65歳以上の人口が25％に達すると予測されている[1]．労働力不足にどのように対応するか，また，介護費用をいかに縮小するかが重要な課題になる中，入浴・排泄・食事などを助ける**介護ロボット**や，自立移動支援装置など生活機能を代替する福祉機器の研究・開発に注目が集まっている．他の先進国においても高齢化が同様に深刻であり，イギリス政府機関[2]からは福祉機器利用のコスト削減効果のレポートも作成されている．

　ロボットの定義としてしばしば引用されるSF作家アイザック・アシモフ（Asimov, I.）の**ロボット工学3原則**[3]によると，「第1条：ロボットは人間に危害を加えてはならない．また，その危害を看過することによって，人間に危害を及ぼしてはならない．」，「第2条：ロボットは人間にあたえられた命令に服従しなければならない．ただし，あたえられた命令が，第1条に反する場合は，この限りではない．」，「第3条：ロボットは第1条および第2条に反するおそれのないかぎり，自己をまもらなければならない．」とある．介護ロボットにこの原則を当てはめる場合，第2条の命令主体をヘルパーなどの介護者とするか，被介護者となる障害・高齢当事者とするかでその機能や介護ロボットに対する人の態度は大きく異なるものとなる．

　介護者が命令主体となるロボットとして，被介護者の状況や居室の異常をモニターする見守りロボット[4]，排泄をセンサーが感知すると自動洗浄する自動排泄処理ロボット[5]，移乗介護動作を助ける介護ロボット[6]，介護者が身に着けて介護にあたるパワースーツなどのパラサイト型ロボットなどの

1) 国立社会保障・人口問題研究所（2002）日本の将来推計人口 http://www.ipss.go.jp/syoushika/

2) Audit Commission (2004) *Public sector national report: Assistive technology? Independent and wellbeing 4.* Audit Commission.

3) Isaac Asimov (1950) *I, robot.* New York: Gnome Press.〔小尾芙佐（訳）(1965) われはロボット　早川書房〕

4) テムザック社の番竜，URL：http://www.banryu.jp/

5) エヌウィック社のマインレット夢，URL：http://www.minelet.com/

6) 日本ロジックマシン社のレジーナ，URL：http://www.nsknet.or.jp/~morix_am/

開発[7]が進んでいる．見守り装置やロボットの導入は，被介護者が自己管理や自立した生活が困難であり，周囲から保護されるべき対象であることを前提とすることが多い．そのため，当事者の意思を十分反映することなく導入されるのが実情であり，監視などの面で人権への配慮が欠ける．また，排泄や移乗介護ロボットは，被介護者にとって「ロボットに介護される」と見える点で非人間的冷たさを感じさせるなどの問題もある．他方，パラサイト型ロボットは人間とロボットの協調型であり，心理的抵抗は少ないと思われる．

被介護者となる高齢・障害当事者が命令する，あるいは，コミュニケーションするロボットの開発も同様に進んでいる．現状では，すべての面において当事者の召使となるサーバント・ロボットの実現には至っていないが，部分的には，四肢麻痺の人が家電製品をコントロールするのを補助する環境制御装置，自立した食事を可能にするフィーダー（Staffordshire UniversityのHandy1やセコム社のマイスプーン），Extra Dynamics社のARM: Assistive Robotic Manipulatorと呼ばれるマニピュレータ，ページめくりを補助する読書器など，**支援技術**（AT: Assistive Technology）といった形で実現されている．CPU，メモリー，センサー，駆動モーター，バッテリーの高機能化は，ロボットといった総合的，また自律型支援技術の開発を現実のものとしつつある．近年，福祉分野で当事者の自己決定を尊重することの重要性が叫ばれているが，この流れも従来型の介護ロボットではなく，当事者の意思で動かすサーバント・ロボットの利用を後押しすることになるに違いない．

また，被介護者に技術を埋め込む場合がある．この場合にはパラサイト型ロボットというよりは**サイボーグ**（cyborg: cybernetic organismの派生語）と呼ばれることになる．ロボット技術の発展と並行して，人工臓器，人工網膜，人工内耳など部分的ではあるが，人工器官の埋め込みが一方で可能になってきている．障害そのものを補償する支援技術がサイボーグ技術に移行し，当事者が外部に機器を抱えることなく自立した活動が可能になった時点で，介護ロボットの役割は

[7] 筑波大学システム情報工学研究科山海嘉之教授のロボットスーツ HAL（Hybrid Assistive Limb）：
http://sanlab.kz.tsukuba.ac.jp/r_hal.php

大幅に減少する可能性もある．

　山田[8]は，人とインタラクションしながら支援する機能をエージェントと呼び，ソフトウェアエージェントと並べてロボット技術のこれからの方向性を論じている．それによると，これまでのロボット研究は**人工知能**（AI：artificial intelligence）をベースにして人間のサポートを必要としない完全自律型エージェントの実現を目指してきた．しかし，人間と知能システムが協調してタスクを達成する枠組みが現実的であり，**人-エージェントインタラクション**（HAI：human-agent interaction）研究が必要になるとしている．従来から**人-コンピュータインタラクション**（HCI：human-computer interaction）研究が盛んに行われてきたが，エージェントについてはホンダのASIMO[9]に代表されるように擬人化されることが特徴であり，エージェントの外観と人の態度，メディアイクエーション（擬人化），コミュニケーションの成立など社会心理学や発達心理学的視点からの研究が始まっている．森の**不気味の谷仮説**（uncanny valley仮説）[10]は，ロボット研究者に広く知られている．それは「ロボットに対する人間の親近感はロボットの外見が人間に近づくと親近感が増すが，近づきすぎると人間との僅かな差異が強調され，人間に違和感や不快感を与える」というものである．その中で信頼感や親近感を高めるエージェントの検討が進んでいる．また，小嶋は「キーポン」（図49-1）と呼ぶぬいぐるみロボットを開発し，乳幼児とのインタラクションを検討している[11]．キーポンは，うなずき，かしげ，首振り，首の上下伸縮を通して注意の表出，情動の表出のみ可能なロボットであるが，子どもたちは時間経過や発達年齢とともにダイナミックにコミュニケーションを成立させ，最終的には心をもったエージェントとしてキーポンをとらえる結果を示している．

　ロボット学者ロドニー・ブルックス（Brooks, R.A.）[12]のように「インタラクティブなロボットに深い感情移入をする人も出てくる可能性があり，サイボーグ技術が進むとやがては人とロボットの区別さえ曖昧になる」と予想する者もいる．

8) 山田誠二（2007）HAIとは何か　山田誠二（監修・著）人とロボットの「間」をデザインする（pp.3-22）東京電機大学出版局

9) ASIMOについては以下参照．
http://www.honda.co.jp/ASIMO/

10) 森政弘（1970）不気味の谷　*Energy*, 7, (4), 33-35.

11) 小嶋秀樹（2003）赤ちゃんロボットからみたコミュニケーションのなりたち　発達 24 (95), 52-60.

12) Brooks, R.A. (2002) *Flesh and machines: How robots will change us.* Rodney Allen Brooks. 〔五味隆志（訳）(2006) ブルックスの知能ロボット論　オーム社〕

残念ながら，重度の知的障害や認知症など自己決定が困難な人についてはエージェントとのインタラクションが困難であり，現状では見守り型ロボットの導入しかないように見える．これについては彼らの残存認知機能の活用がサーバント・ロボット導入の鍵となる．換言すれば，認知症当事者が命令できなくても彼らの行動そのものを命令とみなし，彼らが活用できる情報を認知症の人にフィードバックできればよい．北欧を中心に，徘徊行動のある認知症の人に対して時間をグラフィカルに表示する装置（タイムエイド）が適用されている．徘徊の原因は，時計を読めなくなり何をすべきか分からなくなったためであると仮定すれば，図49-2のように昼か夜かが視覚的に分かるようになり，何をすべきかが時間の横に表示される時計は有効である．また，ベッドサイドセンサーとタイマーを組み合わせ，深夜に徘徊が生じてセンサーが作動した場合は，音声でベッドに帰るようなプロンプトを流すなどの工夫も行われている．これらの方法をロボットに取り入れることによって，認知症の人自らがその情報を活用しロボットとインタラクト出来る可能性がある．わが国においては徘徊に対しては監視装置の導入が中心であり，北欧とは非常に対照的である．このことはロボットの活用が文化に依存する可能性を示唆している．

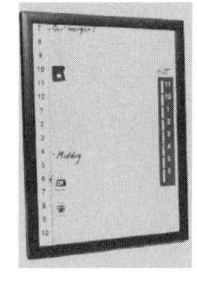

図49-2　タイムエイド
（web2.falckvital.se/pub/config/dir_struc_root/pdf/Export_catalogue.pdf より）

　介護ロボットは，介護者にとって便利なものになる可能性があるが，それが成熟した技術になる以前に，サーバント・ロボットやサイボーグ技術など当事者自らが使うロボットが主流になる可能性も大きい．むしろ，そのことが当事者の意思を尊重する上でも重要である．それらの技術は障害のある人のためだけでなく，誰しもの生活を助ける道具として普及する可能性が高い．その急速な技術の進展速度に我々の意識は追いついていない．工学だけでなく，心理・倫理・哲学といった側面からのロボット研究が不可欠である．

〔中邑賢龍〕

【参考文献】
山田誠二（監修・著）（2007）　人とロボットの「間」をデザインする　東京電機大学出版局
ブルックス，R.A. 五味隆志（訳）（2006）　ブルックスの知能ロボット論　オーム社

V-50
テクノ福祉社会

high-tech rehabilitation

図 50-1　読み書き障害向け支援技術
（アルファスマート：Alphasmart 社）

　障害を有した場合，医療・リハビリテーション訓練・教育によって障害を可能な限り軽減することが目標とされてきたが，科学技術の発展にともなう社会の変化や人間の意識の変化などさまざまな要因がその目標を変容させつつある．それとともに，その目標を基盤としてきた旧来の福祉システムではカバーできない問題が見えつつある．

　障害を取り巻く状況は以下の4点で大きく変化しつつある．

　1番目は，自立観が変化している点である．障害に対するアプローチは**日常生活動作**（ADL：activity of daily living）を獲得し自立するためのリハビリテーション訓練や治療教育が長い間主流であったが，回復できない部分がどうしても残っていた．回復困難な重度の障害を有する人の自立について1970年代以降，**生活の質**（QOL：quality of life）に焦点をあてたリハビリテーションが注目されるようになる．そこではADL面での自立が困難であっても，自己決定し他者に意思を伝えてやってもらう事で精神面での自立は可能であると考える．自立が困難なら優しく介護すればよいのではなく，当事者の意思を尊重した支援が重要な課題となってきた．

　2番目は，障害概念が拡大している点である．WHOが1980年に定めた**国際障害分類**[1]において，障害は身体そのものに起こる機能形態障害（impairment），それによって生じる能力障害（disability），さらに能力障害により起こる社会的不利（handicap）の3つのレベルに分類された．しかし，個人要因や環境要因によって障害の起こり方は変わってくることを考慮し，WHOは2001年に**国際生活機能分類**[2]を定め，生活機能と障害について「心身機能」，「身体構造」，「活

1) ICIDH: International Classification of Impairment, Disability, and Handicap

2) ICF: International Classification of Functioning, Disability and Health

動と参加」,「環境因子」から分類した．ICF では ICIDH より障害の概念を拡大し，誰もが有する可能性のあるものとしてとらえるようになった点が注目される．その結果として，障害に対する環境の調整や**支援技術**（AT：assistive technology）の提供といった合理的配慮の提供により即効的に生活に働きかけるアプローチも重視されるようになる．**バリアフリー**（barrier free）や**ユニバーサル・デザイン**（UD：universal design）といった考えの普及は ICF の考えに合致している．

　3 番目は，科学技術の発展が障害を消しつつある点である．医療技術の進歩は多くの病気や障害を減らすことに成功した．たとえば，アテトーゼ型脳性まひは新生児黄疸の後遺症として発症していたが，新生児への紫外線照射療法の発見により黄疸発生の予防が可能になり，結果としてその発症数は激減した．また，人の皮膚からの誘導多能性幹細胞（iPS 細胞）の培養成功は再生医療に大きな道を開くと言われており，実現すればさらに多くの障害が治療可能なものとして消えていくはずである．同じように，工学的技術は障害のある人の障害に対する意識を軽減した．たとえば，書字障害のある人の中にはワープロを用いるとほとんど障害を感じることなく生活できる人もいる（図 50-1）．それどころか，電動車椅子ユーザは場面を限れば障害の無い人よりも高速で重い荷物を持って移動できる．インターネットも障害に大きな影響を与えている．文字ベースのコミュニケーションは言語障害のある人にとって，非対面でのコミュニケーションは自閉症や一部の精神障害のある人にとって，障害を意識することなく他者とコミュニケーションをとることを可能にした[3]．「セカンドライフ」（http://jp.secondlife.com/）を始めとする**仮想社会**（Virtual Society）の広がりは障害のある人の生活空間を大きく拡大していくと考えられる．

　4 番目は，科学技術の進展により新たに障害が生まれている点である．医療技術の発展は，新生児医療において従来生存困難であった重度障害を抱える子どもたちの救命を可能にした．その結果，特別支援学校では最重度障害とも言える児

3）図 50-2 は対面での話が苦手で手書きでは漢字も上手く書けない IQ60 の成人女性が携帯メールで筆者に送ってきた文章である．彼女は「メールだと緊張せずゆっくり自分の思いを書くことができるし，機械が難しい漢字にも変換してくれる」と語っている．

> 「さっきは，先生にたいしてきつい事を言っていたらごめんなさい．皆で話しをしていると，自分の中でコントロールできなくなっちゃうんです．それと，先生の顔を見ながら話しをするのが苦手なうえ，恥ずかしいのが事実です．少し目を反らせば話しは普通にできるのですよ．これはある意味障害のせいですか？」

図 50-2 IQ60 の人によって書かれたメール

童の増加を生んでいる．また，診断技術の進歩は，今まで障害認定を受けていない人の中の障害を明らかにしている．学校や会社において不適応を起こしている人の中にアスペルガー症候群，ADHD，学習障害など軽度発達障害のある人の存在が指摘されている．さらに，産業構造の変化と情報通信インフラの整備による社会のスピードアップが生み出す生活上のストレスも不適応障害を生む原因となっている．

このように，従来障害と捉えられてきた障害（障害認定の対象となっている障害）の困難さが解消あるいは軽減する方向性に動いている．一方で，新たな障害が生まれており，時代の変化への福祉の対応が求められている．

日本の福祉制度は，措置制度から当事者が選択できる制度へと大きな構造改革を行ってきた．介護保険法や障害者自立支援法の導入はその柱である．しかし，障害は個人の問題であり医療で限界があった場合に介護で個々の生活を支えるという福祉の仕組みは大きく変わっていない．また，少子高齢化は財政を圧迫しており，人で人を支えるシステムの維持は限界が見えている．

星加[4]は社会学の視点から「障害は社会が構築した不利や困難である」と考え，社会そのものを変えることによって障害に起因する困難さや不平等を解消すべきと主張する．木村・市田[5]の「**ろう文化宣言**」においては「ろう者とは，日本手話という，日本語とは異なる言語を話す言語的少数者である」とある．事実，手話を用いるろう者だけのコミュニティの中では彼らは障害を意識せず，聴者が障害を意識することになり，社会が変われば個人が変わる必要はない[6]．しかし，社会の変化の速さと現代に新たに生まれてくる新しい多様な障害に対応するためにはテクノロジーを活用した即

4) 星加良司（2007）障害とは何か：ディスアビリティの社会理論に向けて　生活書院

5) 木村晴美・市田泰広（1995）ろう文化宣言：言語少数者としてのろう者　現代思想，23 巻，3 号，354-362.

6) 一部のろう者にはこの観点から人工内耳などの支援技術導入を拒否する人もいる．このろう者の主張がそのまま他の障害にも当てはまるわけではないが，障害を社会的な視点からとらえることは重要である．2006 年に制定されたバリアフリー新法により公共の建物や交通機関のアクセシビリティの保障が法律で規定されたことは，今後さらに障害のある人の社会参加を促進するであろう．

効的アプローチも重要である．残念ながら，わが国の様々な福祉・教育制度の中に，支援技術による個人の能力の増強というアプローチを強く後押しするものは含まれていない．アメリカやイギリスでは支援技術の提供が障害のある人の教育・就労において考慮されねばならないと法律に明記されており，障害のある人の社会参加を促進している[7]．日本においては，当事者が支援技術を用いて自立した活動を望んでも周囲の技術活用に対する意識は低く，感情的な面でテクノロジー導入への抵抗があるのも否定できない．技術利用が家族の介護負担を低減するだけでなく，限られた時間の中で当事者の自己実現を助け，心理的負荷を下げるものである点に注目する必要がある．

現代人はテクノロジーを使うことで生活を便利で快適なものにしてきたが，そのプロセスでテクノロジーを自分の能力の一部として組み込んでそれを意識せず生活するようになっている[8]．障害のある人の学習や生活は個々に応じたハンディを与えられてはじめて可能になることも多く，一般の人もテクノロジーの中で仕事をしている現状からすれば，テクノロジーを使いこなす状態が本来の能力として評価されるべきである．さらに，教育や福祉の中で時間は無視されることが多く，できない人は一生訓練を続けて努力することが求められてきた．中邑[9]は計算できないなら電卓を，書けないならワープロをと主張しているが，その根拠として，自信を失い，時間切れになって登校拒否や非行に追い詰められる子どもたちの存在をあげている．

技術は困難さからすぐに抜けだすことを可能にしてきている．それは決して安易なことではない．テクノロジーの積極的な利用を前提にした新たな時代の福祉や教育についての議論が不可欠である．　　　　　　　　　　〔中邑賢龍〕

7) 巌淵守・中邑賢龍（2006）支援技術利用効果測定に関する欧米の動向　日本生活支援工学会誌　6, 34-41.

8) 計算は電卓で行うのが当り前になっている人たちは決して「計算ができない」とは思っていない．ところが，学習や試験になるとテクノロジーを置いて裸で勝負することが求められ，障害のある者だけがテクノロジーを利用するのは不公平とされる．

9) 中邑賢龍（2007）発達障害の子どもの「ユニークさ」を伸ばすテクノロジー　中央法規出版

【参考文献】
障害者福祉研究会（編）（2002）ICF国際生活機能分類：国際障害分類改定版　中央法規出版
中邑賢龍（2007）発達障害の子どもの「ユニークさ」を伸ばすテクノロジー　中央法規出版

人名索引

ア 行

アイゼンク　Eysenck, M.W.　108
アウ　Awh, E.　13
赤池弘次　65
アーキース　Arkes, H.R.　154
秋田喜代美　166
麻生武　102,103,105
アザカミ　Azakami, M.　51
浅田稔（Asada, M.）　92,93,96,99
アサリンスキー　Aserinsky, E.　50
芦原義信　19
アシモフ　Asimov, I.　202
網代剛　161,162,166
アスペルガー　Asperger, H.　198
東洋　129
渥美公秀　161,162,167
アトキンソン　Atkinson, A.P.　8
アドルノ　Adorno, T.W.　131
アービブ　Arbib, M.A.　98
アブディ　Abdi. H.　74
アブラハムソン　Abrahamsson, M.　69
安倍北夫　160
アリストテレス　Aristotle　143
アリタ　Arita, A.　102
アール　Earle, T.C.　159
アルバレス　Alvarez, G.A.　12
安西祐一郎　80
安藤花恵　24
アーンハイム　Arnheim, R.　6

イアコボーニ　Iacoboni, M.　78
池上知子　126
池田聡子　45
池見陽　179
イシグロ　Ishiguro, H.　92,99,101,102
市田泰広　208
イデ　Ide, E.　125
稲垣佳世子（Inagaki, K.）　110
イナダ　Inada, S.　31
イノウエ　Inoue, H.　19
今井省吾　2
今尾真弓　107

イマルオカ　Imaruoka, T.　13
岩波奈緒　102,103
巖淵守　209
岩本隆茂　186
イン　Yin, R.K.　6,9

ヴァイ　Vye, N.　111
ヴァレンタイン　Valentine, T.　6,8,72
ヴァレンティン　Valentin, D.　74
ヴァン・ノールデン　von Noorden, G.K.　70,71
ウィアー　Weir, A.A.S.　35
ウィガル　Wigal, J.K.　191
ヴィゴツキー　Vygotsky, L.S.　109,118,119
ウィスト　Wist, E.R.　4
ウィーゼル　Wiesel, T.　69,70
ヴィタル - デュラン　Vital-Durand, F.　70,71
ヴィトルヴィウス　Vitruvius　18
ウィーラー　Wheeler, M.E.　13
ウィリアムズ　Williams, D.　200
ウィリッグ　Willig, C.　106
ウィルソン　Wilson, M.A.　53
ウィング　Wing, L.　199
ウィンズ　Windes, J.　8
ウィンマー　Wimmer, H.　84
ウェスターン　Western, D.　136
ウェスバーグ　Wessberg, R.P.　115
上野直樹　109
ウェーバー　Weber, M.　119,120
ウェルニッケ　Wernicke, C.　89
ヴェルフリン　Wölfflin, H.　18
ウェンガー　Wenger, E.　109
ヴォーゲル　Vogel, E.K.　11,13
ウォーブリック　Warbrick, T.　9
宇津木成介　179
ウッディン　Uddin, L.Q.　78
ウッドラフ　Woodruff, G.　84
宇留野藤雄　169
ウレマン　Uleman, J.S.　129
ヴント　Wundt, W.　118

エジマ　Ejima, Y.　19

エドモンズ　Edmonds, A.J.　8
エートン　Ayton, P.　154
海老原由香　191
エプスタイン　Epstein, R.　33
エモンズ　Emmons, R.A.　179
エリアス　Elias, M.　114,115
エリス　Ellis, A.L.　138,188
エリス　Ellis, H.D.　6
エンドウ　Endo, M.　72

オーイシ　Oishi, S.　180
大澤真幸　163
大島純　111
大竹恵子　179
大野裕　186,194
大林路代　149
大平英樹　126
岡田憲夫　166
岡田美智男　103
岡部慶三　160
オガワ　Ogawa, K.　50,51
オガワ　Ogawa, S.　54
小塩真司　114
オダ　Oda, I.　78
オーツカ　Otsuka, Y.　72
オーバーオール　Overall, K.L.　48
オブラドヴィク　Obradović, J.　113
オリオーダン　O'Riordan, M.　85
オリーガン　O'Regan, J.K.　14

カ　行
カウフマン　Kaufmann, J.M.　9
カキギ　Kakigi, R.　73
カサリ　Kasari, C.　196
柏木惠子　129
カセルニク　Kacelnik A.　35
カッション　Cashon, C.H.　73
カッシング　Cushing, G.　113
カトウ　Kato, M.　101
ガードナー　Gardner, A.　39
ガードナー　Gardner, B.　39
ガードナー　Gardner, H.　109
カナー　Kanner, L.　194,198
金川智恵　109
カナザワ　Kanazawa, S.　73
金子一史　114
カーネマン　Kahneman, D.　152,153,157,182

カバナ　Cavanagh, P.　12
カプラン　Kaplan, J.T.　78
カーボン　Carbon, C.C.　9
神村栄一　188,190,191
カミング　Cumming, W.W.　46
亀田達也（Kameda, T.）　139-141
ガーメツィイ　Garmezy, N.　112
カメワリ　Kamewari, K.　101
唐沢かおり（Karasawa, K.）　21,126
唐澤真弓　122
唐沢穣　126,131,133
狩野裕　62
カルニ　Karni, A.　54
川合伸幸（Kawai, N.）　34,36,37,41
川添登　20
カンダ　Kanda, T.　101,102
カンピオーネ-バー　Campione-Barr, N.　148

北岡明佳　2,4,5,22
北山忍（Kitayama, S.）　119-123,125,129
キーナン　Keenan, J. P.　78
木下孝司　84
木下芳子　149
ギフォード　Gifford, R.　19,20
木村晴美　208
木村敏　124
ギャラップ　Gallup, G.G.　32,76,78
キャリー　Carey, S.　8,9,72
キャロル　Carroll, J.D.　60
キャンドリアン　Candrian, G.　7
キャンベル　Campbell, R.　91
キヨナリ　Kiyonari, T.　133
ギリガン　Guilligan, C.　119

クイン　Quinn, P.C.　74
クヴェトコヴィチ　Cvetkovich, G.　159
釘原直樹　160
鯨岡峻　107
楠見孝　24
グドール　Goodall, J.　35
國吉康夫（Kuniyoshi, Y.）　92,93,96,99
クボ-カワイ　Kubo-Kawai, N.　37
熊谷高幸　196,201
グライムス　Grimes, J.　15
クラーク　Clark, J.J.　14
倉田直美　102
グリフィン　Griffin, S.　179

人名索引 ——213

グリュセク　Grusec, J.E.　149
グリーンウッド　Greenwood, D.J.　165
グリーンバーグ　Greenberg, M.T.　115
クール　Kuhl. P.　111
クルスバン　Kurzban, R.　135
クルピンスキ　Krupinski, E.A.　23
グレイ　Gray, C.　200
クレイトマン　Kleitman, N.　50
クレベルスベルク　Klebelsberg, D.　170
クロウフォード　Crawford, M.L.J.　70,71
クーン　Kuhn, Y.A.　74

ケイ　Kay, A.R.　54
ゲイリー　Garey, L.J.　70
ゲットマン　Gettman, D.C.　148
ケーラー　Köhler, W.　108
ケリー　Kelley, H.H.　159
ゲルゲイ　Gergely, G.　84

コーエン　Cohen, D.J.　199
コーエン　Cohen, L. B.　73
コガ　Koga, K.　21
小島秀樹　100,204
コス　Coss, C.S.　8
コス　Coss, R.G.　8
コスミデス　Cosmides, L.　134
小林重順　19,20
小松原明哲　174
コームズ　Combs, B.　157
子安増生　84
コリンズ　Collins, A.　110
コール　Cole, M.　119
ゴールドシュタイン　Goldstein, A.G.　6
ゴールドマン＝ラキーチ　Goldman-Rakic, P.S.　10
コールバーグ　Kohlberg, L.　144,146
コンウェイ　Conway, V.J.　192
コンラッド　Conradt, L.　140

サ 行

ザイアンス　Zajonc, R.B.　24
サイキ　Saiki, J.　13
ザイデル　Zaidel, E.　78
サイモン　Simon, H.A.　152
サイモンズ　Simons, D.J.　15,16
佐伯胖　110
坂野雄二　186,191

サカモト　Sakamoto, J.　31
サギ　Sagi, S.　54
サーシー　Searcy, J.　7
佐藤健二　191
サトウタツヤ　106
佐藤方哉　45
サベッリ　Sabelli, N.H.　111
サムナー　Sumner, W.　130
サルヴェンディ　Salvendi, G.　172
山海嘉之　203
ザンス　Zins, J.E.　115
サンダース　Sanders, G.　78
サンダース　Sanders, R.J.　39
サンフォード　Sanford, R N.　131

シェーストレム　Sjostrom, A.　69
シェーベリ　Sjoberg, W.　8
シグマン　Sigman, M.　196
シーゲル　Siegel, J.M.　53
シドマン　Sidman, M.　44
シネーラ　Schneirla, T.C.　29
篠原一光　169
島井哲志　179
シマダ　Shimada, S.　78
シャイアー　Scheier, C.　92
シャイナー　Shinar, D.　170
シャップス　Schaps, E.　144,145
ジャニス　Janis, I.L.　159
シュー　Xu, Y.　12
シュウォーツ　Schwarts, D.L.　111
シュエダー　Shweder, R.　118,120
シュエル　Shuell, T.J.　111
シュチュアツェル　Stürzel, F.　7,8
首藤敏元　147,149
シュピルマン　Spillmann, L.　7,8
シュミット　Schmitt, D.P.　137
シュラル　Srull, T.K.　126
ジュリスト　Jurist, E.L.　84
シュローフ　Schrauf, M.　4
シュワインバーガー　Schweinberger, S.R.　9
シュワルツ　Schwarz, N.　182
ショーストランド　Sjostrand, J.　69
ショプラー　Schopler, E.　198,200
ジョーンズ　Jones, R.　85
ジョンソン　Johnston, R.A.　7
スガーストロム　Sgerstrom, S.C.　181

スキナー　Skinner, B.F.　27,33,38,42,44,
　46,47,108,118
杉万俊夫　164
杉森絵里子　24
スギヤマ　Sugiyama, Y.　35
スケミヤ　Sukemiya, H.　19
鈴木伸一　188,190,191
スティーヴンス　Stevens, K.A.　4
スティーヴンス　Stevens, R.　111
ステイサー　Stasser, G.　139,140
スティックゴールド　Stickgold, R.　50,52
ストーン　Stone, V.　85
スナイダー　Snyder, C.R.　184,185
スノウドン　Snowdon, D.A.　183
スピアマン　Spearman, C.　63
スミス　Smith Ⅲ, E.L.　70
角野善司　179
スメタナ　Smetana, J.　147-148
スレーター　Slater, A.M.　74
スロビック　Slovic, P.　157,158

セイラー　Thaler, R.H.　155
セジュノウスキー　Sejnowski, T.　55
セメルロース　Semmelroth, J.　136
セラーズ　Sellers, W.I.　141
セリグマン　Seligman, M.E.P.　48,49,182-185

染矢俊幸　194
ソルソ　Solso R.L.　24
ソーンダイク　Thorndike, E.L.　37,108

タ 行

ダイヤモンド　Diamond, R.　8,9
ダヴィドソン　Davidson, M.L.　143,144
ダーウィン　Darwin, C.　134
タガー‐フラスバーグ　Tager-Flusberg, H.
　199
高木隆郎　200
タカダ　Takata, T.　125
高根芳雄　59
高橋恵子（Takahashi, K.）　119, 121
高橋三郎　194
高橋充　149
タキノ　Takino, R.　51
詫摩武俊　142
ターゲット　Target, M.　84
タジフェル　Tajfel, H.　132

ターナー　Turner, J.C.　132
タナカ　Tanaka, H.　21
タナカ　Tanaka, J.W.　7
ダネリィ　Donnelly, N.　9
タンク　Tank, D.W.　54
丹治順　94
ダンナー　Danner, D.D.　183

チウ　Chiu, C.　120
チャーチランド　Churchland, P.　55
チャペル　Chappell, J.　35
チャン　Chang, H-L.　114
チューチャー　Teucher, B.　7
チュリエル　Turiel, E.　146,148
チョムスキー　Chomsky, A.N.　38,40,107
チョン　Chun, M.M.　12
チン　Jin, N.　133

デイヴィス　Davis, J.H.　138,140
ディーコン　Deacon, T.W.　97
ディーナー　Diener, E.　179,180,182
ティンデイル　Tindale, R.S.　140
ティンバーレイク　Timberlake, W.　48,49
デメント　Dement, W.　50
テューティン　Tutin, C.E.G.　35
テラス　Terrace, H.S.　39
テリー　Terry, D.J.　192

ドゥ・ヴァール　de Waal, F.B.M.　32,33,76
トゥベルスキー　Tversky, A.　152,153,157
戸ヶ崎泰子　191
時津裕子　24
トッド　Todd, J.J.　12
礪波朋子　103
トービィ　Tooby, J.　134
トービン　Tobin, D.L.　191
トミナガ　Tominaga, M.　19
外山紀子　149
豊田秀樹　62
ドライヴァー　Driver, J.　78
ドーラン　Dolan, R.J.　78
トリアンディス　Triandis, H.C.　119,124
トリヴァース　Trivers, R.　135
ドリッチ　Doricchi, F.　51
トールマン　Tolman, E.C.　108
トレイスマン　Treisman, A.　13
ドレイン　Drain, H.M.　7

トレッファート　Treffert, D.A.　91
トンダー　Tonder, G.J. van　19
トンプソン　Thompson, P.　7

ナ 行

ナヴァエツ　Narvaez, D.　142,143,145
永田素彦　161
長塚康弘　168,169
ナカト　Nakato, E.　72
長峰伸治　114
中村和夫　109
中邑賢龍　209
中谷素之　114

ニシダ　Nishida, T.　35
西田幾多郎　123,124
ニスベット　Nisbett, R.E.　125
ニットーノ　Nittono, H.　51
ニニオ　Ninio, J.　4
二宮克美　147,149

ヌッチ　Nucci, L.　147

ネズ　Nezu, A.M.　188

野口薫　22
野島久雄　111
ノーダイン　Nordine, C.F.　23,24
ノーマン　Norman, D.A.　173,174
ノーラサクンキト　Norasakkunkit, V.　121

ハ 行

バー　Bar, M.　25
バー　Burr, V.　109
ハイザー　Heiser, W.J.　59
ハイネ　Heine, S.J.　125
ハイネス　Haynes, N.M.　115
バイハー　Byher, E.　69
バウアー　Bower, G.H.　108
ハウザー　Hauser, M.D.　40
バウセン　Boutsen, L.　9
バウムリンド　Baumrind, D.　142,143
パーカー　Parker, S.　114
パーキンス　Perkins, S.A.　148
パークス　Parks, T.E.　7-9
バークリー　Barkley, R.A.　197
橋本敬　93

バージョネット　Barjonet, P-E.　170
バス　Buss, D.M.　136,137
パスカリス　Pascalis, O.　74
パスクァル-レオーネ　Pascual-Leone, A.　78
長谷川真里　149
ハーセン　Hersen, M.　43
波多野誼余夫（Hatano, G.）　110,111
ハッシン　Hassin, R.R.　129
バッデレー　Baddley, A.D.　10
バット　Bhatt, R.S.　9
ハッペ　Happé, F.G.E.　196,197,200
ハドウィン　Hadwin, J.A.　9
バートレット　Bartlett, J.C.　7
バートン　Barton, B.　13
パーナー　Perner, J.　84,199
パピーニ　Papini, M.R.　39
バーフ　Bargh, J.A.　129
パブロフ　Pavlov, I.P.　27
濱口恵俊　124
林春男　160
原奈津子　126
バーライン　Berlyne, D.E.　25
原田昭　22
ハリガン　Halligan, P.W.　78
バーリン　Berline, I.　118
ハル　Hull, C.L.　108
バレット　Barrett, H.C.　135
バーロー　Barlow, D.H.　43
バロン　Barron, B.　110
バロン＝コーエン　Baron-Cohen, S.　85,86,196-200
ハーワース　Harwerth, R.S.　70
ハンター　Hunter, W.S.　37
ハンフリーズ　Humphreys, G.W.　7-9

ビーア　Beer, R.　80
ピアジェ　Piaget, J.　105,146
ヒース　Heath, C.　155
ピーターソン　Peterson, C.　184
ビーバー　Bever, T.G.　39
ヒューベル　Hubel, D.H.　70
平石界　34
平岡斉士　24
開一夫（Hiraki, K.）　77,78,101,102
ヒル　Hill, R.A.　141
ピール　Peale, N.V.　185
ヒルガード　Hillgard, E.R.　108

廣井脩　160

ファイファー　Pfeifer, R.　92
ファラー　Farah, M.J.　7
ファングスト　Pfungst, O.　49
ファンツ　Fantz, R.L.　68
フィッシュホッフ　Fischhoff, B.　157
フィッチ　Fitch, W. T.　40
フィンク　Fink, G.R.　78
フェヒナー　Fechner, G.T.　18
フォーダー　Fodor, J.A.　90,91
フォナギー　Fonagy, P.　84,189
フォルクマン　Folkman, S.　191
ブーゲンタル　Bugental, D.B.　149
藤井洋之　103
藤崎亜由子　102
藤田和生　34
藤森和美　162
藤森立男　162
ブシング　Busing, F.M.T.A.　59
ブース　Boothe, R.G.　70
フースター　Fuster, J.　10
ブーツェン　Boutsen, L.　7,8
舩木伸江　162
フーバー　Huber, O.　8
プライアー　Pryor, K.　48
ブラウン　Brown, A.　114
ブラウン　Brown, R.　133
ブラウン　Brown, T.　9
ブラシ　Blasi, A.　144
フラッコウィアック　Frackowiak, R.S.　78
プラームストラ　Praamstra, P.　9
フランケル-ブランズウィック　Frenkel-Brunswik, E.　131
フランコネリ　Franconeri, S.L.　16
ブランスフォード　Bransford, J.D.　108,110,111
フリーセン　Friesen, W.V.　183
フリス　Frith, C.D.　78,87
フリス　Frith, U.　85,87,198
フリック　Flick, U.　106
ブルース　Bruce, V.　8
ブルックス　Brooks, R.A.　204
ブルーナー　Bruner, J.S.　106,119
ブルーマー　Blumer, C.　154
フレイ　Frey, K.S.　115
プレイステッド　Plaisted, K.　85

ブレーク　Brake, S.　8
ブレークモア　Blakemore, C.　70,71
フレデリクソン　Fredrickson, B.　183
プレマック　Premack, A.J.　96
プレマック　Premack, D.　39,41,84,96
ブレランド　Breland, K.　47-49
ブレランド　Breland, M.　47-49
プレンティス　Prentice, D.A.　133
フロイト　Freud, S.　118
フロイント　Freund, S.　78
ブローカ　Broca, P.P.　89
ブロッツ　Boltz, R.L.　70
プロトニク　Plotnik, J.M.　33,76
ブロードマン　Brodmann, K.　89
ブロンソン　Bronson, S.F.　32

ペア　Pea, R.D.　110
ヘアンスタイン　Herrnstein, R.J.　30
ヘイ　Hay, D.F.　142
ヘイスティー　Hastie, R.　141
ベイリー　Baily, R.E.　47
ペースショット　Pace-Schot, E.F.　52
ベスト　Best, K.M.　112
ベック　Beck, A.T.　188
ヘッパー　Hepper, P.G.　31
ペティトー　Petito, L.A.　39
ベネト-マルティネス　Benet-Martínez, V.　120
ベリー　Berry, J.W.　119
ベル　Bell, P.　111
ヘルウィッヒ　Helwig, C.C.　148
ベルタン　Bertin, E.　9

ホヴランド　Hovland, C.I.　159
ボークス　Boakes, R.A.　48,49
星加良司　208
星野命　118
ホッジス　Hodges, S.D.　129
ボッシュ　Boesch, C.　35
ボナーノ　Bonanno, G.A.　112
ホフステッド　Hofsted, G.　124
ホブソン　Hobson, J.A.　50,52
ホブソン　Hobson, P.　201
ホラン　Horan, C.B.　60
ホリ　Hori, T.　51
ホール　Hall, E.T.　20
ホルロイド　Holroyd, K.L.　191

ボーロンガン　Borlongan, C.　31
ホワイテン　Whiten, A.　35
ホン　Hong, Y.　120
ボンド　Bond, M.H.　119

マ　行

マイアース　Myers, D.G.　181
マイケンバウム　Meichenbaum, D.　188
前田忠彦　62
マーカス　Markus, H.　119-123
マカッチャン　McCutcheon, B.　78
マクグリーヴィイ　McGreevy, P.　48
マクグルー　McGrew, W.C.　35
マクドーマン　MacDorman, K.F.　92,99
マクノートン　McNaughton, B.L.　53
マケット　Maquet, P.　53
マーシャル　Marshall, J.C.　78
マステン　Masten, A.S.　112-114
マスト　Mast, F.W.　9
松沢哲郎（Matsuzawa, T.）　34-37
松田憲　24
松永あけみ　149
マツモト　Matsumoto, H.　121,125
マル　Malle, B.F.　129
マーレー　Murray, J.E.　7
マロワ　Marois, R.　12
マンディ　Mundy, P.　196,197

三浦佳世（Miura, K.）　19,22-25
三浦利章　23
三上章允　71
三﨑将也　57
三隅二不二　160,166
ミッチェル　Mitchell, T.　80
ミドルディッチ　Middleditch, P.R.　71
南博文　21,106
峯岸哲夫　149
宮内哲（Miyauchi, S.）　13,51,55,57
宮内洋　107
ミヤザキ　Miyazaki, M.　77
ミラー　Miller, D.T.　133

武藤滋夫　155
室伏靖子　34
ムンディ　Mundy, P.　196

メシボフ　Mesibov, G.B.　198

メッツガー　Metzger, A.　148
メルツォフ　Meltzoff, A.　111

モーガン　Morgan, L.　49
モトヨシ　Motoyoshi, T.　21
森敏昭　111
森政弘　204
モーリス　Morris, M.　120
モルナー‐ザックス　Molnar-Szakacs, I.　78

ヤ　行

ヤーキス　Yerkes, R.M.　39
八ッ塚一郎　161
柳井晴夫　59,62
ヤーバス　Yarbus, A.L.　23
ヤマギシ　Yamagishi, T.　133
山口真美（Yamaguchi, M.K.）　69,73,74
山田誠二　204
やまだようこ　105,106
山本淳一　45
山本真理子　126
矢守克也（Yamori, K.）　161-164,166,167
ヤング　Yong, E.　7

吉川肇子　161,162,166
ヨレスコーグ　Jöreskog, K.G.　62

ラ　行

ライアンズ　Lyons, M.J.　19
ライス　Reiss, D.　33
ライマー　Reimer, R.L.　16
ラヴィオラ　Raviola, E.　69
ラウス　Rouse, H.　9
ラコヴァー　Rakover, S.S.　7
ラザルス　Lazarus, R.S.　191
ラスムッセン　Rasmussen, J.　174
ラーセン　Larsen, R.J.　136,179
ラター　Rutter, M.　200
ラック　Luck, S.J.　11,12
ラプスレィ　Lapsley, D.K.　142,143
ラブランド　Loveland, D.H.　30
ラフリン　Laughlin, P.R.　138
ランガム　Wrangham, R.W.　35
ランザ　Lanza, R.P.　33

リー　Lee, T.M.　54
リーヴス　Reeves, B.　111

リクテンスタイン　Lichtenstein, L.　157
リコーナ　Lickona, T.　144,145
リーズン　Reason, J.　174,175
リゾラッティ　Rizzolatti, G.　98
リード　Reed, M-G.　113,114
リューボミルスキイ　Lyubomirsky, S.　179
リンゲルバック　Lingelbach, B.　4

ルアン　Lueng, C.　125
ルイ　Louie, K.　53
ルイス　Lewis, C.　144
ルイス　Lewis, M.B.　7,8
ルーカス　Lucas, R. E.　180
ルトハル　Luthar, S.S.　113
ルーボー　Lubow, R.E.　47
ルリヤ　Luria, A.R.　118

レイス　Reiss, D.　76
レイノルズ　Reynolds, V.　35
レイノルド　Reynold, R.V.　191
レイブ　Lave, J.　109
レイマン　Layman, M.　157
レヴィン　Levin, D.T.　15
レヴィン　Levin, M.　118,164,165
レヴィンソン　Levinson, D.J.　131
レーダー　Leder, H.　7,9
レーマン　Lehman, D.R.　125
レスリー　Leslie, A.M.　85,198
レッパー　Lepper, H.S.　179

レンシンク　Rensink, R.A.　14,15

ロイトブラット　Roitblat, H.　36
ローガン　Logan, B.S.　141
ロス　Roth, A.　189
ローズ　Rhodes, G.　8
ローゼンブラット　Rosenblatt, J.L.　114
ロック　Rock, I.　6-9
ロッシェル　Roschelle, J.　111
ロッヒャー　Locher, P.J.　23
ローデス　Rhodes, G.　7
ローパー　Roper, T.J.　140
ロビンソン　Robinson, J.O.　2
ローブマイアー　Lobmaier, J.S.　8
ロペス　Lopez, S.J.　184,185
ロールス　Rohles, H.H., Jr.　47

ワ　行

ワイナー　Weiner, B.　128
ワイヤー　Wyer, R.S., Jr.　126
我妻洋　119
ワキタ　Wakita, M.　31
渡辺茂（Watanabe, S.）　31,34,73
渡部信一　101
ワックスマン　Waxman, H.C.　114
和辻哲郎　124
ワトソン　Watson, J.　26,27,104
ワン　Wan, X.　25

事項索引
太字はキーワードであることを示す

アルファベット
ADH　194,208
AIC　65
BCI　82
BMI　82
DSM-Ⅲ　194
DSM-Ⅳ　194
fMRI　54,87
LD　194
MDS　58
MEG　54
NIRS　54
PET　52,54
QOL　178,206
SD法　19
SEM　62
SRKモデル　174
TEACCHプログラム　101,195
TMS　54

あ　行
アイコンタクト　100
アイボ（AIBO）　102
アーク　97
アクションリサーチ　107,160,164
足場作り　110
アスペルガー障害　194,198
アスペルガー症候群　198,208
アセスメント　187
アニマルラーニング　46
アフォーダンス　101
誤った信念課題　84
安全文化　175
暗黙知　22

意義ある人生　183
イコン　97
異種感覚間マッチング　33
一元論的社会進化論　119
一次信号　56
一般的視点　24
一夫一妻　136

意味　106
──プライミング　128
因子分析　62,63
印象　126
インタージェネレーショナリティ　166
インタフェース　80
インターローカリティ　166
インデックス　97

ヴァルネラブル　113
ウィスコンシン・カード分類テスト　197
ウェイト　60
ウェルビーイング　178,182
浮気　136
運動性失語　89

エウダイモニア　181
エスノセントリズム（自民族中心主義）　130
エスノメソドロジー　106
エビングハウス錯視　2,3

応用行動分析　45
応用心理学　168
応用動物心理学　47
オートマトン　97
オプアート　4
オペラント行動　43
オペラント条件づけ　44,47,108
音声模倣　40

か　行
介護ロボット　202
解釈　131
外集団　130
外側膝状体（LGN）　71
概念　31
──‐意図システム　41
解の正当化可能性　138
海馬　94
快楽的人生　183
会話　129
顔空間モデル　72

219

顔倒立効果　6
顔認知　72
学習科学　111
学習障害　208
革新　111
覚醒ポテンシャルモデル　25
拡張 - 形成理論　183
仮現運動　14
仮説検証　104
仮想社会　207
活性化 - トリガー - スキーマ・システム　173
カテゴリー的知識　127
可能自己　122
カプセル化　90
感覚 - 運動システム　40
感覚過敏　201
感覚性失語　89
環境心理学　18
観察学習　47
慣習領域　147
感情　22
間人主義　124
関数分析　42
感性　22
　——評価　20
感性認知　22
観測問題　107

記憶固定　53
機械学習　80
記号　97
　——接地問題　96
　——創発問題　97
疑似確実性効果　154
擬人化　49
既知選好　69
基底核　94
機能的脳イメージング　12
機能脳画像技術　27
機能分析　42
キャラクター　142
　——教育　144
キャラクター心理学　142
急速眼球運動　51
既有知識の再構築　111
鏡映的自己　76
強化　44

　——学習　97
　——子　47
鏡像的自己　76
強調顔　74,75
協同　139
共同実践　160
共同注意　100,196
橋被蓋領域　52
共分散構造分析　64
極端男性脳説　197
緊急対応期　160
近赤外分光計測（近赤外分光法）　73,78

空間限定的　166
空間表現　94
空間分解能　55
クリッカートレーニング　48
群衆行動　161

経験抽出法　180
経済人　152
経済心理学　152
芸術　22
形成化　48
経頭蓋磁気刺激（TMS）　28
系統的変化法による統制　36
系統発生的随伴性　27
系統分岐分析　32
軽度発達障害児　194
ゲシュタルト心理学　108
ケースフォーミュレーション　187
血縁選択　28
血縁認知　31
結果による選択　45
決定の操作可能性　139
ゲーミング　161,167
権威主義的性格　132
原因帰属　127
顕現の行動　42
言語　38
言語進化　38
健康心理学　178,182
現実の利害葛藤理論　132
建築心理学　18
限定合理性　152
賢馬ハンス　49

好意　130
行為動詞　131
高機能自閉症　195,198
交差的方法　121
構成概念　62
構成論的手法　93
構成論的理解　92,93
構造化プログラミング　88
構造方程式モデリング　62
交通心理学　168
行動規範型ロボティクス　94
行動システム　49
行動修正　45
行動主義　104
　——宣言　27
　——理論　108
行動のコントロール　187
行動分析家　42
行動分析学　42
行動療法　186
広汎性発達障害　194
幸福感　178,182
幸福な人生　183
効率　111
刻印づけ　46
国際障害分類　206
国際生活機能分類　206
心の理論　41,84,96,129,196,198,200,201
個人差　23
個人差多次元尺度法　59,60
個体発生的随伴性　27
コーチング　110
古典的条件づけ　47
混合領域　148
コンドルセのパラドックス　139
コンピテンス　112

さ　行

災害ボランティア　161
再帰性　41
サイクルモデル　160
最後通牒ゲーム　155
最適化原理　152
サイボーグ　203
サイン・ゲシュタルト理論　108
サヴァン症候群　91
錯誤　128

錯視図形　2
錯視デザイン　2
サッカード　14,50,51
サッチャー化　7
サッチャー錯視　6,72
サンクコスト効果　154
三項関係　196
三項随伴性　44
三次信号　56
参照的音声　41
参与観察　105

シェイピング　48
支援技術　203,207
視覚機能の完成時期　70
視覚性ワーキングメモリ　10
視覚探索　25
視覚的な分裂　16
視覚認知　30
資格剥奪実験　70
視覚発達　68
視覚野　52
時間限定的　166
時間分解能　55
刺激馴化　46
刺激性制御　44
刺激等価性　44
刺激般化　31
試行錯誤　108
　——学習　37
自己管理領域　147
自己鏡像　77
　——の認知　76
自己指示行動　33
自己スキーマ　122
自己相関　19
自己認知　32,76
事象関連電位（ERP）　9
視線の一致性　77
自尊心　181
シチュエーションサンプリング法　121
失言検出課題　85
実験的行動分析　45
実行機能　197,201
失語症　89
質的研究　104
質的心理学　21,104

――系建築心理学　21
『質的心理学研究』　104
質的方法　104
嫉妬感情　136
質問紙　114
自動的過程　128
自動的心理プロセス　121
自発　43
自発的特性推論　127
自閉症　9,85,194,198
　　――スペクトラム　199
社会化　149
社会構成主義　109
社会心理学　20
社会生物学　28
社会的アイデンティティー理論　132
社会的共有性　140
社会的決定図式理論　138
社会的支配傾向　133
社会的認知　31,126
社会的‐認知的領域理論　146,148
社会文化的アプローチ　109
弱化　44
　　――子　47
集団意思決定　138,140
集団間葛藤　133
集団極化　139
集団主義　124
集団力学　164
習得的行動　46
住民参加型の手法　161
主観的ウェルビーイング　179
主観的幸福感　179
主観的人生満足感尺度　179
熟達者　110
主要価値類似性モデル　159
馴化　69
　　――・脱馴化法　69,73
準備・警戒期　160
準備性　49
状況的学習論　109
状況の中に埋め込まれた学習　101
条件性強化子　48
条件反射　46
　　――学　27
上行性神経信号　52
小細胞　71

上側頭溝　87
情動のコントロール　187
小脳　94
情報サンプリングモデル　139
事例研究　105
人格　143
進化心理学　28,134,155
進化生物学　134
進化的構成論　93
進化的適応環境　134
新奇選好　69
神経心理学　27
信号対ノイズ比　56
人工知能　80,92,204
身体性からのコミュニケーション　98
身体性認知科学　92
人徳　184
信頼　158
心理的会計　155
心理的予算管理　155
心理領域　147

随伴性形成行動　44
推論　131
スキーマ　127
ステッカータスク　77
ステレオタイプ　127,133
ストレス対処　190
ストレス反応　191
ストレス免疫療法　188
ストレッサー　190
ストレンジシチュエーション　121
刷り込み　46
スリップ　173

成解　166
性格　126
生活の質（QOL）　178,206
正義　184
精神病理学　113
精神分析学　50
精神力動理論　131
正統的周辺参加　110
生得的行動　46
生物原理の理解　93
生物心理学　26
生物的制約　49

生理心理学　26
脊髄　94
接触仮説　133
節度　184
セルフコントロール能力　187
線遠近法　24
選好逆転　154
選好注視法　68
潜在知　22
全体処理　72,73
前頭前野　197
前頭葉　95
前頭連合野　52

相互協調的自己観　122,123
相互適応系　81
相互独立的自己観　123
相互利他行動　32
相似　35
早熟　91
創造的思考　22
相同　35
相貌失認　9,91
側頭葉前端　87
組織行動マネジメント　45
ソーシャルスキル　189
ソーシャル・ストーリー　200
素朴科学者　127

た　行

第一次心の理論　200
大細胞　71
対人認知　126
第二次心の理論　200
大脳皮質　94
大脳辺縁系　52
代表性　153
ダウン症　199
タクト　44
多次元尺度法　58
単一事例法　43
単一被験者法　43
探求　110
単純接触効果　24

知恵　184
チェイニング　48

チェックリスト　114
チェンジブラインドネス　14
チェンジブラインドネス・ブラインドネス　16
遅延見本合わせ課題　10
知覚　130
　――学習　46
　――‐行動間のマッピング　98
知識　184
　――の共同生成　165
　――の共有可能性　140
知能の進化　93
超越性　184
調整　153
治療者　188

対側性　77

定型行動パターン　94
ティーチ（TEACCH）　101,195
ティチェナー錯視　2
敵意　130
適応　112
　――性　80
　――的熟達者　111
　――度　141
　――のメタ理論　141
　――反応行動　95
　――問題　134
適応的インタフェース　80
適合性仮説　192
テクノ福祉社会　206
徹底的行動主義　43
転移　131
典型的景観　24

動因‐低減理論　108
道具使用　35
道具的条件づけ　47
統合的倫理教育　145
同時性　77
統制的過程　128
頭頂間溝　12
道徳　146
　――的キャラクター　143
　――領域　146
投錨　153
動物心理学　28

等方性　90
倒立効果　6,72
徳　143,144
独裁　141
特定のライフストレス　114
特別支援教育　194
トライアンギュレーション　121

な 行

内集団　130
　──バイアス　130
内側前頭前皮質　87
内部環境の認知　32
ナビゲーション　94
ナラティヴ　106
馴れ　46

二次信号　56
二重の乖離　90
日常生活動作　206
人間性　184
人間比較行動学　29
人間力　184
認知　22
　──のコントロール　187
　──的徒弟制　109
認知行動療法　186
認知神経心理学　28
認知心理学　109
認知の起源　30
認知発達ロボティクス　92,99
認知療法　188
認知論　108

ノイズ　56
脳科学　95
脳活動計測　83
脳幹　94
脳機能イメージング　78
脳機能のモデル　57
脳神経系　93
脳のモジュール性　90
脳波　54
ノード　97
ノンレム睡眠　50

は 行

バイアス　128
配偶行動　135
白人男性効果　158
パス解析　62,63
パーソナリティ　142
罰　44
　──子　47
発達科学　100
発達障害　194,198
発達障害者支援法　194
発達的構成論　92
バリアフリー　207
般化勾配　31
反射　94
阪神・淡路大震災　160
反転法　43

比較行動学（エソロジー）　20,29
比較心理学　37
比較認知科学　28,34
比較認知心理学　28
比較文化研究　119
非顕現的行動　43
非侵襲脳機能イメージング　52
非侵襲脳機能計測　54
ピタゴラスの原理　58
人-エージェントインタラクション　204
人-コンピュータインタラクション　204
ヒューマノイド型ロボット　101
ヒューマンエラー　171,172
ヒューリスティクス　152
評価　130
表現型マッチング　31
病跡学　114
敏感期　71

フェイディング　48
フェミニズム　119
不気味の谷仮説　204
複合的リスク　114
復旧・復興期　160
復帰抑制　25
負の継時的対比効果　36
ブライテンベルグ・ビークル　94
フリッカーパラダイム　14
フレーム問題　101
プログラム学習　108

フロー経験　183
プロスペクト理論　152,157
プロテクト　112
プロトタイプ　24,126
ブロードマンの脳地図　89
文化　129
　──的自己観　122
　──の多層化分析　121
　──のプライミング　121
文化心理学　118
文法規則　39

平均顔　74,75
ヘドニック・トレッドミル　180
辺縁系　94
変化検出課題　11
偏見　133
扁桃体　52
弁別刺激　44

包括適応度　28
防災ゲーム　167
防災心理学　160
報酬分配　131
ポジティブ思考　185
ポジティブ心理学　182

ま　行

マインドリーディング　99
マークテスト　32,76
学びの理論　108
マルチモジュール　25
マルチモーダル　25
満足化原理　152
マンド　44

ミラーニューロン　98
　──障害説　197
民主主義　141

明確化　110
メタ知識　140
メタ認知　32,129
メンタライジング　84

モーガンの公準　49
モジュラリティ　135

モジュール説　88
モデリング　110
模倣学習　47
問題解決療法　188

や　行

薬物弁別　32

勇気　184
誘発　43
ユニバーサル・デザイン　207
夢の活性化-合成仮説　52
夢見　50

溶化　48
要素還元論的科学　93

ら　行

ラダー・モデル　174
楽観性　181,182
ラムダ反応　51

リスク　112,162
　──回避　157
　──群　114
　──コミュニケーション　156
　──志向　157
　──社会　162
　──判断　170
　──補償　171
リスク心理学　156
リスク認知　156,170
　──の2因子モデル　158
リフレクション　110
領域調整　148
利用可能性　152
　──ヒューリスティクス　157
量的研究法　105
理論行動分析　45

類人猿　39
累積的リスク　114
ルール支配行動　44

レジリエンシー　112
レジリエンス　112
　──の交互作用モデル　112

レスポンデント行動　43
レスポンデント条件づけ　46
レム睡眠　50, 52, 53
連鎖化　48
連想記憶ネットワーク構造　126

ろう文化宣言　208
ロボット学　95
ロボット工学3原則　202

ロボットと子ども　100
ロボットの心の理論　96
ロボットの知能　92
論理実証主義　104
論理療法　188

**　わ　行**

ワーキングメモリ　10
ワークショップ　161

編者・執筆者紹介（【　】内は執筆項目番号）

編者

子安増生（こやす　ますお）【21, 22】
京都大学大学院博士課程中途退学．博士（教育学）．現在，京都大学大学院教育学研究科教授．
主要著書『心の理論——心を読む心の科学』岩波書店，2000年　他．

二宮克美（にのみや　かつみ）【35, 36】
名古屋大学大学院博士課程修了．教育学博士．現在，愛知学院大学総合政策学部教授．
主要著書『子どもの道徳的自律の発達』（共著）風間書房，2003年　他．

執筆者（執筆順）

北岡明佳（きたおか　あきよし）【1, 2】
筑波大学大学院博士課程修了．博士（教育学）．現在，立命館大学文学部人文学科教授．
主要著書『だまされる視覚：錯視の楽しみ方』化学同人，2007年　他．

齋木　潤（さいき　じゅん）【3, 4】
カリフォルニア大学ロサンジェルス校博士課程修了．Ph.D（心理学）．現在，京都大学大学院人間・環境学研究科教授．
主要著書『認知科学の新展開（2）コミュニケーションと思考』（分担執筆）岩波書店，2001年　他．

三浦佳世（みうら　かよ）【5, 6】
大阪大学大学院博士課程修了．博士（学術）．現在，九州大学大学院人間環境学研究院教授．
主要著書『知覚と感性の心理学』岩波書店，2007年　他．

渡辺　茂（わたなべ　しげる）【7, 8】
慶応義塾大学大学院博士課程修了．博士（文学）．現在，慶應義塾大学文学部人間関係学系教授．
主要著書『脳科学と心の進化』（共著）岩波書店，2007年　他．

川合伸幸（かわい　のぶゆき）【9, 10】
関西学院大学大学院博士課程修了．博士（心理学）．現在，名古屋大学大学院情報科学研究科准教授．
主要著書『心の輪郭：比較認知科学から見た知性の進化』北大路書房，2006年　他．

中島定彦（なかじま　さだひこ）【11, 12】
慶應義塾大学大学院博士課程修了．博士（心理学）．現在，関西学院大学文学部総合心理科学科准教授．
主要著書『学習心理学における古典的条件づけの理論』（編著）培風館，2003年　他．

宮内　哲（みやうち　さとる）【13, 14: 共同執筆】
早稲田大学大学院博士課程修了．博士（医学）．現在，独立行政法人情報通信研究機構未来ICT研究センター研究マネージャー．
主要著書『新編 感覚・知覚心理学ハンドブック』（分担執筆）誠信書房，2007年．

小川景子（おがわ　けいこ）【13: 共同執筆】
広島大学大学院博士課程修了．博士（学術）．現在，日本学術振興会特別研究員（PD）早稲田大学スポーツ科学学術院．
主要著書『睡眠心理学』（分担執筆）北大路書房，2008年．

三﨑将也（みさき　まさや）【14: 共同執筆】
京都大学大学院博士課程修了．博士（情報学）．現在，独立行政法人情報通信研究機構特別研究員．
主要著書『新編 感覚・知覚心理学ハンドブック』（分担執筆）誠信書房，2007年．

足立浩平（あだち　こうへい）【15, 16】
京都大学文学部哲学科心理学専攻卒．博士（文学）．現在，大阪大学人間科学研究科教授．
主要著書『多変量データ解析法：心理・教育・社会系のための入門』ナカニシヤ出版，2006年 他．

山口真美（やまぐち　まさみ）【17, 18】
お茶の水女子大学大学院博士課程修了．博士（人文科学）．現在，中央大学文学部教授．
主要著書『正面を向いた鳥の絵が描けますか？』講談社，2007年 他．

開　一夫（ひらき　かずお）【19, 20】
慶應義塾大学大学院理工学研究科博士課程修了．博士（工学）．現在，東京大学大学院情報学環准教授．
主要著書『日曜ピアジェ：赤ちゃん学のすすめ』岩波書店，2006年 他．

浅田　稔（あさだ　みのる）【23, 24】
大阪大学大学院博士課程修了．博士（工学）．現在，大阪大学大学院工学研究科教授．
主要著書『知能ロボティクスと数学』（分担執筆）工業調査会，2007年 他．

麻生　武（あそう　たけし）【25, 26】
大阪市立大学大学院博士課程修了．博士（文学）．現在，奈良女子大学大学院人間文化研究科教授．
主要著書『発達と教育の心理学：子どもは「ひと」の原点』培風館，2007年 他．

中谷素之（なかや　もとゆき）【27, 28】
名古屋大学大学院博士課程中途退学．博士（心理学）．現在，大阪大学大学院人間科学研究科准教授．
主要著書『学ぶ意欲を育てる人間関係づくり』（編著）金子書房，2007年 他．

唐澤真弓（からさわ　まゆみ）【29, 30】
東京女子大学文理学部心理学科卒．博士（文学）．現在，東京女子大学現代文化学部教授．
主要著書『性格の変容と文化』（分担執筆）ブレーン出版，2000年 他．

唐沢　穣（からさわ　みのる）【31, 32】
カリフォルニア大学ロサンジェルズ校大学院博士課程修了．Ph.D. 現在，名古屋大学大学院環境学研究科教授．
主要著書『社会的認知の心理学：社会を描く心のはたらき』（共著）ナカニシヤ出版，2001年 他．

亀田達也（かめだ　たつや）【33, 34】
イリノイ大学心理学研究科博士課程修了．Ph.D. 現在，北海道大学大学院文学研究科教授．
主要著書『合議の知を求めて：グループの意思決定』共立出版，1997年 他．

中谷内一也（なかやち　かずや）【37, 38】
同志社大学大学院博士課程修了．博士（心理学）．現在，帝塚山大学心理福祉学部教授．
主要著書『リスクのモノサシ』ＮＨＫ出版，2006年 他．

矢守克也（やもり　かつや）【39, 40】
大阪大学大学院博士課程修了．博士（人間科学）．現在，京都大学防災研究所・同大学大学院情報学研究科准教授．
主要著書『防災ゲームで学ぶリスク・コミュニケーション：クロスロードへの招待』（共著）ナカニシヤ出版，2005年 他．

芳賀　繁（はが　しげる）【41, 42】
京都大学大学院修士課程修了．博士（文学）．現在，立教大学現代心理学部教授．
主要著書『失敗のメカニズム』日本出版サービス，2000年 他．

島井哲志（しまい　さとし）【43, 44】
関西学院大学大学院博士課程修了．博士（医学）．現在，心理測定サービス健康心理学研究所長．
主要著書『ポジティブ心理学』ナカニシヤ出版，2006年 他．

伊藤大輔（いとう　だいすけ）【45, 46：共同執筆】
広島大学大学院博士前期課程修了，修士（教育学）．現在，早稲田大学大学院人間科学研究科博士後期課程．

鈴木伸一（すずき　しんいち）【45, 46：共同執筆】
早稲田大学大学院博士課程修了．博士（人間科学）．現在，早稲田大学人間科学学術院准教授．
主要著書『実践家のための認知行動療法テクニックガイド』（共編著）北大路書房，2005年 他．

熊谷高幸（くまがい　たかゆき）【47, 48】
東北大学大学院博士課程単位取得退学．現在，福井大学教育地域科学部教授．
主要著書『自閉症からのメッセージ』講談社，1993年 他．

中邑賢龍（なかむら　けんりゅう）【49, 50】
広島大学大学院博士課程修了．博士（心理学）．現在，東京大学先端科学技術研究センター教授．
主要著書『発達障害の子どもの「ユニークさ」を伸ばすテクノロジー』中央法規出版，2007年 他．

キーワードコレクション　シリーズ　項目一覧

発達心理学 [改訂版]

イントロダクション
0　歴史的概観

I　発達心理学の研究法
1　インフォームド・コンセント
2　ラポール
3　フィールド研究
4　コーホート分析
5　進化心理学的アプローチ
6　行動遺伝学的アプローチ
7　文化心理学的アプローチ
8　生態学的アプローチ
9　ダイナミック・システムズ・アプローチ

II　発達の理論的諸問題
10　発生・成長
11　発達段階
12　知能
13　熟達化
14　コンピテンス
15　社会化
16　児童観
17　家族関係
18　発達障害
19　発達臨床

III　誕生から幼児期まで
20　出生前心理学
21　アタッチメント
22　移行対象
23　ジョイント・アテンション
24　児童虐待
25　視覚的断崖
26　一語文と言語的制約
27　頭足人
28　ファンタジー
29　遊び
30　リテラシー／ニュメラシー

IV　児童期
31　目撃証言
32　心の理論
33　感情調節
34　友人関係
35　道徳性

V　思春期・青年期
36　キャリア選択
37　恋愛と結婚
38　同一性の危機
39　時間的展望
40　向社会性
41　非社会性
42　反社会性
43　摂食障害
44　ジェンダー

VI　成人期から老年期まで
45　親になること
46　中年
47　加齢／老化
48　孤独感
49　死の受容
50　幸福

パーソナリティ心理学

I　パーソナリティの基本概念
1　パーソナリティとキャラクター
2　法則定立と個性記述
3　遺伝と環境
4　暗黙のパーソナリティ観
5　ジェンダーとパーソナリティ
6　仕事とパーソナリティ
7　文化とパーソナリティ
8　道徳性とパーソナリティ

II　パーソナリティ研究法
9　観察法
10　実験法
11　面接法
12　質問紙法
13　作業検査法
14　投影法
15　事例研究法
16　研究倫理

III　パーソナリティ理論
17　類型論
18　特性論
19　精神分析理論
20　学習理論
21　脳科学
22　人間主義(ヒューマニスティック)心理学
23　場の理論・役割理論
24　社会認知理論

IV　パーソナリティ発達の諸相
25　内的作業モデル
26　アイデンティティ
27　自己意識
28　自己効力
29　自己制御
30　自己開示
31　親子関係
32　きょうだいと仲間
33　愛と結婚
34　エイジング

V　パーソナリティの歪み
35　ストレス
36　適応障害
37　人格障害
38　多重人格
39　性同一性障害
40　ひきこもり
41　対人恐怖
42　コンプレックス
43　非　行

VI　パーソナリティの知的側面
44　知能の構造
45　知能の測定
46　社会的かしこさ
47　創造的パーソナリティ
48　動物の知能
49　機械の知能
50　知能の障害

キーワードコレクション シリーズ 項目一覧

教育心理学 [2008年刊行予定]

イントロダクション
   0 教育心理学とその関連領域

I 教育の基本概念
1. 教育のフィールド
2. 教育の法的基礎
3. 教育改革
4. 学校文化
5. 教室空間
6. 教育課程
7. 学力
8. 個性と個人差
9. 教師像
10. アーティキュレーション
11. キャリア形成

II 教育の認知過程
12. 知育の基礎
13. 道徳教育の基礎
14. 健康教育の基礎
15. 連合説と認知説
16. 学習と発達
17. 知識と記憶
18. 動機づけ
19. 素朴概念と科学概念
20. 受容学習と発見学習
21. 文章理解
22. 読書

III 教育評価・統計
23. 教育のエヴィデンス
24. テスト理論
25. 教育データ
26. 実験計画法
27. 多変量解析
28. 心理アセスメント
29. ノンパラメトリック検定
30. 統計パッケージ
31. 質的データ
32. 世代とコーホート
33. フォローアップ研究

IV 教育相談・生徒指導
34. 適応障害
35. 学校心理士
36. スクールカウンセラー
37. 学生相談
38. 生き方指導
39. 認知カウンセリング

V 教育の諸相
40. 少子化と教育
41. 保育と教育
42. 早期教育
43. 芸術と教育
44. メディアと教育
45. ジェンダーと教育
46. 宗教と教育
47. 交通安全教育
48. アドミッション・オフィス
49. ファカルティ・デヴェロップメント
50. ヒューマンケア

心理学フロンティア

I 認知・行動・方法
1. 錯視デザイン
2. サッチャー錯視
3. 視覚性ワーキングメモリ
4. チェンジブラインドネス
5. 建築心理学
6. 感性認知
7. 生物心理学
8. 認知の起源
9. 比較認知科学
10. 言語進化
11. 行動分析学
12. アニマルラーニング
13. 夢見
14. 非侵襲脳機能計測
15. 多次元尺度法
16. 構造方程式モデリング

II 発達・教育
17. 視覚発達
18. 顔認知
19. 鏡像的自己
20. 適応的インタフェース
21. メンタライジング
22. モジュール説
23. ロボットの知能
24. ロボットの心の理論
25. ロボットと子ども
26. 質的心理学
27. 学びの理論
28. レジリエンス

III 文化・社会
29. 文化心理学
30. 相互協調的自己観
31. 社会的認知
32. エスノセントリズム
33. 進化心理学
34. 集団意思決定
35. キャラクター心理学
36. 社会的-認知的領域理論

IV 安全・安心
37. 経済心理学
38. リスク心理学
39. 防災心理学
40. アクションリサーチ
41. 交通心理学
42. ヒューマンエラー

V 健康・障害
43. 幸福感
44. ポジティブ心理学
45. 認知行動療法
46. ストレス対処
47. 発達障害
48. 高機能自閉症
49. 介護ロボット
50. テクノ福祉社会

キーワードコレクション
心理学フロンティア

初版第1刷発行　2008年6月25日©

編　者　子安増生・二宮克美
発行者　塩浦　暲
発行所　株式会社新曜社
　　　　〒101-0051 東京都千代田区神田神保町2-10
　　　　電話(03)3264-4973(代)・Fax(03)3239-2958
　　　　e-mail: info@shin-yo-sha.co.jp
　　　　URL http://www.shin-yo-sha.co.jp/

印刷　銀河　　　　　　　　　　　　Printed in Japan
製本　イマヰ製本所
　　　ISBN978-4-7885-1120-0　C1011